# LA BANQUE DES ÉTATS DE L'AFRIQUE CENTRALE

Mahamat Massoud

# La Banque des États de l'Afrique Centrale

*Lettre ouverte au gouverneur*

L'HARMATTAN

5-7, rue de l'École-Polytechnique ; 75005 Paris

www.harmattan.fr
diffusion.harmattan@wanadoo.fr
harmattan1@wanadoo.fr

ISBN : 978-2-343-06303-4
EAN : 9782343063034

# *Avant-propos*

Après avoir lu le projet de la lettre ouverte au gouverneur de la banque des Etats de l'Afrique Centrale (BEAC), des personnes amies, que nous considérons comme des autorités morales, ont accepté de signer la préface. Ce fut un honneur. Nous avons déduit de leur approbation que notre démarche n'est pas superflue. Nous ne faisons pas fausse route. Tout en les remerciant chaleureusement, nous n'avons pas souhaité les impliquer dans une démarche qui peut paraitre polémique. En effet, aux yeux des destinataires de la lettre, une telle prise de position pourrait passer pour une compromission. Pour ceux qui refusent la transparence, appeler au respect des règles et inciter à mieux gouverner sont suspects sinon iconoclastes.

Nous avons préféré laisser la place de préfacier et l'hommage qui y sied aux écrits du professeur Pierre Bourdieu[1]. Au vu du cadre dont nous débattons, ce choix nous paraît judicieux. Nous faisons de notre filiation à ses idées et de sa vision des comportements humains un garde-fou. Nous suggérons au lecteur d'approfondir le sujet en se référant aux nombreuses publications de l'auteur.

En nous éclairant des lumières du Professeur pour fixer la ligne directrice de notre propos, notre objectif est d'interpeller les représentants de la puissance publique. Nous partons du principe que, lorsque l'Etat ou ses démembrements sont dirigés ou représentés par des hommes et des femmes peu soucieux de leurs mandats, le risque de précipitation ou d'action inappropriée n'est jamais loin.

Or, à un moment de sa vie, tout citoyen peut se trouver en butte à la puissance publique dans ce qu'elle représente de plus contestable. Lorsque le service public et l'intérêt général sont perdus de vue, c'est que l'Etat s'est déchargé de son rôle d'acteur au service de tous, notamment des plus humbles.

---

[1] Pierre Bourdieu, Sur l'Etat, Cours au Collège de France, 1989-1992.

De nos jours, un Etat agissant heurte les bien-pensants. Le maître-mot utilisé en toute circonstance, comme un vadémécum, est *liberté*. Dans la problématique relative au service public, la pensée conservatrice dominante focalise l'attention sur la liberté d'agir sans normes, sans contraintes. Le prétexte est tout trouvé : les normes sont trop contraignantes ou dépassées. Pourtant, lorsque la liberté débridée s'improvise libre-arbitre, elle promeut, volontairement ou non, le comportement du loup dans la bergerie en règle de gestion sociétale.

Notre perception de l'Etat n'est pas sociologique. Nous n'en avons pas la prétention. Nous lui donnons le sens d'une instance qui établit et maintient la concorde au sein d'une communauté et entre les groupes qui la composent.

Il revient à l'Etat de veiller pour que le puissant n'écrase pas le faible ou que le riche ne le soit pas au détriment du démuni. Tel nous semble la juste dimension de son action. Il est neutre mais agissant. Il garantit la liberté certes mais il préserve l'équité, l'équilibre, la justice. Il met à contribution ceux qui peuvent se passer de surplus pour éviter que certains se trouvent abandonnés au bord de la route. Il veille pour que la communauté trouve, en elle-même, des solutions et des voies sinon un espoir de réponse aux préoccupations majoritaires.

L'existence d'un Etat neutre dépend d'abord de la qualité de ses *commis* qui sont supposés faire preuve de désintéressement et de discernement. Ils doivent, dans chaque prise de décision, être en quête d'équilibre entre la solidarité, la justice et la liberté. Ils doivent se donner en exemple pour que nul ne soit tenté de transgresser la loi sans en subir les conséquences. Le *commis* rigoureux, objectif et équitable attend de ses administrés du respect pour la loi et de la solidarité en tant que citoyens. Il croit ces vertus possibles parce qu'il se les applique avant de les exiger des autres.

Parlant de ceux qui se destinent au service de l'Etat, Pierre Bourdieu disait que leur position implique des critiques. Voilà pourquoi ils doivent s'observer pour se convaincre qu'ils n'ont de priorité que le service public. Leur attitude n'est pas totalement désintéressée. Ils y trouvent un sens à leur vie, comme les religieux trouvent dans le sacerdoce un lien avec Dieu. Les uns comme les autres s'exposent aux railleries et aux tracasseries. Le bonheur de rendre service, dans le désintéressement, compense les blessures gratuites infligées par ceux qui pensent peu, agissent encore moins et parlent à tort et à travers.

A un niveau bien moindre, nous tentons, à travers notre expérience de vingt-six années d'activité à la Banque des Etats de l'Afrique Centrale (BEAC), de présenter une illustration du dévoiement du titre de *commis de l'Etat*. Les dirigeants de la BEAC ont tout pour se conduire en représentants exemplaires des Etats. Pris dans le feu de l'action, tout se passe comme s'ils y ont obstinément et délibérément renoncé. Ils ont tout à gagner en s'inspirant de Pierre Bourdieu et de ses cours au Collège de France. A leur attention, nous citons son cours du 7 novembre 1991 intitulé *L'exemple de la corruption institutionnalisée en Chine 2 : les purs*. Nous en reproduisons quelques courts extraits dans le document 1.

**Document 1. Extrait des cours au Collège de France[2] du professeur par Pierre Bourdieu**

"Les purs détruisent l'équilibre lié à la corruption fonctionnelle, parce que l'intégrité sans compromis a un effet de révélateur ... Dans l'histoire récente, vous avez des gens à qui il arrive des mésaventures parce qu'ils font simplement ce qu'il est dit que les autres font, mais que les autres ne font pas ... Les purs sont à la fois suspectés, combattus, diffamés et en même temps admirés, parce qu'on ne peut pas ne pas reconnaître qu'ils rendent hommage, fût-ce hypocritement, aux vertus que tout le monde célèbre officiellement."

Un adage populaire enseigne qu'on ne peut avoir raison contre tout le monde. Une lecture simpliste de cette sagesse fait dire que le solitaire a forcément tort. Il serait dans le faux parce qu'il est contre l'avis majoritaire. En refusant de faire comme les autres, il se met dans la posture du perdant. Parce qu'il *met les pieds dans le plat*, il est exclu. Il est montré du doigt. La répétition de ces sentences et plus encore la pression sociale des proches, famille, amis ou collègues, l'obligent à s'interroger. Il se pose des questions sur la pertinence du combat qu'il mène en considération de l'intérêt général. Comment avoir raison contre la

[2] Bourdieu Pierre, *Sur l'Etat cours au collège de France 1989*-1992, Seuil, Paris, 2011.

bien-pensance ? La remise en cause de son engagement apparaît alors comme une règle de vigilance, tant les incitations à *rentrer dans les rangs* ont l'air de conseils de bon sens. A force de les entendre ressassées, la tentation de baisser les bras se fait plus pressante. Elle se manifeste sous la forme : *rentre dans les rangs et fais comme tout le monde*. Dans le cas de la BEAC, nous avons opté pour une ligne contraire : la fidélité aux engagements

.

# *Introduction*

En avril 2009, après une période de soupçons et de tentatives de dissimulation, la divulgation d'informations compromettantes a profondément perturbé le train-train du siège de la Banque des Etats de l'Afrique Centrale (BEAC), à Yaoundé. Les autorités de la banque centrale finirent par envisager une vérification des faits incriminés. Elles diligentèrent un contrôle limité à la salle des marchés.

Au vu de la nature des révélations, les inquiétudes sont devenues de plus en plus fortes. La salle des marchés de la BEAC avait été pensée et mise en fonctionnement avec le concours d'intervenants extérieurs dont des experts du Fonds Monétaire International (FMI). Il ne s'agissait donc pas d'insuffisances liées à une mauvaise conception. Tous les garde-fous habituels avaient été prévus.

Depuis son ouverture, la salle des marchés de la BEAC est pourvue de trois comportements (front office, middle office, back office) et de deux instances décisionnelles. Elle est encadrée par deux niveaux de prise de décisions. La première intervient une fois par semaine tandis que la seconde tient ses séances de travail une fois par trimestre.

Tout semblait au point pour éviter la survenance des risques. Par ailleurs, les dispositions statutaires sont claires quant à la qualité d'actifs à prendre en portefeuille. Ils doivent être émis par des institutions bénéficiant d'une cotation AAA et ne présenter aucun risque quant au capital investi. Or, les services de la BEAC avaient souscrit, auprès de la Société Générale, à un dépôt à terme pour une durée de 5 ans et un montant de 500 millions d'euros. Cette souscription stipulait un taux d'intérêt indexé et une pénalité pour sortie anticipée. Si la durée de 5 ans n'était pas, en tant que telle, une irrégularité, le taux indexé et la pénalité pour sortie avant terme étaient deux conditions formellement proscrites par les statuts de la banque centrale.

## 1. C'était prévisible

La mission du Fonds Monétaire International (FMI) qui a mené l'enquête sur le placement de 500 millions d'euros à la Société Générale fut surprise par la légèreté avec laquelle les responsables de la BEAC avaient signé un contrat comportant plusieurs risques explicites importants. En dépit des tentatives du gouvernement de la banque centrale de minimiser, relativiser ou camoufler la bévue, le pot aux roses fut dévoilé.

La désinvolture des dirigeants de la banque centrale laissa perplexes les services du FMI. Ils interrogèrent sur le bien-fondé de confier à la BEAC la gestion d'importantes ressources mises destinées aux Etats, notamment dans le cadre des programmes d'ajustement structurel (PAS) ou des financements liés aux restructurations des dettes. Au vu de ce qui semblait être un désastre, le FMI menaça de bloquer ses concours. Il lia le maintien de ses aides à la Communauté des Etats de l'Afrique Centrale (CEMAC) à une sérieuse remise en ordre, à la BEAC. Il recommanda la même règle pour les autres institutions de la sous-région. Il attendait des mesures immédiates et énergiques.

Dans un premier temps, les chefs d'Etat de la CEMAC ont ordonné la suspension des placements de la salle des marchés. Cette décision, mise en application pendant six mois, a causé la perte de l'équivalant de six mois de recettes pour la banque centrale, soit la moitié de ses ressources.

Dans un deuxième temps, le comité ministériel a obligé les dirigeants de la BEAC à modifier les statuts de la banque centrale. L'objectif était de corriger la position prépondérante du gouverneur. Ce dernier était considéré, à juste titre, comme la principale cause de dysfonctionnements. Il a signé la convention relative au dépôt à terme indexé (DATI) en dépit de l'avis négatif des services techniques.

Dans un troisième temps, les chefs d'Etat se sont résolus à remplacer le gouverneur. La décision a été prise sous la pression de la Guinée Equatoriale. Ce pays est devenu le premier contributeur aux réserves de change de la CEMAC grâce à ses revenus pétroliers. Or, ce sont ces réserves que gère la salle des marchés de la BEAC.

Parallèlement aux enquêtes sur le placement à terme indexé, les investigations sur le management de la BEAC ont permis de découvrir d'autres insuffisances dont des malversations. Pour les dirigeants politiques comme pour les partenaires extérieurs, l'ampleur des malversations tout comme les personnes qui y sont impliquées parurent inattendues. Le manque à gagner pour la CEMAC totalisait plus de 16 milliards de FCFA. Les noms de hauts dirigeants de la BEAC ont été cités, comme complices ou même comme partie prenante aux malversations. En effet, un réseau à caractère mafieux, orchestré depuis le siège de la banque centrale, détournait les réserves de change de la CEMAC depuis plusieurs années.

Les membres du réseau, prétextant le règlement des marchés, utilisaient les comptes de la BEAC pour prélever des sommes plus ou moins importantes en fonction de leurs besoins. Or, ainsi que l'enquête en a établi la preuve, la quasi-totalité des marchés étaient surfacturés ou purement fictifs. Il a été établi que le circuit des détournements était en place depuis plusieurs années. Ses ramifications impliquaient plus d'une dizaine de personnes dont des responsables de la banque centrale.

Pour permettre au lecteur de comprendre une telle dérive au sein de la BEAC, une banque centrale, nous rappelons les circonstances ayant servi d'élément déclencheur de la dérive malveillante.

De 1978 à 2009, trois Gabonais ont occupé les fonctions de gouverneur. Les statuts de la banque centrale attribuent un rôle prépondérant à son premier dirigeant. Protégé et choyé, celui-ci s'est cru investi d'un statut équivalent à celui d'un chef d'Etat. Dans ces circonstances, il a suffi qu'un gouverneur se montre rétif au strict respect des procédures de la banque centrale pour que la dérive s'amorce. Le non-respect des procédures a été suivi du refus de rendre compte. Le refus de rendre compte devint un passe-droit et autorisa des personnes peu scrupuleuses à se laisser aller à leur naturel de kleptomane. Ainsi que nous avons eu le loisir de le vérifier, la différence est grande entre Casimir Oyé Mba, Jean Félix Mamalépot, Philibert Andzembé et Lucas Abaga Nchama. C'est à se demander comment des individus aussi différents ont pu occuper le même poste et les mêmes fonctions. Tout les oppose : vision, rapport aux autres, maîtrise du métier de banquier central et personnalité.

Les frustrations accumulées, y compris par des chefs d'Etat, ont été nombreuses et fortes. En particulier, les autorités de la Guinée Equatoriale avaient l'impression que leur pays était la victime expiatoire du comportement à l'emporte-pièce des dirigeants de la BEAC. Elles visaient Mamalépot qui était resté accroché à une Guinée Equatoriale dépourvue de tout. En effet, on importait jusqu'au pain quotidien de Douala. Ce fut donc à double titre que la Guinée Equatoriale réclama et obtint un changement de mode de désignation du gouverneur, après la mise à nu des malversations. Depuis lors, rien ne put freiner l'ambition des dirigeants équato-guinéens de faire bouger les choses.

Par ailleurs, depuis les années 1998, les missions du FMI ont accumulé de nombreux indices mettant en doute la gouvernance de l'institut d'émission de la CEMAC. Les détournements opérés au niveau du Bureau Extérieur de Paris (BEP) de la BEAC surprirent par leur ampleur. Ils vinrent confirmer des informations, pour la plupart anciennes et reçues sous le sceau de l'anonymat. La découverte du scandale fit l'effet d'une bombe. Ce fut véritablement une stupeur générale !

Même les plus critiques des observateurs ne s'attendaient pas à voir les dirigeants de la banque centrale dans les eaux boueuses des pratiques nauséabondes. On croyait, ou on faisait mine de croire, que les détournements des fonds publics, la gabegie, les vols et les surfacturations étaient circonscrits aux administrations publiques. Comment une institution donnée en exemple, du moins dans la CEMAC, a-t-elle pu passer, du jour au lendemain, d'une posture d'autorité morale au stade de paria ?

Dans les rues de Yaoundé, capitale du Cameroun, où siège la banque centrale, des citoyens ordinaires, courroucés et sûrs de leurs faits, interpellaient les fonctionnaires de la BEAC qu'ils reconnaissaient à l'immatriculation de leurs véhicules : CD 103. Mettant les crapules et les autres dans le même sac, ils les insultaient. Ils les traitaient de voleurs. Vu les conséquences des méfaits, ce qualificatif était pour le moins mérité.

Pour notre part, nous n'avons eu cesse d'attirer l'attention des dirigeants de la BEAC. Nous avons pris le risque d'alerter les autorités politiques sur la dégradation de la gouvernance de la banque centrale.

Celles-ci retournaient contre nous ces alertes en les renvoyant au gouverneur ou au secrétaire général. Il devint de notoriété publique que nos critiques et nos observations irritaient. Faute d'appui, ce que nous entreprenions restait sans impact. Nous étions combattus de l'intérieur comme de l'extérieur.

Notre première véritable confrontation avec le gouverneur a eu lieu en 1994. Ce fut après la dévaluation de 50% du franc de la coopération financière en Afrique Centrale (FCFA). Toutes les tentatives de rationaliser la gestion des économies de la sous-région ayant échoué, la dévaluation fut l'ultime solution retenue par le FMI et la Banque Mondiale pour les obliger à l'ajustement et rétablir une certaine compétitivité économique. Mamalépot décida de compenser, partiellement, la perte de pouvoir d'achat occasionnée par ce brusque et ample ajustement monétaire. Dans son infinie générosité, il offrit une hausse de 5% aux agents et cadres africains et de 45% aux expatriés français. Le principe de cette hausse aurait pu être accepté si le gouverneur et les autres hauts dirigeants ne s'étaient inclus parmi les expatriés. Ils se sont attribué un ajustement salarial de 45%. Puisque l'occasion nous fut donnée d'exprimer notre point de vue, nous fîmes remarquer notre désaccord. En retour, le gouverneur nous adressa une sèche réplique. Il nous mit en garde devant un public médusé et craintif. Depuis lors, bien que nous ne disposions pas de mandat de représentation, nous avons pris, chaque fois que cela a été nécessaire, la liberté d'exprimer ce que d'autres ne voulaient ou ne pouvaient faire.

Dans les conditions d'opacité qui étaient celles de la BEAC, notre conduite n'était pas sans risque. Nous avons été catalogués dangereux parce que nous nuisions à la quiétude des dirigeants. Ils craignaient plus que tout d'être contrariés. Comme nous n'avons pas obtempéré, nous sommes devenus au mieux des récalcitrants, au pire des ennemis. Pour la direction de la BEAC, nous étions des rebelles, des contestataires et des irrespectueux.

Notre parcours professionnel qui avait démarré en trombe fut freiné net. Cela n'émut pas grand monde. Chacun voulait conserver de bons rapports avec Mamalépot dont les réactions étaient craintes de tous. Les carrières dépendaient de cette prudence ou de cette soumission. Il était seul maître sur le navire BEAC. L'embarcation ne tanguait certes pas encore mais il s'approchait dangereusement des récifs.

Nous avons fait le constat de l'impasse dans laquelle nous nous étions engagés en raison de nos prises de position. En effet, nous parlions, écrivions et protestions. Notre agitation fut sans véritable succès. Las des limites de notre démarche, nous avons tenté une solution de compromis. Un rapprochement avec les dirigeants nous parut plus réaliste. Nous avons écrit pour en faire la promotion. A la réception de notre lettre de conciliation, Mamalépot fit une réflexion inélégante mais qui ne manquait pas de percutant. Dans un style concis, propre aux technocrates, il écrivit au secrétaire général en guise de *nota bene* : *SG*[3]*/Gata Ngoulou, j'espère que Monsieur Massoud a compris que la contestation permanente ne peut que le mener dans l'impasse.* Tout était dit !

Fort heureusement, il n'y eut pas que du conflictuel dans ces rapports. Après 11 années de bons et loyaux services passées à l'élaboration des balances des paiements, nous avons sollicité un changement de fonction. Le gouverneur nous surprit en marquant son accord. Nous fûmes détachés auprès de la Commission Bancaire de l'Afrique Centrale (COBAC). Après vingt mois de contrôle bancaire, nous revînmes à la banque centrale dans le cadre de la réorganisation du secrétariat général. Les vraies difficultés commencèrent dès notre nomination aux fonctions de chef de département du budget et de la gestion. La juxtaposition du budget et de la gestion nous apparut si évidemment discutable. Dès les premières semaines, nous avons envisagé une scission du département. Nous avons souhaité séparer l'exécution budgétaire de son élaboration et de son contrôle. Ce faisant, nous mîmes *les pieds dans le plat* sans nous en rendre compte.

La gestion budgétaire était considérée comme le plus grand avantage que le gouverneur consentait à ses collaborateurs. Face à notre comportement pour le moins atypique, on nous observait les yeux écarquillés. On se demandait ce qui justifiait notre inqualifiable comportement. On nous montrait du doigt comme si nous avions craché sur un bienfaiteur. A dire vrai, nous étions loin de ces pensées pour le moins mercantiles. Nous faisions notre travail. Nous n'attendions aucune faveur en retour. Les plus avisés parmi nos collègues voyaient dans la gestion budgétaire un avantage dont il fallait tirer profit sans se faire

---

[3] Pour SG, lire secrétaire général.

remarquer. Nous tenions avant tout à une répartition équitable des rôles et des fonctions. Nous souhaitions de la transparence tandis que les dirigeants de la banque centrale tenaient à ce que tout se fît sans vague ni fracas. Ils ne voulaient pas qu'on remarquât leur gestion hasardeuse. L'opacité faisant leur affaire, ils se contentaient du clair-obscur. Nous voulions que tout se passât dans la clarté. Ce fut le début d'une sorte de guerre de positionnement.

L'hostilité n'a pas été la contrainte la plus farouche à laquelle nous nous sommes trouvés opposés. Ce fut sans conteste la brutale confrontation entre notre naïve certitude d'œuvrer pour le bien public et le réalisme des bien-pensants. Leur objectif allait rarement au-delà de la satisfaction personnelle ou du profit individuel.

Nous savions que les responsables de la banque centrale usaient de tous les moyens pour faire rentrer dans les rangs les récalcitrants. Cependant, nous avions estimé que la justesse de notre combat nous protégerait. Nous nous disions : *ils ne sont pas assez fous pour oser s'attaquer à nous sans précaution.* Nous nous sommes crus protégés. Nous détenions, par-devers nous, des éléments compromettants. Nous pensions bénéficier de protection parce que le cadre de nos fonctions constituait un nœud d'importantes informations. Ils n'en eurent cure. Bien plus, ils n'avaient aucune considération tant pour les personnes que pour les fonctions. Ils ne posaient aucune limite à leurs envies ou à leurs caprices. Ils étaient sûrs de leur impunité. Ils n'acceptaient de plier que face à une force plus importante, par exemple, celle des autorités de tutelle. Or, celles-ci se faisaient remarquer par leur silence sinon par leur connivence. Autant dire qu'avant de contredire ou de contrarier les dirigeants de la BEAC, la prudence invitait à mesurer les soutiens dont on bénéficiait. La méconnaissance de cette règle exposait aux pires sanctions. Ceux qui ne résistaient pas aux harcèlements psychologiques permanents étaient brimés, humiliés et brisés.

Tel fut le contexte dans lequel, nous avons adopté une conduite à laquelle nous sommes restés fidèles tout au long de notre parcours de près de vingt-six années. On était sommé de choisir le bon camp, celui des décideurs. Nous avons été rappelés à l'ordre pour suivre le *chef*, épouser sa vision, ses émotions et son mode d'action et jusqu'à ses outrances. Toute autre posture était perçue comme une opposition, une effronterie, un désaveu ou une manœuvre de sape contre l'autorité de la hiérarchie. Par réalisme, la plupart des cadres s'alignaient sur cet oukase. Les carrières dépendaient de l'impression que l'on donnait. Elles étaient rarement exemptes du degré d'engagement aux côtés des dirigeants.

Sans en mesurer toutes les conséquences, plus sûrement par tempérament, nous avons choisi d'explorer une autre voie. Nous avons cru, nous demeurons encore sur cette ligne, que la qualité des performances pouvait annihiler sinon supplanter la vision manichéenne majoritaire. Celle-ci distinguait les obéissants qui courbaient l'échine et marchaient sans rechigner de ceux qui croyaient en la possibilité d'autres solutions. Il nous semblait que faire le mieux possible les tâches pour lesquelles nous étions recrutés puis rémunérés suffisait. N'était-ce pas la meilleure manière de justifier notre présence à la banque centrale ? N'était-ce pas une preuve tangible pour prétendre à faire carrière et soigner ses relations professionnelles ? Telles étaient quelques-unes des réflexions ou des convictions que nous avions à cœur de confirmer.

La qualité de nos contributions s'avéra inadéquate. Elle ne le fut pas en raison de la non-pertinence de la philosophie sous-tendant notre démarche mais parce que l'environnement professionnel était façonné pour ne guère laisser de place à une réflexion individuelle originale. Pourtant, nous persistons à croire que tenter d'adapter le management à la fonction banque centrale est légitime.

A la BEAC, le refus d'opinions ou de points de vue différents a eu pour corolaire un moulage suivi d'une uniformisation des comportements. La plus parfaite illustration de ce monolithisme fut théorisée par Mamalépot. Excédé, il finit par lâcher : *La banque centrale est une maison de verre coulée dans un moule de béton.* Entre l'outrance d'une telle perception, qui fut effectivement mise en application, et le bon sens qui voudrait qu'un cadre réfléchisse et contribue à une meilleure prise de décisions, il y a plus qu'une nuance. Du reste, nous nous sommes réservé la faculté d'agir ou de réagir, au cas par cas. Nous avons refusé de nous voir attribuer un rôle stéréotypé. Nous avons refusé de signer un chèque en blanc. Caresser l'humeur des dirigeants privilégiant leurs assises mesquines ne pouvait faire partie de notre registre de conduite.

## 2. Tout est dans le respect des règles

Pour comprendre comment un tel excès a pu être transformé en un mode de gestion dans une institution aussi professionnelle que devait l'être une banque centrale, le plus simple serait :

- d'examiner les statuts de la BEAC ;
- d'observer l'expertise et la moralité de ses dirigeants ;
- de considérer sa vision de l'avenir ;
- d'examiner ses principaux objectifs et missions.

Par un enchaînement d'actes dont la portée fut mal mesurée, la BEAC s'est trouvée prise en otage entre des chefs d'Etat, des banquiers centraux et un environnement sociologique mal ou peu renseigné sur le rôle et les attributions d'une banque centrale. Dans une étude évaluative, comparant les gouvernances de trois banques centrales dont la BEAC, nous avons présenté un descriptif détaillé du cadre institutionnel, de l'organisation et du mode de prise de décisions de la banque centrale de la CEMAC.

Rappelons, pour mémoire, que les statuts de la BEAC sont écrits par ses dirigeants. Plus spécialement, ils sont rédigés par le gouvernement de la banque centrale, adoptés par le conseil d'administration avant de recevoir l'aval du comité ministériel. Le secrétariat et la conception des textes sont assurés par les services de la BEAC. Cela peut se comprendre puisque l'objectif, à l'origine, était de laisser aux experts la charge de formaliser le cadre d'activité de la banque centrale. La préservation de son indépendance y est, notamment, affirmée.

Puisque la rédaction des statuts échoue entièrement aux banquiers centraux, cela suppose que les instances de tutelle doivent rester vigilantes. Il leur revient de prévenir les abus ou les contournements des choix fondamentaux. Les statuts doivent, d'abord, traduire la volonté des autorités de la CEMAC de constituer un ensemble intégré et solidaire. Conceptuellement, l'intégration prend appui sur la banque centrale. La BEAC, comme les autres institutions sous-régionales mais plus encore, doit contribuer à la coopération entre les Etats membres.

Compte tenu de l'autonomie dont jouit la BEAC, si la tutelle, le comité ministériel, ne se montre pas en mesure d'assurer une supervision des activités de la banque centrale, le risque de dérive, qui reste de l'ordre de l'éventualité, devient une quasi-certitude. Il avait suffi d'une conjonction de circonstances indésirables pour que l'équilibre théorique se rompît et se désagrégeât. Ce fut exactement ce qui se produisit à la fin des années 1990.

La cause du déséquilibre entre le management assuré par le gouvernement de la banque centrale et la supervision n'a pas spécifiquement incombé à l'inaction des politiques, notamment aux ministres. Ils ont agi selon leurs modes habituels : fixer un cadre et désigner leurs proches ou alliés pour la réalisation des objectifs. De bonne foi, ils ont pu estimer que leurs mandataires seront en mesure de réaliser les objectifs fixés. Ils comptaient sur eux pour assumer les responsabilités qu'ils leur avaient concédées. Ils en attendaient une concrétisation des espérances placées dans leurs actions.

Pour la plupart, ceux qui sont désignés par les chefs d'Etat se sont montrés dissipés. Ils n'ont pas toujours justifié les honneurs et les avantages attachés à leurs fonctions. Entre leurs obligations et leurs avantages, la balance a constamment penché du côté de ces derniers. Souvent, les décisionnaires se sont montrés peu regardants quant à l'expertise de leurs alliés promus aux hautes fonctions des métiers techniques. Il n'est même pas certain qu'ils aient tenu compte de l'efficacité ou de l'exemplarité de ceux qui sont promus aux hautes fonctions. Parés de tant de bienveillances, les promus aux responsabilités de dirigeants de la BEAC, de la CEMAC, de la BDEAC ou de la COBAC se sont crus exempts de rendre compte à leurs mandants.

Tel est le socle qui sert d'édifice à l'intégration. Telles sont les conditions qui ont favorisé la survenance des malversations et des prévarications impliquant des banquiers centraux.

L'avenir de la CEMAC et l'espérance des populations en un futur meilleur dépendent de la capacité des dirigeants à construire un espace économique émergeant. Or, selon la conjoncture et les intérêts nationaux, la vision de l'avenir change constamment. Elle passe de la plus franche coopération à la pire rétractation. Sans que l'analyse sur le fond soit modifiée, on passe ainsi d'une totale volonté d'intégration à un nationalisme le plus étriqué. C'est dans ce contexte fluctuant et instable que la banque centrale doit trouver des solutions adaptées pour réaliser ses missions et ses objectifs.

L'objectif principal de la banque centrale, inscrit dans ses statuts, est la gestion du FCFA. D'après les textes, sa stabilité est garantie par un taux d'inflation stable et faible. De fait, la lutte contre la hausse des prix est devenue un tropisme. Elle guide et motive la gouvernance de la banque centrale. Tout le reste parait secondaire et soumis à la réalisation de cette priorité. Le mythe d'une inflation faible, érigée en principal critère de gestion de la monnaie, traduit une politique confondant les moyens et la fin. Plus exactement, c'est une politique qui fait d'un outil un objectif.

L'intégration et l'émergence économique, les deux premiers objectifs de la CEMAC, restent intimement liées à la vision et aux choix des autorités politiques. D'eux dépendent la compétitivité des entreprises, la qualité de la formation, la validation des projets cohérents, l'adoption des lois adaptées, la présence aux affaires de dirigeants attentifs, une justice exemplaire, une économie ouverte et une banque centrale capable de soutenir ce dispositif. L'émergence se fera au prix de ces préalables. Elle est la trajectoire indispensable pour de meilleures conditions de vie pour les populations. C'est en ce sens que les missions et les objectifs de la banque centrale doivent être analogues sinon complémentaires à ceux du programme économique régional (PER). Jusqu'à preuve du contraire, la politique monétaire reste le principal outil d'intégration de la CEMAC. Elle n'aura de pertinence que si elle vise les mêmes objectifs que l'intégration.

Par ailleurs, l'accès à l'émergence est quasi impossible pour un pays pris isolément, n'en déplaise à ceux qui en ont fait un slogan politique. D'accord pour *Gabon d'abord,* mais nous préférons *tous ensemble* pour construire la CEMAC. En effet, la préférence nationale à des limites qui ne sont pas que morales ; elles sont surtout d'ordre économique. Autrement, le Cameroun, le Tchad, la Centrafrique, le Congo, le Gabon et la Guinée Equatoriale seraient déjà avancés en développement. Au lieu de *chacun pour soi* ne devons-nous pas faire de l'intégration un accélérateur du développement ? La réponse est affirmative. Tout doit être fait pour que les ressources disponibles deviennent des moyens tant pour les Etats prospères que pour les moins nantis. Comment comprendre que les Centrafricains restent sevrés de ressources tirées du pétrole que le hasard à procurer à cinq des six pays de la CEMAC ? Parfois, ce fut juste *au petit bonheur la chance* des découpages frontaliers dessinés à la hussarde ! Ce qui est advenu du Soudan doit servir de leçon pour considérer les frontières comme un legs. Elles ne sont ni utiles ni définitives ni immuables.

Pour devenir effective, l'intégration de la CEMAC exige un contexte favorable, notamment une vision inspirée, des textes adaptés, des dirigeants rigoureux et compétents, une plus grande disponibilité à la coopération et des comportements éthiques. Une gouvernance équilibrée, des instances représentatives et des institutions efficaces devraient veiller à prendre en compte les aspirations majoritaires et à réaliser les objectifs. Elles renforcent les conditions préalables favorisant l'intégration.

Nous n'insisterons jamais assez sur l'utilité d'un système de contrôle qui devrait s'interposer et servir de garde-fou contre les d'abus. Il est le moyen idoine pour lutter contre les dérives. Son efficacité dépend de la mise en application d'un barème de sanctions adaptées. Si la morale s'avérait impuissante, *la peur du gendarme* dissuaderait ceux qui seraient tentés de passer outre les injonctions ou les interdits. La BEAC, à cause du comportement de ses dirigeants, s'est mise en porte à faux aux exigences d'un contrôle efficace. La solution passe par la mise en place d'une autorité de contrôle avec des moyens de régulation dissuasifs afin de lutter avec vigueur contre les dérives centrifuges.

En effet, en consentant des ressources quasi illimitées et des pouvoirs discrétionnaires aux dirigeants de la BEAC, la CEMAC les a rendus quasiment intouchables. Le gouvernement de la banque centrale a tant et si bien tiré avantage de cette immunité qu'il a oublié l'essentiel, c'est-à-dire, assurer une gouvernance en mesure de concevoir une politique monétaire adaptée aux économies de la sous-région. Pour tenir compte de cet enjeu, les décisionnaires devraient proposer au gouvernement de la BEAC un contrat clair tenant en trois points :

- l'indépendance de la banque centrale pour le choix des outils de gestion monétaire contre la mise en application de politiques monétaires compatibles avec le programme économique régional (PER) ;

- la liberté pour la banque centrale de gérer les ressources laissées à la disposition contre l'obligation de rendre compte et la transparence de ses opérations ;
- la liberté pour la banque centrale d'organiser son management et sa gestion contre l'acceptation des procédures d'évaluation et de contrôle conçues et mises en application par une instance indépendante.

Faute pour la CEMAC d'avoir su imposer un cadre fixant les règles, les dirigeants de la BEAC se sont laissés aller à leur tendance naturelle. Au lieu de se montrer exemplaires, ainsi que l'exige leurs fonctions, ils ont été laxistes et transgressifs. En raison d'une gouvernance discutable, la banque centrale est devenue un contre-exemple. Son gouvernement est moqué et observé comme un objet insolite par les partenaires extérieurs. Il est vilipendé et honni par les ressortissants de la CEMAC. Au vu de ce constat, les deux questions auxquelles les décisionnaires n'ont pas encore apporté des réponses suffisantes sont :

- comment une institution d'apparence aussi solide a-t-elle vacillé puis s'est effondrée sans que l'on n'ait pu déceler les prémisses du séisme qui couvait en son sein ?
- pourquoi les dispositions statutaires et les procédures internes de la banque centrale ont été inopérantes pour servir de garde-fou et pour détecter ou empêcher la survenance des dérives ?

L'explication est incontestablement dans l'incapacité des dirigeants de la BEAC à assurer une gestion privilégiant l'intérêt général. Or, par définition, la politique monétaire s'attache à apporter des réponses face à l'inflation, au chômage et à la croissance qui sont, fondamentalement, d'intérêt général. La politique monétaire conçue et mise en application par la BEAC a pour principal défaut d'être déconnectée des économies locales. L'explication est aussi dans l'absence de concordance entre les quatre pôles du quatuor *textes, dirigeants, vision, objectifs*. Nous montrons ci-après les incidences d'une absence de concordance entre les quatre pôles. Notre raisonnement repose sur l'hypothèse que les quatre pôles sont d'égale importance. Ils assurent, concomitamment et collégialement, les fonctions, les tâches ou les équilibres souhaités. Nous avons passé en revue les quatre types de distorsions engendrées par une modification non souhaitée des zones de compétence donc par une modification non souhaitée de l'équilibre entre les quatre pôles. Nous avons appelé la position d'équilibre de départ *le carré initial.* Nous avons schématisé la position d'équilibre et les incidences de non-concordance sous la forme de figures géométriques : carré, losange, rectangle, segment de droite et nébuleuse.

Un défaut de concordance entre les quatre pôles peut transformer *le carré initial* en *un losange.* Cette déformation traduit un déplacement du centre de gravité tout en laissant intactes les zones de compétence, l'allocation des ressources et le rapport des forces. Une telle déformation peut être maîtrisée si le système de pilotage a prévu des outils de régulation pour corriger les désajustements. Le bon fonctionnement du système de pilotage et l'utilisation d'outils de régulation adéquats doivent être évalués par une instance qui agit en qualité de *censeur.* A défaut d'une telle instance, les désajustements du *carré initial* se transforment en distorsions. Le défaut de concordance entre les quatre pôles peut alors faire évoluer *le losange* vers l'une des trois figures décrites ci-après.

Un défaut de concordance entre les quatre pôles peut transformer *le carré initial* en un *rectangle.* Une telle évolution peut être le signe d'une distorsion dans l'équilibre globale. La distorsion peut être provoquée par le non-respect des zones de compétence prédéfinies. Si l'instance en charge du contrôle ou de la surveillance ne censure pas les comportements non souhaités des deux pôles dominants, la distorsion peut engendrer une gouvernance non compatible avec les *objectifs* ou la *vision.* Le défaut de concordance entre les quatre pôles peut alors faire évoluer *le carré initial,* devenu *rectangle,* vers l'une des deux figures ci-après.

Un défaut de concordance entre les quatre pôles peut transformer le *carré initial* en *un segment de droite.* Cette évolution signifie que le centre de gravité repose sur la prépondérance d'un seul des quatre pôles du *carré initial.* Dans ce cas de figure, la distorsion peut provoquer des incidences non souhaitées mais qui restent contrôlables. Cette évolution signifie aussi que l'instance en charge du contrôle ou de la surveillance n'est pas en mesure de censurer ou il agit de manière connivente avec le pôle dominant. Ce dernier supplante puis phagocyte les trois autres pôles. Toutefois, lorsque cette configuration a fait l'objet d'un choix délibéré (alignement de l'instance en charge du contrôle ou de la surveillance sur le pôle dominant), les distorsions sont sous contrôle, comme dans les cas du *losange* et du *rectangle*. En revanche, la gouvernance peut s'avérer non compatible avec *les objectifs* ou *la vision* définis dans le cadre du *carré initial*. D'ailleurs, dans une telle configuration, *le segment de droite* peut être la résultante d'un enchaînement ordonné des quatre pôles. Ils conservent leurs proportions (leurs domaines de compétence respectifs) mais, au lieu d'agir de concert, le pôle dominant impose ses priorités. Il peut en résulter deux risques majeurs : la non-compatibilité des objectifs du pôle dominant avec les objectifs initiaux ; une prépondérance incontrôlée du pôle dominant qui fait évoluer *le segment de droite* vers *une nébuleuse* qui est la dernière des quatre configurations que nous avons envisagées.

Un défaut de concordance entre les quatre pôles peut transformer *le carré initial* en *une nébuleuse*. Cette configuration traduit une absence de régulation. Elle peut être provoquée par l'inexistence ou à l'inefficacité de l'instance en charge du contrôle ou de la surveillance. Il en résulte une tendance générale centrifuge des quatre pôles. Ce qui provoque un déplacement des équilibres et des distorsions dont les conséquences peuvent être une perte d'utilité, une dislocation voire une implosion de l'équilibre bâti autour des quatre pôles *textes, dirigeants, vision, objectifs*.

Dans le cas de la BEAC, la modification de l'équilibre entre les textes, les dirigeants, la fonction banque centrale et les objectifs d'intégration a entraîné la constitution d'un seul pôle dominant : le gouvernement de la banque centrale. Pourvu en ressources abondantes et dispensé d'une surveillance efficace, capable de censurer les distorsions d'une gouvernance stérile, le gouvernement de la BEAC :

- s'est montré peu respectueux des statuts et des procédures internes qui régissent la banque centrale ;
- a phagocyté la prééminence, l'activité et le rôle du conseil d'administration en plaçant le gouverneur à sa présidence (en 2010, au vu des malversations impliquant les dirigeants de la BEAC, les chefs d'Etat ont ordonné le retour d'un ministre à la présidence du conseil d'administration) ;

- a favorisé une configuration de la CEMAC comportant deux instances concurrentes (UEAC[4] et UMAC[5]). La conséquence est que les dirigeants de la banque centrale échappent à l'obligation de rendre compte devant la Commission ainsi qu'à tout contrôle en mesure de censurer leurs choix ;
- a supplanté les trois autres pôles (*textes, vision, objectifs)* en privilégiant ses propres objectifs. En conséquence, au lieu d'une implication des quatre pôles, *les dirigeants* de la banque centrale, ont dicté leurs lois. Comme dans le cas *du segment de droite,* ils ont obligé les autres pôles à s'aligner sur leurs choix. Plus grave, comme dans le cas d'*une nébuleuse,* l'équilibre a été rompu entre *les textes*, qui ont été taillés sur mesure, *les dirigeants*, qui se sont arrogé tous les pouvoirs, *la vision* de l'intégration, qui est restée lettre morte, et *les objectifs,* notamment l'émergence à l'horizon 2025, inscrite dans le PER[6], et l'intégration, auxquels s'est substitué le contrôle de l'inflation.

Nous déduisons de cette évolution et de notre constat que les statuts de la BEAC doivent fixer dans un cadre strict ou contraignant :

- les avantages et les prérogatives accordés à la banque centrale et à ses dirigeants ;
- les conditions de transparence entourant ses activités ;
- l'obligation de rendre compte ;
- l'obligation de se soumettre à un contrôle indépendant et régulier ;
- les sanctions encourues pour contournement des obligations ou pour comportement incompatible avec la fonction banque centrale.

### 3. Une question de tempérament

A la fin de l'année 1977, au moment du transfert du siège de la BEAC de Paris à Yaoundé, Christian Joudiou était directeur général et Jean-Edouard Sathoud était son adjoint. Le cadre illustré par le quatuor *textes, dirigeants, vision* et *objectifs* était cohérent. La transmission

[4] Union économique et de l'Afrique Centrale.
[5] Union monétaire de l'Afrique Centrale.
[6] Programme économique régional.

de témoin et la passation de pouvoirs entre Christian Joudiou et Casimir Oyé Mba, devenu gouverneur en 1978, concernaient deux personnes qui poursuivaient les mêmes objectifs. Ils se connaissaient et s'appréciaient. On ne peut imaginer que le directeur général sortant n'eût à donner son assentiment ou son point de vue sur son successeur. La nouvelle équipe dirigeante a été formée, chaperonnée et installée par *les anciens* avant de faire valoir leurs droits à la retraite.

Le climat général était à l'africanisation des postes de direction. Ce fut une période heureuse pour la BEAC. On se disait : *il est temps que les Africains expriment leur vision de l'avenir. Il leur revient d'élaborer et de mettre en application une politique monétaire adaptée au contexte économique de l'Union Economique et Douanière de l'Afrique Centrale* (UDEAC), devenue CEMAC en 1994.

La Banque des Etats de l'Afrique centrale, fondée par le Cameroun, le Tchad, le Centrafrique, le Congo et le Gabon, s'est agrandie, avec l'arrivée de la Guinée Equatoriale en 1985. En dépit de l'étroitesse des choix en cadres spécialisés dans les domaines de compétence d'une banque centrale, ceux qui ont été désignés pour assurer les fonctions de direction se sont montrés, globalement, à la hauteur de la tâche. C'était l'époque des pères-fondateurs. Ceux-ci s'entouraient certes de collaborateurs acquis à leur cause mais aussi de ceux qui présentaient le profil requis. La perte de vue de cette règle de prudence, devenue une pratique courante à partir de la fin des années 1990, sonna la prémisse de ce que nous avons appelé *une dérive*. Plus grave, les dérogations au respect de la compétence comme principal critère d'élection à l'encadrement de la banque centrale, qui étaient circonscrites aux cadres non décisionnaires, se sont étendues aux fonctions de direction. Les dérogations se sont transformées en habitudes. Elles ont généré de graves distorsions. Elles ont rendu inégales les productions des cadres. Elles ont gangrené la qualité du management de la banque centrale. En conséquence, le centre de gravité entre les quatre pôles s'est déplacé. Le *carré initial* a glissé pour devenir *un losange*, s'est successivement transformé en *un rectangle*, *un segment de droite* puis en *une nébuleuse*.

*Des protégés*, apparentés ou alliés aux détenteurs du pouvoir politique ou aux dirigeants des institutions sous-régionales, se sont emparés de la direction de l'institut d'émission. Il serait contraire à la vérité de laisser croire que tous ne disposaient pas de la qualification requise. Par exemple, Mamalépot et Gata Ngoulou, pour parler de principaux dirigeants, pouvaient être rigoureux. Ils disposaient de compétences techniques requises ; leurs aptitudes à assumer les fonctions dévolues aux banquiers centraux n'étaient nullement en cause. Il leur manquait, à l'un, une certaine sociabilité qui fait les hommes d'Etat, à l'autre, une certaine retenue qui distingue les vertueux des fourbes. La déconfiture de la BEAC est devenue visible à partir de 2009. Elle trouve une première explication dans la prise de liberté par rapport aux règles qui fondaient et donnaient du sens à la gouvernance de la banque centrale jusqu'au milieu des années 1990. Depuis lors, le principe d'une stricte adéquation entre les fonctions et les aptitudes à les exercer a été mis à mal.

Sous la direction des dirigeants restés en place pour assurer la transition entre *les pères fondateurs* et la nouvelle équipe, le parrainage avait servi de soupape de sécurité. *Les anciens* s'étaient donné pour principal objectif de former et promouvoir ceux qui leur semblaient les plus aptes à diriger la banque centrale. Certes, ils ne négligeaient pas la filiation ou une certaine communauté de vue mais la compétence était le premier critère d'élection aux postes de responsabilité. Le risque de rupture ou de déviance était ainsi minimisé. Cependant, il ne pouvait être considéré comme totalement écarté. En 1990 et en 2007, au moment de remplacer le gouverneur, la chaîne de transmission reliant les anciens et les nouveaux s'est trouvée interrompue. Au lieu du processus qui consistait à former puis à installer aux commandes ceux qui ont été cooptés, formés et promus en raison de leurs compétences et la compatibilité de leur comportement avec la fonction banque centrale, une lutte féroce opposa les partisans des prétendants. Elle fit voler en éclats les exigences de compétence et d'éthique. La proximité avec le pouvoir politique devint le principal critère de sélection puis de promotion. Elle installa aux commandes l'incompétence, fossoyeuse de la culture de l'excellence.

Tout départ à la retraite d'un dirigeant ou tout changement politique dans la CEMAC donnait lieu aux conciliabules, aux intrigues, à la délation et aux déchirements. Cet embrouillamini a nui à la concorde et au calme nécessaire à une gestion optimale de la politique monétaire. Pour les velléitaires tout comme pour les prétendants déclarés aux postes de commande, la politique monétaire ne s'inscrivait pas au registre de leurs préoccupations. Convaincus de la justesse de leurs objectifs, ils se disaient : *l'essentiel est de parvenir aux commandes ; on verra le reste plus tard. Ce n'est pas le moment de faire du sentiment.* Cette prise de distance par rapport aux règles usuelles a entraîné un recours systématique aux passe-droits. Elle a autorisé les malversations en imposant l'opacité. Elle a introduit la discorde et les mésententes au sein d'une institution dont l'activité nécessite concentration et réflexion. Elle a fini par gangrener puis métastaser la gouvernance de la banque centrale. Elle s'est érigée en une logique implacable qui a mené les dirigeants d'une dérive à l'autre. Ceux-ci achevaient leurs parcours peu glorieux en manipulant leurs mandants. Le mensonge, les détournements de fonds publics et l'utilisation des prétextes pour se débarrasser de concurrents, de témoins objectifs ou de collaborateurs indociles étaient des moyens parmi d'autres pour parvenir à leurs fins. Consciemment ou non, ils ont conduit la banque centrale au degré zéro de l'éthique.

# *Chapitre I*
# *Le contexte de la controverse*

En publiant cette lettre ouverte qui dévoile les us et coutumes aux contours nauséabonds, nous visons à apporter un peu de transparence et d'objectivité dans un contexte opaque. Nous mettons à la disposition du lecteur des éléments probants ; ils aident à comprendre le tour de force qui a transformé une banque centrale en un lieu de prédation. Nous apportons une réponse à la question : comment, une institution censée incarner une autorité morale est tombée au degré zéro de l'excellence ?

Dans la perception de ses fondateurs, la BEAC doit être l'incarnation du sérieux et de l'expertise. Ses dirigeants doivent faire montre de rectitude, d'objectivité et de rigueur. C'est aussi la lecture que nous faisons des responsabilités d'une banque centrale. Nous allons montrer, pourquoi, à partir du milieu des années 1990, les dirigeants de la BEAC se sont écartés de la ligne définie ou souhaitée par les concepteurs de la banque centrale.

Notre cri[7], un appel à sauver la banque centrale de la CEMAC, n'a manifestement pas été entendu. L'ouvrage publié en 2010 que l'honorable substitut du procureur près de la ville de Yaoundé, à la demande de Gata Ngoulou, a qualifié de *pamphlet,* ne mérite ni autant d'honneur ni une méprise aussi grossière que réductrice. Aux dernières nouvelles, le plaignant aurait renoncé à sa demande de réparation. Il se serait senti rassuré ou satisfait de nous voir hors de la BEAC. En rapportant les choses telles qu'elles, dans notre esprit, il n'y avait pas de place pour la polémique. Notre intention n'était pas de dénoncer les fautifs. Nous les laissons au jugement de l'histoire qu'ils ont contribué à écrire. Nous nous sommes contentés de faire observer que, s'agissant d'une banque

[7] Ce fut le message que nous avions souhaité faire passer en écrivant *La Banque des Etats de l'Afrique Centrale, une dérive prévisible.*

centrale, cela mérite une plus grande attention. En effet, après la confirmation des détournements des avoirs de la CEMAC gérés par la BEAC, nous avons cru rappeler aux décisionnaires qu'il était temps d'agir. Il fallait que quelqu'un se dévouât pour *mettre les pieds dans le plat* d'une connivence qui n'avait que trop duré.

Puisque nos appels à la responsabilité, lancés dès 1994, sont restés sans suite ou ont été royalement ignorés, il eût été criminel de faire comme si tout allait bien. En dépit de la confiscation de nos dossiers personnels[8], dans des circonstances dignes des pratiques mafieuses, il nous est resté assez d'éléments pour étayer nos dires et renvoyer les plaignants à leur honte. Depuis 1998, nous avons adressé nombre de notes et de lettres aux dirigeants de la BEAC. Certains de ces écrits sont repris dans les documents 2 à 16. Ils apportent de précieuses indications sur une gestion pour le moins douteuse qui, dix ans plutôt, présageait de la gabegie généralisée révélée en 2009.

Notre traitement du dossier BEAC ne se limite pas à la mise en exergue d'une gouvernance stérile et en porte-à-faux à la fonction banque centrale. Au-delà de la politique monétaire, nous démontrons comment la mal gouvernance a nui à l'intégration de la CEMAC. Pour cette dernière, l'intégration est l'unique espoir de préparer une transition crédible vers l'émergence économique puis vers le développement. Elle est le cadre qui donne du sens et scelle le destin de quarante-deux millions de personnes que rapprochent la géographie, le passé colonial et l'histoire. Tout a été fait pour conforter la Banque des Etats de l'Afrique Centrale afin de concrétiser cet espoir.

Pour la CEMAC, les choix, les comportements et les visions qui omettent ou méconnaissent la primauté de l'intégration sont contre-productifs. La gestion atypique de la BEAC affaiblit son rôle de colonne vertébrale de l'intégration et introduit une rupture dans la réalisation de cet objectif prioritaire. L'intégration est conçue pour être le support d'une vision de transformation de l'espace économique de la CEMAC. Elle pose les bases de l'émergence et prépare au développement. La BEAC est née de la volonté de concrétiser la mise en commun des efforts. L'objectif est certes de continuer la gestion monétaire léguée par

---

[8] Une liste non exhaustive est donnée en document 16 (pages 213 à 214).

la France mais il est aussi d'engager la sous-région dans la voie du développement. Le processus d'intégration, tout comme l'objectif de développement économique, prennent principalement appui sur la banque centrale.

Pour que notre analyse d'une gestion qui a mené à l'échec ne soit pas à un exercice académique ou un réquisitoire, dans une publication à paraître, nous avons élargi nos investigations à deux autres banques centrales. Nous espérons ainsi échapper au dénigrement facile de ceux qui verront dans notre démarche un règlement de comptes.

Nous avons procédé à une analyse des gouvernances de la BEAC, de la Banque Centrale des Etats de l'Afrique de l'Ouest (BCEAO) et de la Banque Al-Maghrib (BAM), la banque centrale du Maroc. Dans le contexte africain, la banque centrale du Royaume chérifien s'impose comme une référence. Nous avons choisi les trois institutions pour leur rôle. Au niveau national ou sous-régional ce rôle est suffisamment significatif pour en faire un cas d'études. Il résulte de notre analyse une hiérarchie des gouvernances aux caractéristiques surprenantes et instructives.

Le but assigné à la présente lettre ouverte est d'informer ceux qui se posent des questions sur la BEAC. Il est aussi d'inciter les dirigeants à changer de gouvernance. Ils doivent un peu plus s'inspirer du code de bonnes pratiques du FMI. Bien entendu, l'objectif principal de notre démarche est aussi d'appeler à la conception d'une politique monétaire adaptée au contexte de la CEMAC.

L'Afrique Centrale ne peut se permettre d'attendre et perdre du temps. Le rôle de la banque centrale est de booster le développement des économies en soutenant et en accélérant l'intégration. La BEAC doit exceller par la qualité de son organisation tout comme par l'expertise de ses cadres et la vision de ses dirigeants. Dans notre démarche, nous avons souhaité que le cadre et les contraintes universelles de gestion s'imposent aussi à la BEAC et à ses dirigeants. En les respectant, l'intégration de la CEMAC se trouvera facilitée. En les mettant en application, l'émergence économique passera du rêve à la concrétisation. Nous tentons d'apporter notre pierre à cet édifice.

## *Section 1*
## *Le contexte sous-régional*

En tant qu'institution sous-régionale, l'Union Economique et Douanière de l'Afrique Centrale (UDEAC) a été créée en 1963. Elle visait à faciliter l'intégration des Etats membres[9]. La Communauté Economique et Monétaire de l'Afrique Centrale (CEMAC) a succédé à l'UDEAC en 1994. La Banque des Etats de l'Afrique Centrale (BEAC), banque centrale de la CEMAC, est la principale institution d'intégration.

### 1. La CEMAC attend un nouveau Barthélémy Boganda

Les spécialistes s'accordent à considérer que BEAC n'a pas été à la hauteur de son rôle de pilier de l'intégration en Afrique Centrale. Elle a échoué en dépit de sa notoriété, de ses ressources et des attentes que confortent les décisions des autorités de la sous-région. Cependant, on peut se demander si la charge n'est pas trop lourde. On peut s'interroger sur la pertinence de faire de la BEAC, une banque centrale, la matrice de l'intégration et du développement économique. Ses fondateurs se sont posé ces questions et ont dû y répondre par l'affirmation. L'objectif, au moment de la création de la banque centrale était de trouver une solution pour préserver l'ancienne Afrique Equatoriale Française (AEF). Nonobstant le respect que nous devons à la sagesse *des anciens,* il semble que faire de la BEAC le principal vecteur de l'intégration est un pari osé sinon une charge disproportionnée. L'expérience donne raison à notre scepticisme.

A la création de l'UDEAC, deux options s'étaient opposées. Il y avait d'un côté les partisans de l'intégration (Tchad, Congo et Centrafrique), de l'autre le Gabon, plus riche, qui ne souhaitait pas diluer sa spécificité dans un ensemble où le poids de sa population lui réservait une place marginale. Pour sa part, le Cameroun, au destin historiquement lié à trois puissances (Allemagne puis France et Royaume Uni),

---

[9] Sont membres de l'UDEAC puis de la CEMAC le Cameroun, la Centrafrique, le Congo, le Gabon, la Guinée Equatoriale (1985) et le Tchad.

voulait mettre les quatre frères de l'AEF d'accord pour prendre le leadership. Au vu des positions sur cet échiquier, comment ne pas s'interroger sur la place et le rôle de la gestion monétaire. Que pourrait faire une banque centrale lorsque les ambitions des Etats-nations et leurs divergences sont si fortement marquées ?

L'idée de faire de la monnaie commune le principal vecteur d'intégration n'est ni contestée ni contestable. Outre le passé administratif et colonial, la banque centrale commune est l'autre héritage tangible de cette période controversée. A partir de 1963 et la création de l'UDEAC, il restait à conforter le legs colonial par une gestion adaptée des ressources tirées de l'exploitation pétrolière et des cultures de rente. Il y avait d'un côté les pays disposant des réserves de pétrole, de l'autre les pays à vocation agricole. Comment définir des objectifs communs. Comment affirmer l'ambition de solidarité ? Comment préserver ou gérer les spécificités nationales défendues par les plus frileux ? Ces questions étaient un véritable casse-tête. Il revenait à ceux qui détenaient le pouvoir dans chacun des Etats de trouver les meilleures solutions. Ils avaient dans leur besace un legs colonial important : la banque centrale. Ils l'ont utilisé comme *un joker.* Or, ainsi que nous le verrons, la lutte a été féroce pour contrôler la principale institution d'intégration. Les marchandages ont débouché sur une répartition des responsabilités en fonction des poids économiques des pays. Mais, ils ont été cause d'inefficacité et d'affaiblissement de l'institut d'émission.

Pour maintenir l'unité et continuer la coopération entre les cinq Etats, le Cameroun obtint le siège de la banque centrale, le Gabon le poste de gouverneur et le Congo celui de vice-gouverneur. Telle fut l'accord qui maintint en place un consensus devenu obsolète au cours des années 1990. C'était avant la montée en puissance de la Guinée Equatoriale, devenue un émirat pétrolier.

Les hommes qui se sont succédé aux commandes de la banque centrale différaient tant par leurs expertises que par leurs vertus morales. La gestion monétaire et l'intégration dépendaient de la clairvoyance et du charisme des dirigeants de la banque centrale. Il suffit que les commandes échouassent entre des mains moins sûres pour que le fragile consensus soit remis en cause. Il suffit qu'un gouverneur se crût dispensé du respect des règles pour que le fragile équilibre se transformât en instabilité. Il suffit que le dernier *des anciens* fît valoir ses droits à la retraite pour que la qualité de la production de la banque centrale se dégradât. Plus que les comportements atypiques de certains dirigeants, se furent les contre-performances de la banque centrale qui se sont révélées les véritables handicaps tant pour la monnaie que pour l'intégration.

D'un certain point de vue, l'espèce d'étourdissement dans lequel se retrouva la CEMAC au printemps 2009 n'était que logique. A chaque niveau de responsabilité, les décisionnaires avaient fermé les yeux. On ne voulait pas contrarier le *doyen*. On ne fut pas en mesure de recadrer les comportements des parents, des amis ou des obligés qui étaient nommés à certaines fonctions sans les qualités requises. On ferma les yeux. On se boucha les oreilles. On refusa de parler ou d'agir lorsque la problématique de l'adéquation entre les fonctions et les postes devint patente. Bref, chacun attendait que la solution tombât du ciel. Or, dans la CEMAC, le ciel a un nom : Paris. Mais, Paris ne comprenait plus ou faisait mine de ne plus comprendre. A juste titre, il était fatigué. Il poussa un souffle de découragement.

Il ne suffit pas de charger une banque centrale du rôle moteur pour l'intégration. Non, cela a semblé insuffisant, même après lui avoir concédé d'importantes ressources. Il aurait fallu une vision, des hommes engagés, des populations informées, des structures adéquates de soutien, des objectifs quantifiés et un chronogramme d'exécution précis. Plus encore que la piètre qualité managériale de certains dirigeants de la BEAC, la gouvernance se trouva prise en étau entre les inéquations politiques. Là où on avait besoin de la détermination, de l'inspiration, de la solidarité, du courage et de la cohésion, on eût un repli sur soi, un incompréhensible égocentrisme et des disputes inutiles.

Voilà pourquoi nous répétons que Barthélémy Boganda[10], l'inspirateur des Etats Unis de l'Afrique Centrale, avait quitté trop tôt la scène politique. Ses successeurs ou ses héritiers n'ont pas su être les élèves modèles voulus par Jacques Foccart. Ils ne purent combler le vide créé par leur inspirateur. Combattus ou en manque d'inspiration, ils ne surent porter haut le combat pour l'intégration. Du Cameroun au Congo, du Tchad au Gabon, en passant par le Centrafrique, les dirigeants se

[10] Homme d'Etat centrafricain né le 4 avril 1910 et décédé le 29 mars 1959. Il a occupé les fonctions de premier ministre du 8 décembre 1958 au 29 mars 1959.

sont épuisés en querelles stériles. Les *pères-fondateurs* éliminés ou ayant quitté l'arène politique, leurs successeurs eurent d'autres priorités sinon d'autres impératifs. Une fois la prise du pouvoir assurée, s'y maintenir devint leur constant objectif. Ils s'y acharnèrent avec une énergie pharaonique. Sans la présence à leurs côtés de philosophes ou de scripts capables de les modérer, leur tendance à la permissivité s'érigea en règle de comportement. Dans ces conditions, qu'aurait pu faire une union monétaire tenue à bout de bras par une banque centrale mal dirigée ?

Naguère, les tiraillements entre les chefs d'Etat ont failli provoquer l'éclatement du processus d'intégration en Afrique Centrale. Le Tchad avait quitté l'ensemble sous-régional pour rejoindre, un cours moment, le Zaïre en quête d'authenticité. Mobutu et Ngarta Tombalbaye constituèrent une éphémère union qui ne dura que le temps des fiançailles. Ce fut un mariage à trois incluant Jean Bodel Bokassa. Le plus surprenant fut que la République Centrafricaine réussit le tour de force de demeurer membre de l'UDEAC.

Pour se protéger des fracas des guéguerres intestines, la banque centrale se recroquevilla sur son champ de compétences : concevoir et mettre en œuvre la politique monétaire pour soutenir les efforts de développement. La logique voudrait qu'elle fût jugée et sa gouvernance évaluée à l'aune de ce rôle statutaire. Jusqu'à l'avènement des plans d'ajustement stratégique (PAS) soutenus par le FMI, la BEAC était perçue comme un démembrement du ministère de l'économie ou même du Trésor public. Son implication dans la conduite des PAS en fit, aux yeux du public et pour les gouvernants nationaux, le représentant sinon le *Cheval de Troyes* des institutions de Bretton Woods. Depuis lors, passant outre son rôle de gestionnaire de la monnaie, on jugeait la BEAC sur sa notoriété, ses ressources et sa capacité à réaliser les espoirs placés en elle. Dans notre lecture de la fonction banque centrale, nous avons focalisé l'analyse sur les missions de la BEAC et les responsabilités de ses dirigeants.

## 2. Aller à l'essentiel

En dépit de la propension des autorités de la CEMAC à confier à la banque centrale tout dossier ayant, un tant soit peu, un lien avec l'intégration, nous avons privilégié l'analyse de sa gouvernance stricto sensu.

Nous avons voulu vérifier si la BEAC assume la fonction banque centrale dans son entièreté. Aussi, nous sommes-nous appuyés sur le principe qu'elle ne peut être tenue responsable de la réussite ou de l'échec du processus d'intégration. Certes, elle y contribue davantage que d'autres institutions mais son influence a des limites. Par exemple, elle ne saurait réussir, seule, le tour de force de gommer les divergences politiques ou substituer les priorités communautaires aux intérêts nationaux. En circonscrivant le principal de notre analyse aux missions traditionnelles assurées par une banque centrale, nous concédons que la multiplication de ses attributions peut nuire à la qualité de sa production et à son efficacité.

En d'autres circonstances, nous aurions abondé dans le sens des autorités de la CEMAC. Nous aurions alors considéré que les responsabilités de la BEAC s'étendent au-delà de la politique monétaire. Nous aurions alors considéré qu'il n'y a pas de conflit entre la faiblesse des résultats et la persistance à en faire le principal vecteur de l'intégration. Si nous avions conservé cette lecture du rôle de la banque centrale, il ne serait pas étonnant que la quasi-totalité des dossiers relatifs à l'intégration de la sous-région lui soient destinés. Nous aurions déduit que le centre de gravité des responsabilités se serait déplacé des politiques vers les banquiers centraux. Par la même occasion, nous aurions fourni un prétexte aux décisionnaires qui croyaient se tirer d'affaire en chargeant la BEAC de dossiers qui ne devaient pas lui incomber sur la foi de la seule fonction banque centrale. Au total, il nous a semblé imprudent de souscrire à une interprétation au premier degré de l'adage *la fin justifie les moyens*. Nous considérons que les moyens concédés à la BEAC lui imposent une obligation de résultats limitée à sa sphère d'activité.

Fondamentalement, deux lectures s'opposent quant à la manière d'analyser la place qu'occupe la banque centrale sur l'échiquier CEMAC. La première tient à une transposition des responsabilités des autorités publiques à la banque centrale. Elle se concrétise à travers la concession d'importantes prérogatives à la BEAC contre le pilotage de la gestion monétaire, d'une part, et une expertise générale sur tous les dossiers commis, d'autre part. La seconde, qui emporte notre inclinaison, considère que *la bonne gouvernance* est mieux assurée dans un contexte où les rôles sont spécifiés, répartis, transparents, équilibrés et cohérents. L'efficacité attendue d'une répartition équilibrée des rôles est mieux à même de conférer l'indépendance nécessaire à la prise de décisions. De notre point de vue, même l'importance des ressources concédées par les autorités politiques ne doit pas venir contrarier l'indépendance de la banque centrale.

Les autorités décisionnaires ont doté la BEAC de ressources quasi illimitées à travers deux mécanismes : le monopole de la centralisation et de la gestion des avoirs en devises de la CEMAC ; la gestion de la monnaie et le refinancement du système bancaire. C'est cette situation de monopole qui justifie les attentes des pouvoirs politiques et des populations. Dans la perception des décisionnaires, la liberté d'action, l'abondance des ressources et leur non-immixtion sont les contreparties à une contribution efficace de la BEAC à l'intégration. De notre point de vue, la responsabilité première de la banque centrale consiste en la réalisation des objectifs et missions statutaires qui sont d'essence monétaire. Ils peuvent être pensés pour soutenir l'intégration ou le développement. C'est uniquement sur la base des résultats de gestion monétaire qu'il nous semble pertinent de mettre en balance les ressources et l'indépendance, d'une part, les objectifs et les missions, d'autre part.

Pour permettre au lecteur de se faire une idée de la place particulière qu'occupe la BEAC, nous avons résumé, ci-après, les avantages accordés par les Etats membres :

- le refinancement le système bancaire (banques, offices des postes et Trésors nationaux) ;
- les avantages et immunités concédés par les accords de siège, comparables à ceux accordés aux ambassades et aux représentations diplomatiques ;
- la liberté d'organisation et de gestion de ses ressources ;
- l'indépendance inscrite dans ses statuts pour concevoir et mettre en application de la politique monétaire ;
- la centralisation et de la gestion des réserves de change de la CEMAC ;
- la centralisation des ressources en provenance de l'extérieur ;
- l'intermédiation dans les relations entre les Etats membres et les institutions de Bretton Woods ;
- l'immunité accordée aux dirigeants de la banque centrale pour les fautes commises dans l'exercice de leurs fonctions.

Ces avantages ou concessions ont été conçus pour constituer le socle d'une gouvernance vertueuse. Ainsi que nous allons le montrer, ils ont au contraire favorisé le contournement des règles, la prédation et la permissivité. Plus grave, ils ont surprotégé les dirigeants de la BEAC, les ont rendus inamovibles et ont laissé croire en leur infaillibilité. Une totale indépendance, des ressources abondantes et l'absence de contre-pouvoir ou d'un système de contrôle efficace ont offert les pleins pouvoirs à des dirigeants, pour la plupart, corrompus et peu soucieux de l'intérêt général. Certains se sont crus si forts au point de se comporter en irresponsables. Ils se sont dispensés de l'obligation de rendre compte de leur gestion. De fait, ils sont devenus intouchables. Autrement, comment comprendre, admettre ou même expliquer leur implication dans les détournements des ressources dont ils ont reçu mandat de *gérer en bon père de famille* ? Un gouverneur en particulier s'est cru tellement au-dessus des règles qu'il se voyait l'égal des chefs d'Etat. Il s'affranchit de la tutelle des ministres qui étaient, *de jure,* ses mandants les plus directs. Sans doute, d'autres gouverneurs durent penser que leurs fonctions les mettaient à l'égal des chefs d'Etat mais ils n'ont pas osé le proclamer et le manifester aussi grossièrement.

Dans notre analyse de la gouvernance de la BEAC, il n'y a nulle recherche de sensationnel. Cependant, ainsi que le lecteur peut en avoir un aperçu, lorsque des dirigeants se sont comportés de manière outrancière, nous posons le cadre et faisons nos observations sans faux semblant. Nous rapportons des faits. Nous désignons les dirigeants sans vertu en utilisant les qualificatifs convenables. Nous appelons *voyous* les déviants et les voleurs. Nous rapportons des choses vues, lues ou entendues. Bref, nous avons souhaité que la lettre ouverte reflète nos observations et notre analyse de la gouvernance de la banque centrale.

Le point de cristallisation de notre analyse est la posture des gouverneurs successifs. Pour s'être cru autorisé de faire des remontrances aux ministres, Mamalépot fut, ipso facto, relevé de ses fonctions. Bien avant avril 2007, date de son départ précipité, il affirmait sans retenue et en présence des représentants des Etats qu'il pouvait se passer des ministres. Pour les initiés, l'allusion était à peine voilée : les cabinets des chefs d'Etat l'accueillaient à sa demande et autant que de besoin. Cela lui suffisait pour croire ou laisser croire qu'il était leur alter ego au point que même la précaution et la bienséance devenaient superfétatoires. La défiance vis-à-vis de la tutelle pouvait se concevoir si le motif était le refus de transgresser les règles de management de la banque centrale. Malencontreusement, ce fut du contraire qu'il était question. La posture belligérante du gouverneur ne servait qu'à flatter l'ego d'un homme qui se pensait grand, trop grand. Le désaveu qui provoqua sa chute a démontré qu'il n'était qu'un pion, parmi d'autres, sur l'échiquier sous-régional. Il reste qu'en relevant Mamalépot de ses fonctions, ceux qui prirent la décision n'avaient fait que colmater une fêlure. L'urgence appelait une solution novatrice, un chamboulement de fond en comble voire un chambardement susceptible de faire jaillir l'or de la boue. Nous attendons encore !

C'est le moment de dire que ceux qui ont l'onction politique comme principal apanage miment l'efficacité. Ils se croient incontournables ; ils le sont en raison de leurs relations et de leurs attaches. Ils se voient savants ; ils peuvent le devenir en se donnant un peu de peine pour apprendre et respecter les règles. Ils attendent d'être applaudis ; ce qui est vraisemblable puisque quelques énergumènes sont prêts à tout pour se faire adouber. Les limites de leurs prétentions sont dans leur manque de rigueur, leur inconstance et leur atavisme. Ces travers sont révélés rédhibitoires à leur ambition d'exemplarité. Nous leur disons : *messieurs, un peu de pudeur ne nuit guère !* En Afrique où les principaux acteurs politiques se montrent peu regardants de la vertu, nos exhortations semblent se diluer dans la clameur des fêtes précédant des lendemains qui déchantent.

Dans le cas de la BEAC, au lieu de se pencher sur des pions sans enjeu, les chefs d'Etat de la CEMAC auraient mieux fait de surveiller la position du roi, les attraits de la reine, les aptitudes du cheval, la position de la tour ou la diagonale du fou. Les déboires auraient été moindres s'ils avaient su rester attentifs à l'essentiel des points faibles. Ils auraient alors fait l'économie du départ d'un Mamalépot qui était certes rustre mais acharné au travail et sensible au *qu'en dira-t-on !* En le faisant partir sans avoir réfléchi par qui le remplacer, ils laissèrent la porte grande ouverte à l'inconnu. Pire, ce fut le règne de l'à-peu-près, de la paresse, de l'incompétence et de la gabegie. Ce disant, nous ne sommes pas, pour autant, devenus des adeptes de la formule du président Félix Houphouët-Boigny[11].

---

[11] Une autorité française lui fit observer qu'un ministre de son gouvernement avait fêté impunément son énième milliard. Le *Vieux,* remarquant la méconnaissance de

Au vu des rapports de forces, les hésitants et les perplexes pourraient trouver notre prise de position iconoclaste. Nous leur rappelons que même sous la Chine des empereurs implacables, des hommes ont accepté de dire ce qui doit être dénoncé. Nos contemporains feraient mieux de méditer le document 1. Nous retenons des enseignements de Pierre Bourdieu qu'une conduite rigoureuse reste du domaine des possibles. Nous en faisons un tuteur pour poser que, pour être efficace, une gouvernance doit :

- s'adosser sur un socle solide, c'est à dire, sur *des règles et des méthodes organisant la réflexion, la décision et le contrôle*[12] ;
- bénéficier de l'implication et de l'attention des dirigeants compétents, expérimentés, déterminés et fiables ;
- anticiper la faillibilité des dirigeants en prévoyant un système de prévention et de sanctions adaptées ;
- prévoir des instances de contre-pouvoir en même temps que plusieurs niveaux de contrôle ;
- obliger les dirigeants à rendre compte de leur gestion et à les astreindre à la réalisation des objectifs fixés.

Sans être une assurance tous risques, ces conditions ou préalables contribueront à crédibiliser l'avènement de la bonne gouvernance. La posture belligérante du gouverneur Mamalépot s'était inscrite en porte-à-faux à l'exemplarité attendue d'un dirigeant de son calibre. En bannissant toute expression opposée ou contradictoire à sa vision, il avait écarté l'utilité d'un contre-pouvoir. Plus grave, il s'était dérobé à l'obligation de rendre compte. Son comportement, qui recoupait celui de l'ensemble du gouvernement de la banque centrale, explique que, à l'issue de l'évaluation des trois banques centrales suscitées, nous avons attribué la note de 2,5/10 à l'*éthique managériale* de la BEAC. Cette appréciation médiocre invoque l'incompatibilité du management de la BEAC avec les principes de bonne gestion retenus par le FMI. Aussi, la bonne gouvernance restera-t-elle un leurre tant que le cadre régissant

---

l'Afrique de son hôte, lui dit en substance : le premier que je mettrai à sa place cherchera à l'imiter. Or, le ministre a déjà mangé ; il a le ventre plein et sera moins gourmand.

[12] Chantaraud Jean-François, *L'état social de la France,* Editons des journaux officiels, La Découverte, Paris 2010.

la transparence, la responsabilité et l'indépendance de la banque centrale ne sera pas amendé de manière à rendre impossibles les dispenses et l'opacité.

La CEMAC compte sur l'expertise de sa banque centrale. Ses attentes sont d'autant plus justifiées que ceux qui postulent aux fonctions de direction des institutions de la sous-région sont désignés par les chefs d'Etat ou avec leur accord. Le refus de l'ex-gouverneur de reconnaître l'autorité des ministres exprimait une volonté de court-circuiter un élément important de la bonne gouvernance, à savoir, l'obligation de rendre compte. Dans le triptyque composé de trois exigences à savoir, indépendance, transparence, responsabilité, cette dernière a été particulièrement mise à mal par la gouvernance de la BEAC. Nous montrons la fuite de responsabilité qui en est la résultante, en exposant brièvement la configuration des pouvoirs au sein de la CEMAC.

Les instances décisionnaires de la CEMAC ont retenu quatre niveaux de pouvoirs au sein de la banque centrale :

- le comité ministériel qui assure la supervision ;
- le conseil d'administration qui adopte les textes et veille à leur respect. Il soumet certaines décisions au comité ministériel ;
- le gouvernement de la banque centrale qui assure la direction générale et met en application les procédures de contrôle.

Cette structure à trois niveaux de pouvoir gagnerait à être complétée par un quatrième. En effet, les procédures de contrôle qui représentent un contre-pouvoir doivent être détachées de la direction générale. Pour être équilibrée et efficace, la répartition des pouvoirs doit inclure un système de contrôle indépendant et autonome. Comme les quatre pieds d'une table, les quatre pôles concourront à soutenir la gouvernance. Ils assureront la base d'un équilibre entre les différents rôles. Ils contribueront à rendre le management plus efficace, même s'ils ne sont pas des conditions sine qua non.

Les dysfonctionnements de la BEAC ont contraint le comité ministériel à mieux préciser certaines dispositions statutaires. Les changements visaient à rétablir l'équilibre rompu entre les rôles respectifs du gouvernement de la banque centrale, du conseil d'administration, du contrôle et du comité ministériel. Les principales novations se sont rapportées à une plus grande collégialité dans la prise de décisions et à donner davantage d'indépendance au conseil d'administration, notamment vis-à-vis du gouvernement de la BEAC. Bien qu'utile, ce replâtrage n'a pas suffi à poser le socle d'un véritable élan pour la bonne gouvernance. Il aurait fallu davantage que quelques ajustements fonctionnels pour redorer le blason terni de la banque centrale de la CEMAC. N'est-ce pas symptomatique d'une régression que d'avoir substitué *Communauté Economique et Monétaire de l'Afrique Centrale* (CEMAC) à *Union Economique de l'Afrique Centrale* (UDEAC) ? Certes, dans l'UDEAC, l'union n'était que douanière et économique mais la CEMAC, compromis de deux entités rivales, n'a guère produit de meilleurs résultats. Bien au contraire, outre la regrettable régression sémantique, la nouvelle définition du cadre global de l'intégration cache mal les intrigues, les combats d'arrière-garde et les luttes pour le leadership de la sous-région. Ainsi, en 1993, au moment de la création de la CEMAC, au lieu d'une instance unique pleinement responsable de l'exécutif, les égoïsmes nationaux obligèrent d'accepter la constitution de deux sous-ensembles : l'Union Monétaire de l'Afrique Centrale (UMAC) regroupant la BEAC, la Banque de Développement de l'Afrique Centrale (BDEAC), la Commission Bancaire de l'Afrique Centrale (COBAC) et la Bourse des Valeurs Monétaires de l'Afrique Centrale (BVMAC), d'une part, l'Union Economique de l'Afrique Centrale (UEAC) qui regroupe les autres institutions de la CEMAC, d'autre part.

Par une espèce d'équation impossible sinon absurde, les plénipotentiaires réussirent le tour de force de faire de la somme des deux unions une communauté. Nous devons cet exploit à un système inefficace de délégation de pouvoirs. Les chefs d'Etat chargèrent leurs ministres du suivi des dossiers de la CEMAC. Ils se contentèrent d'en attendre un compte-rendu. Pour leur part, les ministres laissèrent les mains libres aux technocrates. Or, les intérêts personnels de ces derniers ont pesé davantage que la recherche des voies et moyens pour accélérer l'intégration. Cette dilution des responsabilités a entrainé une dispersion d'énergie. Elle a donné lieu à des disputes sans fin. C'est au vu de possibles déchirements que les conseillers français suggérèrent la création de deux unions. Chaque *haut dirigeant* ou chaque *grand pays* obtint de quoi flatter ses exigences sinon sa satisfaction. Au lieu de discuter d'intégration et de développement économique, les dirigeants ramenèrent les débats à la hauteur de leurs mesquines ambitions. Dès lors, le souci principal ne fut plus la meilleure voie pour tirer la CEMAC vers le haut mais de mettre un terme aux intrigues et aux tergiversations.

Les prétentions étaient clairement affichées. Certains étaient prêts à tout pour conserver un poste de dirigeant. D'autres cherchaient à placer des alliés à la tête des plus prestigieuses institutions sous-régionales. Il fallut donc sortir de l'impasse. Les conseillers eurent le génie de suggérer deux sous-ensembles. Ce fut la pire des solutions envisageables pour la CEMAC. En effet, pour cette dernière, le plus important n'était-il pas de renforcer l'efficacité des institutions sous-régionales ? On s'acharnait à disputer le plus petit avantage. On convoitait les avantages déjà attribués aux partenaires. On visait en particulier la BEAC. Elle faisait la pluie et le beau temps. Elle détenait la bourse. Elle apportait une précieuse aide aux Trésors nationaux.

Faute d'avoir réfléchi en termes d'utilité communautaire, on finit par laisser libre cours aux égoïsmes des individus ou des Etats. Cette faille fut la porte ouverte vers un management peu vertueux. Elle permit d'installer aux commandes de la banque centrale des dirigeants qui n'avaient du sérieux des banquiers centraux que l'apparence, c'est-à-dire, l'apparat et les avantages. Ayant mal mesuré la vraie nature de certains dirigeants de la BEAC, les plénipotentiaires de la CEMAC et la sphère financière internationale furent interloqués. Ils constatèrent médusés l'implication des banquiers centraux dans de sordides affaires : usages de faux, détournements de fonds publics et surfacturations.

L'échec de la BEAC ne nous surprit pas. Il fut retardé parce que le charisme de Mamalépot fit illusion. Il a suffi de déplacer quelques pions et le fragile équilibre s'est désagrégé. Tel fut la conséquence après la nomination aux fonctions de premier ministre de Casimir Oyé Mba. Les départs de Boukar Bélingar et de Jean-Edouard Sathoud achevèrent de déstabiliser la banque centrale. Ces grands commis furent remplacés par des individus prompts à se servir plutôt que servir la cause communautaire. Ils ont laissé la place à des incapables aux comportements peu compatibles avec la fonction banque centrale. Il en résulta un mélange des genres, un laisser-aller, une politique monétaire mal ancrée et une panne d'inspiration pour promouvoir l'intégration.

Par ailleurs, l'entêtement des Etats à tenter d'échapper, seuls, au marasme, illustre leur myopie et leur manque de réalisme. Est-il raisonnable de prétendre à l'émergence lorsqu'on pèse moins de deux millions d'habitants ? Est-il raisonnable de se développer avec pour seules ressources quelques matières premières vendues sans transformation ? L'impasse dans laquelle s'est engagée la CEMAC signifie que nombre de dirigeants ont répondu à ces questions par l'affirmative. La déconfiture de la BEAC est la première manifestation de cette impasse. La banque centrale a lancé un cri d'alarme qui est resté mal perçu. Il est plus que temps d'y apporter un début de réponse en plaçant l'intégration au centre des préoccupations. Ce retour à l'essentiel suppose :

- une réforme de la commission de la CEMAC en lui attribuant les pleins pouvoirs d'une instance exécutive unique ;
- la nomination aux commandes des institutions sous-régionales de dirigeants rigoureux et particulièrement attentifs à la promotion de l'intérêt général.

Bien entendu, la BEAC doit prendre la place qui lui revient dans ce nouvel échafaudage. Elle doit exercer les prérogatives que lui attribue sa sphère de compétence. Parfois, on lui demande plus, peut-être trop, parce les attentes sont aussi importantes que ses ressources. On lui demande plus parce que, en comparaison des fonctions publiques nationales, son rendement devrait être meilleur. Ce n'est qu'un juste retour des choses. Elle se doit d'être mise en situation d'apporter son expertise pour construire une CEMAC solidaire. Une meilleure contribution de la banque centrale exige une inspiration, un leadership, une vision et des dirigeants aptes à lever le défi. Aussi curieux que cela puisse paraître, c'est cette exhortation à l'efficacité qui déplut aux dirigeants de la BEAC. Dès 1994, ils ont combattu l'idée même de mieux faire. Ils nièrent jusqu'à la possibilité d'un autre management. Leur refus présageait de tristes augures. Il suffit que les derniers *des anciens,* notamment Bélingar et Sathoud, tirent leur révérence pour que les vautours se jetassent sur la banque centrale.

Pour l'histoire, il importe de dire qu'au moment de la mise en application des réformes créant la CEMAC, la configuration de l'UDEAC fut modifiée en profondeur. Cette évolution eut, notamment, pour conséquence l'absence d'une autorité en charge de la régulation. Chacune des deux unions (UEAC et UMAC) se sentit affranchie des contraintes qu'un contrôle fort et efficace aurait mises en application. En particulier, la banque centrale institutionnalisa le refus de tout contrôle extérieur autre que de connivence. Dès lors, la voie vers toutes sortes de dérives se trouva ouverte.

Les liens entre les aspirations de la CEMAC à former un ensemble économiquement viable et leur traduction en volonté politique auraient dû être inscrits dans les réformes de 1994. Or, au moment de choisir un système de gouvernance, l'option gagnante contenait de forts indices d'incompatibilité avec l'aspiration à l'intégration. Au lieu de s'acharner à être inventif, il aurait suffi de s'inspirer des dispositifs ayant fait leurs preuves à l'Union Economique et Monétaire de l'Afrique de l'Ouest (UEMOA) ou à l'Union Européenne (UE). La gouvernance de l'UE présente l'avantage d'un seul exécutif, la Commission. Au lieu de s'inspirer de cette expérience, les plénipotentiaires de la CEMAC, soutenus par les conseillers français, s'évertuèrent à faire œuvre d'inventivité. En réalité, ils visaient à préserver les acquis dont se prévalaient leurs Etats respectifs. Chaque pays, sous la férule de ses représentants, défendit ce qu'il considérait comme ses *plates-bandes*. On échangea un poste de premier dirigeant contre un futur siège. On troqua la perte du poste de gouverneur de la BEAC contre le gain de la présidence de la BDEAC. Ces conciliabules et ces marchandages acharnés tuèrent l'esprit d'intégration. On aurait pu comprendre qu'on mégotât les sièges des institutions ou qu'on négociât la répartition des postes de responsabilité. On n'aurait pas dû négliger les critères ou les exigences permettant de recruter des dirigeants expérimentés, à la moralité irréprochable et à l'engagement pour l'intégration incontestable. Mieux, il aurait fallu laisser aux cabinets spécialisés la charge de sélectionner et de recruter les futurs dirigeants ou les hauts cadres de la BEAC, de la BDEAC, de la COBAC ou de la CEMAC. D'ailleurs, l'abandon du consensus de Fort-Lamy qui mit fin à la nuisible inamovibilité aux postes ne s'opposait pas à un processus de sélection. Après le travail des cabinets spécialisés, les chefs d'Etat ou leurs représentants auraient eu tout le loisir de choisir les futurs dirigeants sur une liste de candidats jugés aptes. De plus, cette procédure ne contredisait pas la faculté de laisser aux ressortissants de chaque pays la chance de gérer, à tour de rôle, les institutions sous-régionales. La faille était moins le caractère tournant des postes que l'inamovibilité des dirigeants. L'inadéquation des profils aux fonctions était un facteur aggravant de l'inamovibilité.

En 1993, lors des négociations précédant la réforme des textes régissant l'intégration, deux visions s'étaient fait face. Il y avait d'un côté *les intégrationnistes* qui souhaitaient continuer le processus hérité de Barthélémy Boganda. De l'autre, s'étaient positionnés *les équilibristes* dont le principal objectif était la préservation des acquis et des équilibres préexistants. La balance pencha du côté des *équilibristes*. Dans l'équation *intégration de la CEMAC*, ces derniers croyaient avoir plus à perdre qu'à gagner. Ils réussirent à imposer leur point de vue. Ils refusèrent toute évolution vers une fusion des six économies. Ils bloquèrent l'intégration. Le sort en fut ainsi jeté !

*Les équilibristes* étendirent leur domination à la BEAC. Le management de la banque centrale céda, à son tour, aux sirènes des nationalismes concurrents. Au lieu d'œuvrer pour l'unité et la cohésion qui fondaient sa raison d'être, la banque centrale prit parti. On en attendait la conception et la mise en application une politique monétaire adaptée aux économies de la CEMAC. Elle fut créée pour soutenir l'intégration et le développement. Elle ne sut ni accélérer l'une ni permettre l'autre.

Dans la confrontation des deux approches de la coopération sous-régionale, nous fîmes partie de ceux qui avaient choisi de rester fidèles aux *pères-fondateurs* et la nécessité de constituer un ensemble fortement intégré. Le rapport de forces s'est avéré favorable aux *équilibristes,* ceux qui allaient vers l'intégration à reculons. On chercha des boucs-émissaires. Nous défendions une position concurrente à la leur. Ils virent dans nos idées une remise en cause ou une contestation des autorités en place. Dans leur vision manichéenne, un cadre devait, *mordicus,* soutenir le gouvernement de la BEAC et en particulier le gouverneur. Toute autre posture était perçue comme une atteinte à son autorité. Du point de vue des représentants attitrés de la BEAC, notre prise de position était une traîtrise. La règle semblait claire, du moins dans leur entendement. Il fallait être avec le gouverneur et soutenir son analyse de la situation. Le contraire signifiait qu'on se comportait en opposant. Toute critique était perçue comme une opposition. L'atmosphère se tendit. Nous fûmes boudés, ostracisés et isolés.

Pour sortir de l'impasse, les plus sages tentèrent de concilier les points de vue. Au contraire, les revanchards cherchèrent à nous intimider. Des amis et des collègues qui, la veille encore, partageaient un thé ou un café se rebiffèrent. On nous ignora au moment des repas que nous partagions régulièrement. *Pour montrer patte blanche*, ils nous tournèrent le dos, nous ignorant ostensiblement. Nous saisîmes ce qui nous restait de force pour sourire. Ce fut un rire jaune. En dépit ou à cause de notre solitude, nous avions mesuré nos points forts et nos faiblesses. Le combat pour la bonne gouvernance était rude. Dans ces circonstances, comment construire l'intégration et réussir l'émergence ? Depuis lors, nous nous sommes fixés pour tâche de convaincre. Nous nous sommes arc-boutés pour tenir cette ligne de conduite. Cela n'empêcha pas que, au sein de la BEAC, *les intégrationnistes* se trouvèrent affaiblis et marginalisés. Ils furent exclus des centres de prise de décisions et des commissions ad hoc. On leur avait ainsi enlevé toute possibilité d'expression. On pensait couper le mal à la racine, en empêchant les gêneurs de prendre la parole et de s'exprimer. Lorsque, en dépit de cette censure, quelques individus convaincus du bien-fondé de leurs arguments osaient les propager, on eut recours à toutes sortes de tracasseries pour les faire taire.

Sans ressources mais non sans idées, nous nous ne sommes pas restés silencieux. *Les intégrationnistes* agitèrent les risques d'une perte d'indépendance pour la banque centrale. L'argument convainquit. Les représentants du Trésor français et de la Banque de France tenaient, à juste titre, à l'indépendance de la BEAC. Ils abondèrent d'autant plus aisément du côté du gouvernement de la banque centrale que nos alliés se comptaient majoritairement parmi les fonctionnaires dont la réputation servit d'épouvantail. En prenant une position fermée, au motif de protéger la BEAC, les conseillers éloignèrent tout compromis. Le plus grave fut que l'intégration se trouva freinée dans son élan.

En principe, les experts et les conseillers observent les débats et prennent part aux discussions pour les modérer. Cette posture de principe donne une forme d'objectivité à leurs avis. En 1993, par commodité ou calcul, les dirigeants de la CEMAC accordèrent leur onction à la médiation des conseillers. Cela fut incontestablement une erreur qui desservit *les intégrationnistes.* Des deux visions de l'intégration, celle qui convainquit les conseillers prit l'ascendant sur l'autre. Les experts, soucieux de ne pas diluer les prérogatives de la banque centrale dans un ensemble aux contours mal définis, penchèrent pour la solution qui leur préservait l'indépendance de la BEAC. Ils appuyèrent les *équilibristes* dont le positionnement traduisait les desiderata nationaux. Cela se fit au détriment de l'intégration.

Sous prétexte de protéger l'indépendance de la banque centrale, les conseillers refusèrent tout partage du pouvoir et de la prise de décisions. Or, la présence d'un contre-pouvoir ou l'exercice d'un contrôle efficace aurait contraint les dirigeants de la BEAC à moins personnaliser le management. Ils se verraient contraints de modérer leurs frasques.

Les conseillers voyaient dans la Commission de la CEMAC, dirigée par des fonctionnaires, un risque majeur pour la politique monétaire que la France contrôlait à travers la présence d'un censeur et de deux représentants au conseil d'administration de la BEAC. Leur option aurait été beaucoup plus efficace s'ils avaient suggéré que le haut encadrement de la Commission et des autres institutions sous-régionales fut sélectionné et recruté par des cabinets spécialisés. Cette solution aurait eu une double vertu : faciliter et conforter la désignation des dirigeants des institutions sous-régionales par les chefs d'Etat et apporter un remède à la piètre qualité de leurs gouvernances.

En soutenant le camp favorable à Jean Félix Mamalépot, les experts avaient laissé libre cours à l'engrenage. Ils autorisèrent la survenance d'une gouvernance peu vertueuse. La dérive, d'abord insidieuse, se révéla au grand jour en 2009. Ce fut l'épisode des malversations du Bureau Extérieur de Paris d la BEAC. Elles ont corroboré des critiques formulées plus de dix ans plus tôt. Le scandale des détournements et des malversations fut le révélateur d'un mal plus profond : la gouvernance de la banque centrale était à contre-courant des standards depuis les années 1990. Ainsi, l'intervention des conseillers français, qui aurait pu passer pour un élément anodin, bouleversa la construction de l'avenir de la CEMAC. Contrairement à leurs espérances, la glorification de la banque centrale n'a pas produit une meilleure politique monétaire. Bien au contraire, elle permit à des crapules sans foi ni loi de s'abriter sous l'indépendance de la banque centrale pour laisser libre cours à leurs fantaisies extrêmement nuisibles.

Nous profitons du recul pour dire à ceux qui apportent leurs expertises ou leurs conseils d'agir avec objectivité et neutralité. Dans le cas d'espèce, ils suggérèrent une solution qui n'avait que l'apparence de la modération. Ils avaient appuyé la solution la moins intégrationniste. Pour la gouvernance de la BEAC dont ils n'avaient peut-être pas considéré l'impérative utilité, cela fut un poison. Ils avaient sans doute agi sans l'intention de nuire. Mais, en prenant ouvertement parti, la pertinence de leurs choix fut mise en doute, a posteriori. Notre suspicion pour *non-assistance à une institution en danger* n'est pas totalement infondée. Partie prenantes lors des réformes du processus d'intégration, nous avons été témoins de ce basculement malheureux. Ce fut dans la salle de réunions de la direction nationale de la BEAC, à Bangui. La balance pencha du mauvais côté. Nous avions alors constaté, impuissants et vaincus, le glissement vers des choix dont seuls quelques individus pouvaient se réjouir. En dépit de cet échec, nous ne sommes pas moins fiers d'avoir résisté. Nous n'avons pas su éviter l'enlisement de l'intégration dans les sables mous de l'indécision mais nous avons prouvé que d'autres solutions étaient possibles. *Les intégrationnistes* agissaient dans le sens de l'histoire.

### 3. Mieux vaut tard que jamais

En octobre 2010, lorsque les chefs d'Etat ordonnèrent une modification des statuts de la BEAC, l'exercice s'était limité à quelques retouches. On avait cru qu'il suffisait de montrer l'esquisse d'une remise en ordre du fonctionnement de la banque centrale. Or, l'enjeu était autrement plus important. Il nécessitait bien mieux qu'un simple réaménagement. La débâcle appelait une réinstauration. Il eut été nécessaire de revoir en profondeur toute l'architecture de l'intégration. Les insuffisances et les dysfonctionnements institutionnalisés au moment de la création de la CEMAC s'étaient aggravés. Dans le même temps, les dirigeants se montraient incapables de compenser la faiblesse des textes par leur expertise. Il aurait fallu, aux commandes, des personnalités capables de maîtriser et de redresser le déséquilibre conceptuel inscrit dans les textes. Il aurait fallu instaurer la discipline, la rigueur et l'éthique. Ce fut tout le contraire qui se produisit. La banque centrale dont on attendait beaucoup ne put servir de locomotive pour accélérer l'intégration sous-régionale. Même si l'idée d'en faire le moteur de l'intégration conservait encore toute sa pertinence, le non-respect des préalables relatifs à l'expertise et la moralité des dirigeants fut contreproductif. La dérive autoritaire, affairiste et corruptive avait pris appui sur cette faille.

Pour passer des souhaits et des intentions inscrites dans les textes à la mise en pratique et à l'efficacité, le rôle de chaque institution communautaire doit être repensé. La réorganisation qui en découle suppose :

- une nouvelle délimitation des missions et des objectifs ;
- une meilleure allocation des ressources ;
- une programmation des actions à mener ;
- des outils adaptés de régulation et d'évaluation ;
- une adéquation entre les capacités et les fonctions.

Grâce à sa position de monopoleur pour la gestion monétaire, la BEAC dispose de ressources inégalées dans la CEMAC. Elle est mieux dotée que certains Etats membres. Ses missions sont clairement définies. Elle adopta, en 2008, un plan stratégique présentant un chronogramme précis de ses actions. Les seules ombres à son tableau sont : le conseil d'administration qui s'est montré incapable de piloter la réorganisation de la banque centrale et le gouvernement de la BEAC qui a été inapte à promouvoir une gouvernance vertueuse.

Notre analyse a pris pour cible la gouvernance de la banque centrale. Que de ressources dépensées et gaspillées pour si peu de réalisations ! Pour mesurer l'écart entre les moyens mis en œuvre et les résultats, nous avons décortiqué les attentes de la CEMAC vis-à-vis de sa banque centrale. Pour l'essentiel, son rôle consiste à prendre en charge l'analyse de la conjoncture et à faire des prévisions avec l'objectif de concevoir une politique monétaire en soutien au *programme économique régional (PER)*. Or, la coexistence de deux Unions concurrentes a été la cause principale de déconnexion et d'incohérence dans la formulation des objectifs de la CEMAC.

Les objectifs communautaires sont fixés par la Commission, collégialement avec les institutions spécialisées de la CEMAC. Tout risque d'inadéquation entre les principaux objectifs du plan économique régional ne peut être que la conséquence des luttes entre les centres décisionnaires concurrents, chacun, spécialisé dans son domaine de compétence. Refusant la complémentarité et les avantages de la synergie, ils ont souvent adopté des postures belligérantes. L'absence d'un arbitre capable de veiller à l'observation des règles et à l'exécution des obligations est un facteur aggravant. La maigreur des résultats est la résultante de cette dispersion d'énergies. L'urgence est de réviser les textes en profondeur. La priorité impose d'accorder les pleins pouvoirs exécutifs à la Commission, après l'avoir pourvue en dirigeants ayant passé avec succès les tests de recrutement des cabinets conseils.

Le chronogramme relatif au plan économique régional sera d'autant mieux respecté que les objectifs auront été définis d'un commun accord et fixés en fonction des capacités contributives des institutions sous-régionales. Pour assurer la cohérence et la synergie de leurs actions, la coordination doit être centralisée et confiée à une structure experte disposant des pleins pouvoirs de sanction : la Commission de la CEMAC.

Outre l'exigence de bonne gouvernance dont l'avènement devient un impératif vital, la place de l'intégration, en tant que condition de développement économique en Afrique Centrale, mérite une relecture. L'intégration n'est pas une solution parmi d'autres. Elle se présente sous la forme d'une alternative qu'on peut résumer en ces termes : *coopérer et réussir ensemble ou chacun pour soi et c'est l'échec assuré.* Si d'aventure le point de vue de ceux qui refusent l'intégration l'emportait, le résultat sera un dilemme à l'issue forcément fatale.

A l'exemple de la *Neuvième économie* chère au gouverneur Charles Konan Banny, la CEMAC doit construire sa septième économie. Elle ne sera pas complémentaire aux six économies nationales mais le résultat de leur fusion, leur totale intégration. L'objectif est de faire des six économies disparates un ensemble soudé et cohérent, afin d'aborder le combat pour le développement, avec de réelles chances de vaincre.

Le destin commun des 42 millions de citoyens de la CEMAC est en jeu. Sans le dépassement des micro-nationalismes et sans la mise en place d'un dispositif fortement intégrationniste, il ne peut y avoir de développement possible. En un sens, l'échelle sous-régionale doit être considérée comme un prérequis pour atteindre l'émergence. Sans une vraie volonté d'unité, rien de solide ou de déterminant ne peut être fait. L'entente, l'union et l'intégration forment l'embarcation qui permet de passer d'une rive à l'autre. Certes, le voilage ou la puissance des moteurs décident de la vitesse mais l'un et l'autre se révèlent inefficaces si l'embarcation n'a pas été configurée pour entreprendre le voyage. L'intégration doit être pensée en conséquence. Elle est la seule réponse crédible contre le repli identitaire national. La lutte contre les entraves d'une coopération profitable sera plus efficace en faisant de l'idée *tous ensemble* une primauté. Au vu des résultats décevants du *chacun pour soi*, l'union reste la seule vraie chance de développement.

Les pays de l'ancienne Afrique Equatoriale Française, joints par le Cameroun, en 1963, et par la Guinée Equatoriale, 1985, fonctionne de manière chaotique. Tout se passe comme si la CEMAC, tout en ayant inscrit le destin commun des populations dans ses textes, n'a pas de réel impact sur leur rapprochement et sur l'intégration économique. Seules, la politique monétaire et la banque centrale, qui sont deux legs du colonisateur, ont préservé une certaine unicité à défaut d'une vraie cohésion. A notre grand regret, la gestion monétaire n'a pas été en mesure de convaincre les opposants déclarés à l'intégration et les timorés qui attendaient de voir. Pourtant, tout semblait possible aux concepteurs de la BEAC. Ils avaient aspiré à en faire un outil pour conforter l'union et l'intégration.

Le constat est fait. L'urgence impose d'avancer ensemble. Une première solution passe par la désignation des femmes et des hommes capables de relever le défi. Il leur revient d'assumer les tâches colossales de l'intégration et du développement. Il revient aux décisionnaires, chefs d'Etat et ministres, d'abandonner les querelles factices. Le moment est propice pour unir les forces et les ressources, faire preuve de solidarité, oublier les rancœurs et états d'âme. Seules importent l'accélération de l'intégration et l'amélioration du bien-être des populations. Les aspirations au leadership n'auront de sens que si elles s'inscrivent dans ce dessein. Qu'importe qui des Gabonais ou des Equato-guinéens dirigeront la BEAC ? Les résultats des uns et des autres ont été désespérément insuffisants. Aucun pays ne pourra se sauver seul. Le progrès dépend de la capacité à s'unir pour avancer ensemble et plus vite.

La mondialisation impose une plus grande perméabilité des frontières et une plus grande fluidité des échanges. Elle bénéficie aux économies aptes à affronter la libéralisation des transactions. C'est une raison supplémentaire d'unir les forces de la CEMAC. L'avenir ne peut être pensé sans davantage de coopération et d'intégration. Un ensemble de 42 millions de personnes constitue une base suffisante pour l'émergence même si l'efficacité impose de voir plus grand. Pour aspirer à un élargissement, il faut vaincre les problèmes de leadership qui minent le devenir de la CEMAC. Alors seulement, il sera réaliste d'envisager l'intégration au-delà de la CEMAC. L'ouverture pourrait se faire vers la Communauté Economique des Etats de l'Afrique Centrale (CEEAC). Elle pourrait aussi envisager une intégration des deux ensembles dont le FCFA est la monnaie commune. La première solution présente l'avantage de la proximité régionale et géographique. La seconde offre l'avantage d'une gestion monétaire et une histoire coloniale communes. Nous aurions souhaité une union entre la CEMAC et l'UEMOA. Elles pourraient unifier leurs politiques monétaires et leurs banques centrales. Il reste que, même la constitution d'un espace plus large ne sera profitable que si elle représente un levier capable de rendre la gestion économique plus efficace. Quel que soit le niveau de la confédération, les choix de gestion économique doivent s'adosser sur des institutions, des textes et une gouvernance intégrés. Cette exigence sera d'autant plus forte que le regroupement concernera un ensemble plus large ou plus composite. La solidarité et la cohésion confèrent une plus grande efficacité aux choix communautaires.

Enfin, outre l'élargissement de l'espace communautaire, la formation, la sécurité et la législation relative aux affaires, doivent être uniformisées et rationalisées. La vision de l'intégration doit dépasser les acquis de la période postindépendance. Elle doit compléter et renforcer ces acquis pour démultiplier les avantages et accélérer l'émergence. Une telle vision sous-tend l'existence d'une volonté politique capable de formuler des choix communs audacieux. A ceux qui hésitent encore, il importe de dire que la constitution d'un espace intégré plus large, homogène et solidaire permet à ses composantes les plus dynamiques de progresser encore plus rapidement ; il offre aux moins nantis de suivre l'élan des plus performants. L'approche intégrationniste nécessite une entente au plus haut niveau politique. Elle suggère un abandon des nationalistes. Sous la gouvernance de Mamalépot, à partir de 1994, au lieu de l'unité dans l'action, ce fut le *chacun pour soi* qui devint la règle. Ce fut aussi un échec pour la BEAC et pour la CEMAC.

Dès l'aurore des indépendances, l'opposition a été frontale entre *les intégrationnistes*, amenés par Barthélémy Boganda, et les partisans dus *à chacun selon ses ressources* dont Léon Mba fut le chef de file. Pourtant et en dépit de leurs tiraillements, dans la foulée de l'Organisation de l'Unité Africaine (OUA) et des regroupements régionaux, les dirigeants de l'Afrique Centrale créèrent l'UDEAC. Les antagonismes dus au leadership et aux identités nationales prirent le pas sur le besoin de regroupement. Le réflexe de survie et le partage d'un destin commun s'étaient étiolés. L'union nécessaire pour affronter l'adversité et le besoin de solidarité pour tirer l'ensemble vers le haut, furent freinés. L'incapacité à se projeter dans le futur et l'exploitation des avantages relatifs de court terme, avaient conduit à des positions tranchées. Ce fut ainsi qu'au cours des années 1990, certains dirigeants tchadiens envisagèrent un rattachement à l'UEMOA. En dépit d'un passé commun et d'une plus grande cohérence entre les Etats de l'ex AEF, l'idée d'une séparation germa dans leur esprit. Elle reflétait une insatisfaction dans le rythme et la gestion de l'intégration. L'alerte fut suffisamment convaincante pour obliger à en comprendre les causes et pour trouver une issue.

A notre sens, la solution ne réside pas dans un troc de la CEMAC contre l'UEMOA. Elle est dans l'élaboration d'une vision commune et dans un leadership apte à tenir le cap pour mener à l'intégration. Hormis Boganda, peu de dirigeants se distinguèrent par leur engagement pour davantage d'intégration. Ceux du Cameroun et du Gabon se faisaient entendre mieux que les autres mais leurs motivations portaient sur des préoccupations secondaires et sans intérêt pour la CEMAC. Notre impression est que les difficultés propres à chaque Etat tétanisaient les élans au point de rendre superflue la réflexion sur l'avenir sous-régional. Nous aurions compris que le Tchad, la Centrafrique et, dans une certaine mesure, le Congo se soient focalisés sur leur stabilisation interne. Ces pays connurent ou connaissent encore une instabilité chronique et des épisodes plus ou moins sanglants. Pour les trois autres pays, même les soubresauts de la démocratisation n'eurent pas l'impact déstabilisateur des rébellions récurrentes au Tchad et en Centrafrique ou de la guerre civile au Congo.

Si la situation d'indécision devait persister, l'éparpillement des énergies et le désenchantement des populations mèneront à une rupture. Pourtant, à en juger par les textes, la CEMAC est un ensemble intégré avec :

- un parlement basé à Malabo ;
- une commission agissant par délégation de pouvoirs des chefs d'Etat ;
- une capitale en la ville de Bangui ;
- une banque centrale dont le siège est à Yaoundé ;
- une banque de développement installée à Brazzaville ;
- une bourse des valeurs basée à Libreville ;

- une cour régionale de justice basée à N'djaména ;
- différents instituts et écoles de formation, principalement à Yaoundé et Libreville.

Cet ensemble est plus qu'un embryon d'intégration. Il s'agit manifestement d'un dispositif appréciable. Le tout est de ne pas s'arrêter à ces intentions initiales ou à ces acquis. Les populations attendent l'intégration parce qu'elles la considèrent comme la voie la plus sûre pour améliorer *leur quotidien.* Vue sous cet angle, l'intégration a du plomb dans l'aile.

Nous avons constaté que le dispositif institutionnel de la CEMAC est en avance sur celui de l'UEMOA. Pourtant, en dépit de cet avantage et de la solennité des sommets des chefs d'Etat, l'intégration patine. Elle est peu perceptible dans la vie au jour le jour des citoyens. L'intégration reste loin du potentiel envisagé par les textes. Pour dire les choses autrement, la réalité de l'intégration repose sur la banque centrale. Ce qui veut dire que sa perception se situe au niveau le plus bureaucratique, le moins accessible au commun des citoyens. Pour progresser, il faut certes préserver et conforter la banque centrale mais il y a lieu de prêcher plus ardemment la culture d'une union plus large que la seule sphère monétaire. Les populations voudraient ressentir les bénéfices de l'intégration dans leur vie quotidienne. Un premier pas serait d'unifier les frontières extérieures et de simplifier les déplacements intra-communautaires. Les réticences sont grandes au Gabon et en Guinée Equatoriale. Les discriminations, les humiliations et les stigmatisations sont courantes. Cela doit cesser. L'intégration doit d'abord intéresser les populations avant de conquérir les dirigeants. De ce point de vue, l'UEMOA peut constituer un exemple à suivre.

Tel est le contexte dans lequel la BEAC doit se frayer un chemin vers *la bonne gouvernance.* Ainsi que rappelé, elle constitue le dispositif le mieux à même de faciliter l'intégration. Pourquoi n'a-t-elle pas agi à la hauteur de son rôle de vecteur ou de promoteur de l'intégration ? Dans une précédente publication, nous avons procédé à une évaluation de sa gouvernance. Nous avons apporté des réponses aux interrogations sur les causes de l'échec. L'analyse portait sur la BEAC, la Banque Centrale des Etats de l'Afrique de l'Ouest (BCEAO) et la Bank Al-Maghrib (BAM). Il s'avéra que le management de la BEAC s'écartait plus des standards en la matière, que celui de deux autres banques centrales. Or, dans la CEMAC, la BEAC tient un rôle essentiel. Elle est conçue pour être la locomotive dans le rapprochement, puis, dans la fusion des espaces nationaux disparates. En conséquence, la qualité de son management oriente et impacte lourdement le fonctionnement, les résultats et le devenir de la sous-région dans son ensemble.

### 4. Recruter et diriger dans la transparence

Pour transformer la BEAC en une véritable locomotive pour l'intégration, les efforts doivent porter sur sa gouvernance. La solution passe par un assainissement du système de recrutement de ses dirigeants. Ils doivent assumer toutes leurs responsabilités. Celles-ci sont de nature technique, exigent une plus grande expertise mais aussi de nature morale, nécessitent une plus grande probité. En effet, la compétence seule ne saurait suffire même si elle est une base objective de sélection. Le profil moral, l'aptitude à travailler dans un cadre communautaire collégial et la prédisposition à promouvoir l'intégration sont au moins tout aussi importants.

Pour entrevoir un début de changement dans la CEMAC, la désignation des dirigeants rigoureux et compétents reste une condition incontournable. La sous-région en attend une plus grande expertise, un comportement éthique et une disposition à promouvoir l'intérêt général. Nombre d'observateurs sont encore sceptiques quant à la volonté des chefs d'Etat de la CEMAC de tenir compte des critères de compétence et de moralité dans leurs prérogatives de faiseurs de dirigeants. Ce scepticisme s'appuie sur des exemples malheureux : désignation du président de la Commission de la CEMAC, du gouverneur de la BEAC ou du président de la BDEAC, pour ne citer que les cas les plus emblématiques. La solution la plus pertinente serait de laisser *les chasseurs de têtes* détecter et sélectionner les futurs hauts cadres. Pour leur part, les chefs d'Etat auraient alors eu tout le loisir de faire leurs choix à l'issue de ce travail préalable.

En 1974, les chefs d'Etat adoptèrent un consensus resté en application pendant plus de trente-cinq années. En 1994 puis en 2010, leurs successeurs auraient dû imaginer une solution équivalente. Ils auraient dû adjoindre l'efficacité à la longévité. Leur tâche était de moindre importance en comparaison de celle de leurs prédécesseurs. Ils n'avaient pas à créer ex nihilo le cadre de l'union sous-régionale. Ils avaient à compléter et à gérer des institutions déjà en place. Ils avaient notamment à désigner des dirigeants aptes à tenir les rênes des institutions sous-régionales. Qu'ils soient gouverneur de la BEAC, président de la BDEAC ou président de la Commission de la CEMAC, ces dirigeants sont des mandataires, au sens de *ministerium*. Ils représentent les chefs d'Etat ou les ministres qui les ont mandatés. Leurs échecs et leurs réussites sont appréciés et jugés comme étant aussi ceux de leurs mandants.

Lorsqu'advinrent les malversations, pour les citoyens, peu importait les véritables coupables. L'échec, la panne, le ralentissement et les insuffisances étaient imputables au sommet de la hiérarchie. Les citoyens ont incriminé les chefs d'Etat et leurs ministres qui étaient censés faire les choix les plus pertinents. Cependant, notre point de vue d'observateur privilégié, analyse les missions, les résultats et les comportements de ceux qui eurent en charge de diriger les institutions sous-régionales. Leurs mandants, les chefs d'Etat et les ministres, ne nous intéressent qu'en qualité de complices ou de témoins.

Tout le problème est que ceux qui agissent par délégation de pouvoirs se croient affranchis de l'obligation de rendre compte. Ils perdent de vue leur engagement à l'efficacité. Ils minimisent leurs responsabilités en maximisant leur confort. Si un contrôle tentait de les interroger sur leur gestion, leur premier réflexe est de l'amadouer. Si le contrôleur résistait à refuser l'arrangement, ils sollicitent l'entremise des mandants qui sont aussi ceux du contrôleur. Immanquablement, ce dernier se voit adresser une incitation à la modération. En cas de refus, des instructions plus fermes sont données pour le contraindre à laisser le contrôlé vaquer à ses occupations. Les plus expéditifs parmi les mandats intiment l'ordre au contrôleur de plier bagages et *de quitter les lieux*. Le train-train reprend son rythme habituel tandis que et la gabegie repart de plus belle.

Dans le processus de délégation de pouvoirs, en dépit des relations équivoques entre les mandants et les mandataires, nous voyons une possibilité d'obligations réciproques. En effet, les présidents multicartes ne peuvent pas tout régenter. Ils délèguent une partie de leurs larges attributions. Ils laissent leurs représentants exercer l'effectivité des pouvoirs. Il croient conserver la charge, tout au moins ses apparences. Ils attendent que leurs représentants fassent un compte-rendu précis de la délégation. Pour que cet accord synallagmatique conserve toute la force des obligations de part et d'autre, l'intervention d'un arbitre reste indispensable. Le problème est que, dans le cas de la CEMAC comme dans celui de la BEAC, l'arbitre est le chaînon manquant. Lorsque par hasard, il en existe un, son rôle est affaibli et ses prérogatives limitées. Ces constats montrent l'urgence, pour la CEMAC, de disposer d'une instance arbitrale capable de rappeler au respect des règles et de les mettre en application. La qualité du management et l'efficacité du contrôle forment le socle sur lequel repose la bonne gouvernance. La complexité des tâches et la sensibilité des rapports entre les mandataires et les mandants justifient la présence d'un système de contrôle indépendant. Tout en étant partie prenante, le contrôle doit préserver suffisamment de neutralité pour être crédible tout en étant efficace. En raison de son équidistance des deux parties, il lui revient de rappeler :

- aux mandants leurs obligations de ne pas se désintéresser des pouvoirs délégués ;
- aux mandataires de respecter leurs engagements, en assurant une gestion *en bon père de famille* mais aussi en rendant compte aux mandants.

## 5. Le ver était dans le fruit

En 1974, trois ans avant l'installation du siège de la BEAC au Cameroun, les chefs d'Etat avaient tenu un sommet à Fort-Lamy (N'djaména) afin de donner une nouvelle forme à la coopération entre les pays de l'ancienne AEF[13]. Les cinq pays, auxquels s'était adjointe la Guinée Equatoriale en 1985, ont en commun le Franc de la Coopération Financière en Afrique Centrale (FCFA). Ce qui est convenu d'appeler *le consensus de Fort-Lamy* était né lors de ce sommet des chefs d'Etat. Il résumait leur volonté de trouver un accord pour régir les principes et les modalités du fonctionnement de la banque centrale et des autres institutions de l'Union Economique et Douanière de l'Afrique Centrale (UDEAC).

A l'occasion de cette rencontre, Ahmadou Ahidjo, Ngarta Tombalbaye, Jean-Bedel Bokassa, Marian Ngouabi et Albert Bernard Bongo

[13] Il importe de préciser que le Cameroun était sous mandat français et ne devait pas être considéré comme partie de l'Afrique Equatoriale française (AEF).

avaient convenu de renforcer l'héritage colonial et d'avancer vers davantage de coopération. Le consensus de Fort-Lamy reposait sur un partage des responsabilités et des avantages en fonction du poids économique de chaque pays. Pour ce qui concernait la BEAC, l'accord consensuel avait prévu :

- de transférer le siège de Paris à Yaoundé, au Cameroun ;
- d'attribuer le poste de gouverneur au Gabon ;
- d'attribuer le poste de vice-gouvernorat au Congo ;
- d'attribuer deux postes de direction centrale au Tchad et au Centrafrique.

Bien que l'accord fût dénommé *consensus*, la base de partage ne devait pas être appréciée avec le même degré d'enthousiasme d'un pays à l'autre. Il y eut la satisfaction de signer l'accord mais il y eut aussi des rancœurs et des insatisfactions. On attendait la moindre occasion pour le remettre en cause ou demander une compensation. Cependant, les velléités revanchardes furent bien gérées. L'attelage avait tenu jusqu'à l'intégration de la Guinée Equatoriale hispanisante dans un club francophone. On semblait la regarder de haut, le nouvel arrivant avait peu de ressources. Il ne restait pas moins que les promoteurs de cette entrée, dont la France, avaient de bonnes raisons de croire en un avenir meilleur pour la Guinée Equatoriale. Elle ne pouvait rester une damnée ou une exception dans un Golf de Guinée riche en huiles et gaz.

Pour donner une vue d'ensemble de la mise en application de l'accord consensuel de Fort-Lamy, au moment de l'entrée de la Guinée Equatoriale dans la BEAC, le rapport de forces se mesurait à l'aune des avantages attribués aux uns et aux autres :

- le siège de l'UDEAC (CEMAC depuis 1994) était à Bangui. Ce fut en hommage à Boganda pour son combat pour l'unité de l'Afrique Equatoriale Française ;
- le poste de secrétaire général de l'UDEAC (président de la Commission de la CEMAC depuis 1994) revenait au Cameroun ;
- le siège de la Banque de Développement des Etats de l'Afrique Centrale (BDEAC) était installé à Brazzaville ;

- le poste de directeur général (aujourd'hui président) de la BDEAC était attribué au Cameroun ;
- des lots de consolation étaient attribués au Tchad, le parent pauvre dans ce partage visiblement inégal.

A l'arrivée de la Guinée Equatoriale, il fallut redistribuer les cartes. De pays sans grandes ressources, au moment de son entrée dans la zone BEAC, en 1985, il devint une économie prospère grâce à d'importantes réserves de pétrole et de gaz. Le partage accepté du temps des vaches maigres trouva ses limites. Le président Obiang Nguéma Basogo sollicita une plus grande part de responsabilité dans la gestion de la sous-régionale. Son pays est devenu le principal pourvoyeur de réserves de change. Les autres chefs d'Etat crurent régler l'affaire en se tapant dans le dos et en affichant des sourires complices. Mais, deux événements d'importance ont contribué à faire bouger les lignes dans le sens d'une remise à plat du consensus de Fort-Lamy : la nouvelle prospérité de la Guinée Equatoriale grâce à la découverte et à l'exploitation d'importantes quantités d'huile et de gaz dans ses eaux territoriales ; la dégradation de la gouvernance de la BEAC. A ces deux aspects se superposait une lutte fratricide, entre le Cameroun et le Gabon, pour le leadership sous-régional. Plus exactement, Paul Biya, fort du poids de son pays, principal pôle économique de la CEMAC, et Omar Bongo Ondimba, drapé dans son manteau de doyen, se faisaient une sourde mais non moins féroce guéguerre.

Au total, la CEMAC traversait trois problèmes qui auraient nécessité des réponses consensuelles et rapides. C'était le prix à payer pour éviter un chambardement nuisible à l'intégration. Il suffisait de retirer un poste au Cameroun ou au Gabon, les mieux pourvus, pour satisfaire la Guinée Equatoriale. Au lieu de ce réflexe de bon sens, on usa de subterfuges et on refusa de décider. Ce statu quo donna aux dirigeants équato-guinéens l'impression que leur pays était traité comme un membre à part de la famille CEMAC. Toutefois, le président Obiang Nguéma Basogo s'était montré patient. Le temps jouait pour lui. A chaque occasion, il réaffirmait sa solidarité avec les autres. En retour, il espérait voir ses homologues lui savoir gré de tant de compréhension. Il escomptait une avancée, parce que tout blocage aurait conduit à un relâchement des liens et à un ralentissement du processus d'intégration.

Les ressources minières sont une chance pour la Guinée Equatoriale et pour la sous-région. L'affrontement à fleuret moucheté entre le Cameroun et le Gabon, pour le leadership, devint plus âpre et plus visible. Excédés, les dirigeants équato-guinéens se sont résolus à réclamer, avec insistance, une part de responsabilité conforme à leur poids d'émirat pétrolier. Ils ont décidé de peser sur la conduite des affaires de la Communauté Economique et Monétaire de l'Afrique Centrale. Leur prétention était d'autant plus justifiée que les détenteurs de principaux postes des institutions sous-régionales ne se sont pas distingués par leur savoir-faire ou par leur sérieux. En particulier, la piètre qualité du management de la BEAC était unanimement critiquée. La Guinée Equatoriale en fit sa cible principale.

L'incapacité des chefs d'Etat à instaurer un management performant à la BEAC et l'inconfort de la situation de la Guinée Equatoriale restaient maîtrisés tant qu'Oumar Bongo Ondimba, jouant de son rôle de doyen, apaisait les fureurs. Il a suffi du moindre incident pour créer l'irréparable. Ce fut exactement ce qui se produisit avec les révélations sur un placement hasardeux et les malversations opérées par les dirigeants de la BEAC sur les ressources de la banque centrale. Leur comportement outrancier finit par mécontenter jusqu'à ceux qui voulaient préserver, coûte que coûte, l'équilibre précaire sur lequel prenaient appui les institutions de la CEMAC. La succession de manquements et d'événements malheureux tendit le climat général. On ne pouvait plus attendre. Depuis toujours, une certaine pudeur servait de paravent. On se gardait de rappeler les fautifs à la retenue et au respect des règles de courtoisie. On s'arrangeait pour que la BEAC assumât tant bien que mal ses charges : refinancer les banques, accorder des avances aux Trésors publics, contrôler le fonctionnement du système bancaire et réguler les systèmes des paiements.

Le volet *avances aux Trésors* consistait à tirer l'équivalent de 20% des recettes d'origine interne[14]. Au fil du temps, ces avances se sont transformées en crédit *revolving*. En période de tension budgétaire, elles dépassaient le seuil théorique de 20%, apportant ainsi une respiration aux Trésors nationaux et une plus grande souplesse à la gestion

[14] En principe, depuis 2009, ce financement est assuré par les marchés financiers. Cependant, la BEAC continue à assumer le rôle de financeur en dernier ressort, en se substituant aux marchés lorsqu'ils sont défaillants ou lorsque leurs conditions sont inappropriées en considération d'une saine gestion de la dette publique.

budgétaire. Les ministres en charge des finances, bénéficiaires d'avances permanentes, se sentaient contraints à se taire et à faire profil bas. Même, lorsque la situation justifiait qu'ils s'exprimassent, on ne les attendait pas. On remarquait leur mutisme. Cet état de choses tint tant que la discrétion couvrait le comportement des dirigeants de l'institut d'émission.

Le savoir-faire des dirigeants de la banque centrale, une règle de prudence, consistait à conserver le soutien et la bienveillance des pays à la trésorerie excédentaire. Puisqu'ils avaient peu à leur offrir en matière d'avances ou de financements, ils proposèrent de construire des immeubles pour flatter l'égo des ministres et des chefs d'Etat. Cette gestion des rapports bénéficia au Gabon et au Cameroun, les deux pays les plus remuants et les plus difficiles à contenter. C'était ce traitement discriminatoire qui révulsait les dirigeants équato-guinéens. En dépit des sollicitudes renouvelées et la vétusté des immeubles qui méritaient mieux qu'un ravalement de façades, le gouverneur continuait de faire la sourde-oreille. Les Equato-guinéens se voyaient traités avec dédain. Dans ces circonstances, la révélation des malversations qui impliquaient des responsables de la BEAC fut mieux qu'un prétexte. Elle offrit aux insatisfaits un moyen commode pour exprimer leur refus de cautionner le comportement des dirigeants visiblement corrompus. Leur réaction fut aussi violente que les fautes s'étaient révélées lourdes. De *Petit Poucet*, la Guinée Equatoriale, devenue émirat pétrolier, imposa sa loi. Il en résulta un chamboulement dont le point culminant fut l'abandon du consensus de Fort-Lamy vieux de plus de trente-cinq ans.

Sans prendre parti dans ces chicaneries, parfois ridicules, nous ne pouvons ne pas relever la défaillance du gouvernement de la banque centrale. Au cours du long règne de Mamalépot, qui précéda une période d'atermoiements, une espèce de *guéguerre* s'était installée. Chaque haut fonctionnaire se rangeait derrière la bannière de son pays d'origine, en dépit du bon sens et de la neutralité inscrite dans les spécifications statutaires. Il serait plus juste de dire que la plupart de hauts cadres encourageaient ou suscitaient le raidissement de leurs autorités nationales. Personne ne voulait perdre les maigres avantages que l'on estimait avoir mérités mais qu'on refusait aux autres. Plus que la construction d'immeubles ou la responsabilisation de ses cadres, les Equato-guinéens ne supportaient plus le double jeu de ceux qui étaient supposés se comporter en techniciens neutres. Au vu de la mise à nu des malversations, même le renvoi sans ménagement de principaux coupables ne put atténuer leur ressentiment initial. Au contraire, le sentiment d'avoir été floués était aggravé par les fautes et l'inconséquence de ceux qui se posaient en donneurs de leçons sans en avoir les qualités. Les dommages, notamment pour l'intégration sous-régionale, furent considérables. L'image de la BEAC, qui est le partenaire de la Banque Mondiale et du FMI, a été irrémédiablement compromise. En guise de solution, on adopta des réformes précipitées et incomplètes. Plus grave, les dirigeants nommés en 2010, après les réformes, n'ont su rassurer ni par leurs compétences techniques ni par leur charisme ni même leur probité morale.

Il importe de souligner que les mauvaises performances de la BEAC étaient perceptibles peu après le départ à la retraite de Boukar Bélingar et Jean-Edouard Sathoud. Le premier fit valoir ses droits à la retraite en 1994. Le second s'est vu refuser la confiance des autorités de son pays en 1998. Son contrat ne fut pas reconduit après le renversement de Pascal Lissouba par Denis Sassou Nguesso, à l'issue d'une meurtrière guerre civile. Les deux partants formaient avec Casimir Oyé Mba un trio soudé et efficace. Sans eux, du point de vue organisationnel, la banque centrale s'était trouvée ébranlée. Ils constituaient l'essentiel de l'équipe qui arriva aux commandes après le transfert du siège de la BEAC de Paris à Yaoundé. Ils avaient assuré une gouvernance autoritaire dans laquelle l'éthique et la prudente occupaient une place importante. Après ces dirigeants historiques, on craignit le vide et l'inconnu. Bien que contesté à son arrivée, en 1990, Mamalépot finit par rassurer les cadres. Ils trouvèrent en lui un travailleur acharné et, tout au moins dans un premier temps, une sorte de fermeté qui imposait le respect. Il bénéficiait du soutien des autorités de son pays. Cela suffit à le maintenir en place en dépit des manifestations d'humeur, particulièrement au Gabon.

Hors des frontières du Gabon, Mamalépot était peu connu. Pourtant, il fut membre du conseil d'administration de la BEAC pendant plus de vingt ans. Professionnellement, il avait été à la hauteur des fonctions qui étaient les siennes, notamment au cours des deux premiers mandats. Il avait su faire preuve de charisme. Il était autoritaire, davantage par habitude que par nécessité. La présence modératrice de Bélingar et Sathoud stabilisa le climat. Cela rassurait les inquiets ainsi que ceux qui craignaient une perte des repères. Comme pour confirmer cette crainte, la retraite des deux piliers de l'institut d'émission fut opportunément exploitée par des remplaçants moins scrupuleux et moins expérimentés mais beaucoup plus entreprenants. Ils étaient prompts à suivre l'air du temps qui fut souvent mauvais.

Débarrassé de la pesanteur des *anciens*, plus personne ne fut en mesure de faire contrepoids à la tendance à l'hégémonie de Mamalépot. Les collaborateurs qu'il se choisit n'avaient pas l'expérience et encore moins l'étoffe d'un Bélingar ou d'un Sathoud. Pour donner une idée du délitement de la BEAC, nous recommandons la lecture de notre précédent ouvrage[15]. Nous y avons fait un descriptif précis des comportements de quelques dirigeants.

L'institut d'émission pâtit de l'affairisme de l'équipe dirigeante. Après leur expulsion de la BEAC, certains occupèrent des fonctions ministérielles. Ils furent promus en dépit des sanctions infamantes qui les obligèrent à partir précipitamment pour malversations et mauvaise gestion. Ce tour de passe-passe illustre à merveille la collusion entre les autorités politiques et leurs protégés. Il est symptomatique du peu de cas fait aux règles qui devraient régir les rapports entre les mandataires et les mandants. Sommés de réagir, les chefs d'Etat et les ministres durent sévir. Au vu de la gravité des fautes commises par leurs protégés, ils leur demandèrent de quitter leurs fonctions. Ils n'ont toutefois pas poussé la logique jusqu'au bout ; ils n'ont pas eu à évoquer une responsabilité passible de prison.

Le gouverneur Jean Félix Mamalépot quitta la BEAC dans des conditions houleuses. Elles tenaient à son caractère jugé peu compatible avec ses fonctions et la nature de ses relations avec les plénipotentiaires. En effet, il manifesta sa mauvaise humeur, face aux ministres, lors du sommet des chefs d'Etat d'avril 2007, à N'djaména. Le sommet débattait, justement, de son maintien au poste de gouverneur de la banque centrale.

En 2009, après avoir pris connaissance du rapport d'audit sur les malversations et sur les implications du placement à terme indexé

[15] *La Banque des Etats de l'Afrique Centrale, une dérive prévisible*, Paris 2010, Editions L'harmattan.

(DATY) de 500 millions d'euros auprès de la Société Générale, les chefs d'Etat ont adopté quelques décisions fortes :

- le gouverneur Philibert Andzembé quitta son poste à la suite du placement de 500 millions d'euros. L'audit entrepris à l'instigation du FMI avait relevé le caractère pour le moins imprudent de ce placement. L'enquête avait aussi mis à nu un réseau mafieux qui détournait, depuis plus de dix ans, les réserves de change gérées par la banque centrale. Les malversations étaient masquées sous des opérations d'approvisionnement des comptes bancaires du Bureau Extérieur de Paris de la BEAC auprès de la Société Générale et de la BNP PARIBAS. Le montant des détournements, partiellement évalué, avoisinait 16 milliards de F CFA ;
- le secrétaire général, Gata Ngoulou, responsable de la gestion de la BEAC sous le gouvernement dirigé par Mamalépot, fut renvoyé dans les mêmes conditions qu'Andzembé et pour les mêmes motifs ;
- le vice-gouverneur Roger Rigobert Andely quitta son poste dans les mêmes conditions qu'Andzembé et Gata. Il était accusé de complicité et de coresponsabilité dans la gestion hasardeuse des réserves de change ;
- le directeur de la comptabilité et du contrôle budgétaire, Maurice Moutsinga, s'était fait signifier son départ anticipé en raison de son implication avérée dans les détournements des réserves de changes masqués par des opérations frauduleuses du Bureau Extérieur de Paris (BEP). Il a passé plusieurs mois en prison en compagnie d'Armand Dzamba, employé de la BEAC à Paris. Ce dernier fut la cheville ouvrière du mécanisme des détournements. Homme à tout faire, il réussit le tour de force de supplanter et manipuler ses patrons !
- le président de la Banque de Développement des Etats de l'Afrique Centrale (BDEAC), Anicet Doléguélé, fut remercié en

même temps que ceux qui étaient impliqués dans les détournements des fonds de la banque centrale. On lui reprochait, notamment, d'avoir financé, à hauteur de 1,5 milliard de FCFA, un projet porté par les protagonistes des malversations du BEP.

Ainsi, par une espèce de justice divine qui devait beaucoup aux autorités équato-guinéennes, les fautifs furent mis hors d'état de nuire. A défaut de payer le prix de leurs forfaits, ils furent renvoyés dans leurs pays respectifs, à charge pour les autorités locales de les sanctionner.

Après cette série de sanctions, on crut que la banque centrale était débarrassée de mauvais dirigeants. Or, le seul fait notable de ce tour de passe-passe a été le transfert du poste de gouverneur du Gabon à la Guinée Equatoriale. Peut-on en conclure que l'intégration y trouva-t-elle son compte ? En adoptant les sanctions, les chefs d'Etat avaient cru redresser la situation. En réalité, ce ne fut qu'un demi-règlement d'une partie du problème. L'erreur fut de circonscrire les investigations des audits sur les malversations au cas spécifique du Bureau Extérieur de la BEAC à Paris. Les rapports d'audit ne révélèrent qu'une partie de la vérité. Il aurait fallu approfondir les investigations pour débusquer l'ensemble de la nébuleuse. Le point central en était un système de surfacturation sophistiqué. Pour grossir les prébendes et contenter les responsables de la banque centrale, la gestion de grosses dépenses était confiée à des membres sûrs du clan. Les surfacturations concernaient les gros investissements. Elles ciblaient l'acquisition d'immeubles, de meubles, de logiciels et de matériels de télécommunication. Les directions et départements bénéficiaires de gros crédits budgétaires étaient sous la supervision d'un dirigeant membre du réseau. De fait l'ensemble du système de passation des marchés était vicié.

Le courage ou la quête de vérité aurait voulu qu'un audit indépendant fût mandaté pour désigner les coupables, déterminer l'ampleur des détournements, démanteler le mécanisme des surfacturations et supprimer les circuits de concussion. Car, le système mafieux s'était fixé un objectif : servir prioritairement les intérêts des dirigeants de la BEAC. La dilapidation des avoirs se faisait au détriment de la CEMAC donc des populations qui étaient les premières victimes. Tout ce qui ne rentrait pas dans les caisses des Trésors publics ou en sortait de manière illégale contribuait à les appauvrir un peu plus. Les ramifications de ce système malfaisant s'étendaient au-delà de l'institut d'émission. Elles alimentaient des politiques voire des responsables d'autres institutions de la CEMAC.

Le constat et le réquisitoire du rapport d'audit, bien que partiels, étaient implacables. Ils appelaient une réaction à la hauteur du désastre. Bien avant que la dérive ne fût dévoilée, nous avions dénoncé l'autoritarisme des autorités de la BEAC. Nous avions appelé à une action corrective, notamment à travers l'extrait repris en document 2.

**Document 2. Extrait de *La Banque des Etats de l'Afrique Centrale, une dérive prévisible***

"Dans la cacophonie d'informations diffusées, involontairement ou non, pour jeter en pâture la Banque des États de l'Afrique Centrale, tout et son contraire a été dit. Nous avons vu des empoignades entre les hauts dirigeants de la Banque. Nous avons surpris des hommes censés garantir l'esprit de solidarité, la gestion et l'image de cette institution, s'accuser mutuellement. Des éléments d'appréciation compromettants furent mis sous le boisseau. Ils n'ont été divulgués que sous l'injonction du Fonds Monétaire International qui menaçait de couper les crédits et suspendre les programmes d'allègement des dettes. Plusieurs rapports d'audit ont été déposés. Il s'en dégageait le constat d'un management calamiteux, des réactions équivoques et des pratiques inadmissibles s'agissant d'une banque centrale. En d'autres temps, ces errements seraient couvés au point de ne guère sortir d'un cercle d'initiés. Les comportements déviants et les actes délictuels étaient tenus secrets ou entourés de précaution. Un certain devoir de réserve et plus encore des menaces intimaient aux plus clairvoyants de demeurer muets. Dans cette orgie de dénonciations ou de condamnations, il est difficile de distinguer les honnêtes gens des esprits malins qui espèrent se tirer d'affaire à bon compte.

L'intégration en Afrique Centrale, gage de survie pour les États membres, dicte de sortir des lamentations et de gesticulations inutiles. Il faut entrevoir une issue. La présente contribution s'inscrit dans ce sens. Il s'agit d'une quête de bonne gouvernance qui est la condition de tout le reste."

Le document 2 résume le contexte qui a conduit la BEAC à l'irréparable. Elle a été littéralement traînée dans la boue. Le rapport d'audit commandité par le comité ministériel de l'Union Monétaire de l'Afrique Centrale (UMAC) a établi de manière incontestable les responsabilités. A sa lecture, nous avions mis l'accent sur l'urgence de traiter les problèmes nés de la mal-gouvernance.

Parce que le gouverneur était Gabonais et que deux autres de ses compatriotes faisaient partie des incriminés, le président Ali Bongo Ondimba ordonna que l'affaire suivît son cours judiciaire normal. Maurice Moutsinga et Armand Dzamba, deux Gabonais, furent incarcérés. Nous avons vu dans cette décision l'espoir d'un épilogue à la tourmente de la Banque des Etats de l'Afrique Centrale. C'est un début mais le reste suivra, avions-nous cru ! Hormis le Gabon, aucun autre pays de la CEMAC n'autorisa la justice à entreprendre une enquête pour confondre les présumés impliqués dans les malversations. Nous avions cru que les autres chefs d'Etat attendaient que le premier de la cordée, le Gabon, donnât le signal. Il n'en fut rien. La décision du chef d'Etat gabonais fut une exception. Il n'y eut pas de gestes comparables dans les autres pays. Bien au contraire, certains suspects furent promus à des fonctions ministérielles dès que l'actualité fit oublier leurs méfaits. On n'était plus à un paradoxe près ! Si la justice avait pu agir librement, des ministres en fonction et des ex-ministres se seraient vus obligés de répondre. Certains auraient pu apporter de précieuses informations sur la nébuleuse affairiste de la BEAC.

L'introduction de la corruption au sein de la banque centrale eut pour principales conséquences une remise en cause de sa gouvernance, un affaiblissement de la politique monétaire et un recul du processus d'intégration de la CEMAC. Puisque des esprits malins s'étaient crus au-dessus des lois, il aurait fallu leur faire admettre que rien ne devait contrarier l'obligation à la bonne gouvernance. Cela supposait la mise en application des sanctions sévères et exemplaires. Leurs successeurs auraient alors hésité à commettre les mêmes forfaits.

Puisque les chefs d'Etat ou leurs ministres nomment les dirigeants de la BEAC, il leur revient de veiller à ce que la justice fasse son travail. Ceux qui ont été placés aux postes stratégiques et ont failli doivent en payer le prix. On ne peut considérer la généralisation de la corruption et des malversations comme des actes bénins. A fortiori, lorsque ces graves méfaits concernent des banquiers centraux. Ils ont failli dans l'accomplissement de leurs fonctions, commis des actes délictuels et privilégié leurs intérêts personnels au détriment de la communauté. Les citoyens attendent de les voir punis sévèrement.

## 6. A lire ou relire pour rester vigilant

La responsabilité des dirigeants de la banque centrale est grande. Ils ont reçu mandat d'ouvrer pour l'intégration de la CEMAC. S'agissant de responsables d'institutions publiques, l'intérêt général commande qu'ils se montrent moralement irréprochables et techniquement experts. A ceux qui doutent ou sont sceptiques quant aux exigences des fonctions publiques, nous suggérons la lecture de Denis Richet[16]. Nous avons repris (document 3) un passage de son ouvrage et invitons le lecteur à approfondir le sujet en consultant un autre article du même auteur[17].

**Document 3. Extrait de *La France moderne, l'esprit des institutions***

"Ce que nous appelons la fonction publique faisait tellement corps avec son titulaire qu'il est impossible de retracer l'histoire de tel conseil ou de tel poste sans écrire celle des individus qui l'ont présidé ou occupé. C'était une personnalité qui donnait à une charge jusqu'à lui secondaire une importance exceptionnelle, ou, au contraire, faisait passer au second plan une fonction auparavant capitale en raison de son ancien titulaire. L'homme créait la fonction dans des proportions aujourd'hui impensables."

Comme pour démentir ou prendre à contre-pied ce cri du cœur, les renouvellements des dirigeants des institutions de la CEMAC, actés par les chefs d'Etat en avril 2007, novembre 2009 et juin 2010 n'ont apporté que des solutions partielles. On régla des problèmes de préséance alors que le mal était beaucoup plus profond et exigeait une réponse sur le fond. Or, l'urgence était de s'assurer de la compétence, de la probité et de l'adéquation des profils des récipiendaires avec les fonctions à pourvoir. On expédia la besogne en remplaçant numériquement des individus par d'autres. On les fit valser en fonction de leurs nationalités. On ne prit pas la peine de vérifier si les cooptés étaient en mesure de porter la robe de *grands commis de l'Etat*. On ne se demanda même pas s'ils

[16] Denis Richet, *La France moderne L'esprit des institutions*, Paris Flammarion, 1973.
[17] Denis Richet, *Elite et noblesse : la fonction des grands serviteurs de l'Etat (fin XVIème-début XVIIème siècle), Acta Poloniae Historica.*

en avaient l'étoffe. Sont-ils faits pour les postes ? Telle aurait dû être la question incontournable. Constatant que nos cris restaient vains, nous avons écrit l'extrait repris dans le document 4.

**Document 4. Extrait de *La Banque des Etats de l'Afrique Centrale, une dérive prévisible***

"A l'évidence, la formation seule ne suffit pas. Il faut quelque chose de plus fondamental : une prédisposition. En matière de coopération et d'intégration, la couleur et la nationalité importent moins que l'aptitude à servir le bien public. Ceux qui ont la chance de se voir confier la direction des institutions d'intégration doivent être intègres, rigoureux, objectifs, dévoués, tolérants, ouverts, pondérés, persévérants, perfectionnistes et fiers d'appartenir à cette communauté d'hommes et de femmes que constitue la CEMAC. Autrement dit, il faut des individualités extraordinaires au point de privilégier la cohésion et la synergie à leur propre égo. Ils doivent être à la fois craints et adulés, obéis et respectés, suivis et compris. Il s'agit de spécimens rares. Seuls des cabinets conseils, spécialisés en recrutement, sont en mesure de les détecter. Une fois ces oiseaux rares repérés, la liste sera soumise à l'appréciation des hautes autorités. Dans l'état actuel des dispositions, l'honneur de distinguer les plus méritants leur incombe."

Il faut tirer enseignement du passé ! Pourquoi, les dirigeants de la deuxième et de la troisième génération ont-ils échoué ? On évoqua la qualité de leurs formations mais certains avaient un cursus sans tâche. On critiqua leur inexpérience mais quelques-uns eurent à assumer d'importantes fonctions. Enfin, on critiqua leur proximité avec les pouvoirs gouvernementaux mais cette accointance était-elle rédhibitoire ? Voilà pourquoi nous disons qu'il y a lieu d'entrevoir d'autres explications voire d'autres raisons pour trouver un sens aux échecs successifs. D'ores et déjà, nous voyons une explication. Elle est de taille, nous l'avons illustrée par le document 5. Aussi sévère que peut paraître ce point de vue, il n'est pas moins en phase avec la réalité objective.

**Document 5. Extrait de *La Banque des Etats de l'Afrique Centrale, une dérive prévisible***

"Le mode de désignation des dirigeants de la BEAC, qui emprunte davantage aux liens de sujétion, de filiation ou de corporatisme, laisse peu de place aux critères de compétence et d'adéquation des profils. La nature des relations entre les dirigeants de la banque centrale et les hautes autorités des États actionnaires a créé un lit propice au non-respect des obligations. Cette franchise conduit aux comportements délictuels et à l'asservissement de l'institution aux intérêts individuels, catégoriels ou nationaux. Or, par essence, l'institut d'émission a pour mission de promouvoir l'intégration qui est sa raison d'être. Plus grave, d'éminents chefs d'État ont pris le risque de désorienter les enquêtes indispensables à l'éclatement de la vérité. Sans la manifestation de cette vérité, il est difficile de relancer la coopération monétaire et booster l'intégration. Sans la possibilité de sanctionner, il n'est pas possible d'instaurer, de manière durable, la transparence dans les procédures de fonctionnement de la BEAC. Or, la transparence est une condition essentielle de l'intégration. Vu sous cet angle, nous nous sommes demandé si l'Afrique Noire est irrémédiablement condamnée à la malgouvernance."

## *Section 2*
## *Le cadre institutionnel de la BEAC*

Les statuts, article premier, présentent la Banque des États de l'Afrique Centrale (BEAC)[18] comme : *Un établissement public international africain régi par la Convention de l'Union Monétaire de l'Afrique Centrale (UMAC), la Convention de Coopération Monétaire passée entre la France et les États membres de cette Union et les présents Statuts*[19]*. Elle émet la monnaie de l'Union Monétaire et en garantit la stabilité. Sans préjudice de cet objectif, elle apporte son soutien aux politiques économiques générales élaborées dans l'Union. Elle a pour missions de :*

- *définir et conduire la politique monétaire de l'Union ;*
- *émettre les billets de banque et les monnaies métalliques ayant cours légal et pouvoir libératoire dans l'Union Monétaire ;*
- *conduire la politique de change de l'Union ;*
- *détenir et gérer les réserves officielles de change des États membres ;*

[18] Statuts de la Banque des Etats de l'Afrique Centrale datés du 23 septembre 2007, site web de la BEAC.
[19] Les statuts de la BEAC.

- *promouvoir le bon fonctionnement des systèmes de paiement et de règlement.*

Pour avoir une juste mesure de la place et du rôle de la BEAC dans le processus d'intégration, une lecture attentive de ses statuts est indispensable. Rarement, institution n'aura été autant pourvue en ressources et prérogatives. Pourtant, les textes restent en deçà de la véritable dimension de la banque centrale dans la CEMAC. Tout ce qui ne peut être confié aux fonctions publiques ou à d'autres institutions sous-régionales revient de facto à la BEAC. Les Etats et les populations attendent plus de leur banque centrale que des fonctions publiques. Jusqu'à la survenance des malversations, on ne doutait pas de la compétence de la BEAC. Au fur et à mesure, outre son rôle de principale matrice de l'Union Monétaire de l'Afrique Centrale (UMAC), la banque centrale est devenue le centre de gravité et le passage obligé de l'intégration sous-régionale. Pour illustrer la prépondérance de la banque centrale dans le dispositif de la CEMAC, nous avons relevé et commenté certains articles des statuts de la BEAC. Après une attentive relecture, nous avons relevé que certains articles sont susceptibles d'être améliorés quant à leur formulation ; il suffit d'une réécriture pour les rendre plus transparents. D'autres sont en avance par rapport à l'esprit qui gouverne l'intégration. Les uns et les autres concourent à conforter la position de la BEAC. A la lecture des statuts, un observateur impromptu pourrait conclure à une position hégémonique de la BEAC. Il n'aurait pas eu tort ! Il n'est pas rare d'entendre dire que la BEAC se comporte comme un Etat parmi les Etats. Sa domination est à la fois institutionnelle et fonctionnelle. En procédant à l'analyse des textes qui lui attribuent autant d'autorité, nous avons souhaité en montrer les risques. Nous nous sommes attardés sur les passages les plus significatifs. Nous avons proposé une réécriture de certains articles afin de les mettre en conformité avec l'esprit de coopération et d'intégration. Il est vrai que la BEAC n'est pas la seule institution à tirer avantage de la disponibilité et de l'abondance des ressources octroyées par les Etats. La Banque Centrale des Etats de l'Ouest Africain (BCEAO) bénéficie de prérogatives comparables. La différence entre les deux banques centrales est que la BCEAO en fait une meilleure exploitation.

Par ailleurs, nous avons relevé que la rédaction des statuts de la BEAC n'a pas été exempte d'arrière-pensées. Les rédacteurs ont louvoyé entre ménager l'indépendance de la BEAC et laisser les mains libres à ses dirigeants. Ils ont favorisé ce dernier aspect. Ils ont notamment omis de mettre en exergue l'obligation de rendre compte. Dans la formulation des textes, en réservant une position hégémonique au gouverneur, les rédacteurs ont admis que celui-ci soit dispensé de l'obligation de rendre compte. Au vu du rôle et des missions de la banque centrale, l'imprécision dans la formulation des obligations s'est avérée porteuse de réels risques aux conséquences imprévisibles et systémiques.

Les statuts auraient dû prévoir, explicitement, l'obligation à la transparence pour la banque centrale et l'obligation de rendre compte pour ses dirigeants. Plus grave, ces deux obligations n'ont pas été prises en compte lors de la révision des statuts en octobre 2010. Ce qui fait qu'au total, outre la remise en cause du consensus de Fort-Lamy, les réformes imposées par le pouvoir politique se sont limitées à un réajustement des prérogatives du gouverneur. En effet, jusqu'en 2010, le gouverneur était :

- premier responsable de la banque centrale ;
- président du conseil d'administration de la BEAC ;
- président du comité de politique monétaire ;
- président de la Commission Bancaire de l'Afrique Centrale (COBAC).

Manifestement, autant de titres et de rôles offrent trop de pouvoirs à un seul homme et lui imposent trop de charges. De plus, lorsque l'expertise et l'éthique venaient à manquer, cela se transforme en danger public.

A la lecture du rapport de la mission d'audit, les chefs d'Etat et leurs ministres, en charge de désigner les dirigeants des institutions de la CEMAC, s'interrogèrent sur les causes des défaillances impliquant le plus haut niveau de la banque centrale. Comment se peut-il qu'en dépit des avantages et prérogatives qui lui sont dévolus, le gouverneur n'ait pas su s'entourer de conseils et de précautions pour éviter une trop grande personnalisation du pouvoir de décisions ? Comment se fait-il qu'il n'ait pas su prévenir ou simplement voir venir les malversations ? Pour notre part, en publiant *La Banque des Etats de l'Afrique Centrale, une dérive prévisible*, nous avons répondu à ces questions. Nous avons mis les chefs d'Etat face à leurs propres responsabilités. La sagesse populaire conseille de ne guère mettre tous les œufs dans le même panier. Ils firent peu cas de cette prudence et attribuèrent de trop larges pouvoirs à des hommes dont les comportements ne prédisposaient pas à la modération. Cela fut, pour le moins, une imprudence. La survenance des dérives autoritaires ou mafieuses a nui aux performances de la banque centrale tandis que l'immoralité des dirigeants a contribué à en aggraver les incidences.

Les chefs d'Etat ont souligné leur surprise et leur réprobation en ordonnant une réforme des statuts de la banque centrale. Faute de mieux, ils désignèrent le gouverneur comme le responsable des défaillances. Cependant, leur colère et leur réprobation ont été exprimées tout en retenue. Leur colère fut toute relative contre celui qui reçut la consigne d'œuvrer en faisant preuve de mesure et d'exemplarité. Sans doute n'avaient-ils pas douté de la fidélité et du respect de leur protégé ? Leur vision des problèmes de la BEAC s'était circonscrite à dénoncer le premier parmi les banquiers centraux. En effet, puisque ce dernier a trahi ses mandants, il fut puni. Cependant, les errements provoqués par la mal-gouvernance attendent encore une solution. D'une certaine manière, pour les tenants de l'indépendance de la banque centrale et de la déresponsabilisation de ses dirigeants, la victoire a été totale. La modification des textes n'a pas provoqué de révolution. Interprétant les recommandations des chefs d'Etat, les ministres approuvèrent des ajustements à minima présentés par les banquiers centraux. On ajusta quelques aspects saillants. L'essentiel était sauf. Tel est l'interprétation que nous faisons de la préservation de l'article 6 des statuts de la BEAC (document 6). Il fut reconduit sans une égratignure. Le niveau de protection et de déresponsabilisation de la banque centrale laisse la porte ouverte à d'autres malveillances. On peut, à juste titre, parler de supercherie au vu des résultats de la réforme ordonnée par les chefs d'Etat. Les seuls changements notables concernent la présidence du conseil d'administration et l'élargissement du gouvernement de la banque centrale à six membres au lieu de trois.

Depuis octobre 2010, le président du comité ministériel assure aussi la présidence du conseil d'administration. C'est un retour à la tradition. En effet, jusqu'à la fin des années 1990, le conseil d'administration était composé de ministres. Ce fut à la demande de Mamalépot, soutenu par les institutions de Bretton Woods, qu'on débarqua les ministres. On les remplaça par de hauts fonctionnaires. De notre point de vue, il n'y eut aucun gain à ce changement. Le rapprochement avec les pratiques en cours à la BCEAO ne saurait suffire pour tenir lieu de justification. Comparaison n'est pas forcement raison !

En empêchant le gouverneur de cumuler la direction générale et la présidence du conseil administration de la banque centrale, les chefs d'Etat ont cru faire le plus difficile. Le temps passant, les esprits se seront calmés et l'attention sera tournée vers d'autres sujets moins polémiques, espéraient-ils. De fait, la révision des textes et les sanctions contre ceux qui ont commis des fautes, ont servi à rassurer les partenaires extérieurs. Ceux-ci ne voulaient plus du maintien en fonction des responsables des bévues à la direction de la banque centrale. Dont acte, mais nous attendons toujours une vraie réforme. Nous attendons celle qui permettra de tourner la page pour investir les forces dans le processus d'intégration.

Il est probable que, tant que les cours du pétrole seront hauts, l'inertie prévaudra. On continuera à colmater les insuffisances et à masquer les critiques. Tant que la CEMAC pourra se passer des ressources soumises aux conditions de la Banque Mondiale ou du FMI, rien de fondamental ne sera fait. L'état d'esprit qui a présidé à la réécriture des textes de la BEAC reste foncièrement vicié. Il n'a suggéré aucune mesure pratique pour instaurer la bonne gouvernance. Le renvoi sine die de quelques fautifs ne trompe que ceux qui ne veulent rien connaître de la situation de la CEMAC et de sa banque centrale. Puisque de larges pouvoirs sont concédés au gouverneur ou au gouvernement de la banque centrale, le réflexe salutaire aurait dicté de prévenir les risques d'autoritarisme ou de contournement des règles. Cela nous semble une précaution minimale. Cela suppose la mise en place d'un contre-pouvoir que pourrait exercer un système de contrôle efficace et indépendant.

La négation du besoin de prévention est avant tout un refus de transparence. Elle nuit à la qualité de la gouvernance de la banque centrale. Cette imprudence ou cette insouciance traduit une absence de volonté politique pour sortir la BEAC du bourbier dans lequel elle est engluée. Elle est aussi un handicap dans le combat pour l'émergence, le développement économique et la bonne gouvernance. Le développement nécessite des ressources et une disposition à se projeter dans le futur. Nous considérons que construire une économie et s'atteler à son développement sont les aspects essentiels d'un état d'esprit.

## 1. Le poison de l'article 6

Aux lendemains des indépendances, les dirigeants de l'ancienne Afrique Equatoriale Française (AEF) et du Cameroun décidèrent de poursuivre la gestion d'une monnaie commune léguée par le colonisateur. Mieux, ils firent de la banque centrale le principal outil de coopération entre les cinq pays et le vecteur de l'intégration de leurs économies disparates. Ils lui attribuèrent des ressources importantes et admirent son autonomie de gestion.

Jusqu'au 22 novembre 1972, la banque centrale exerçait ses activités sous la dénomination de Banque Centrale des Etats de l'Afrique Centrale et du Cameroun (BCEAC). Devenue Banque des Etats de l'Afrique Centrale (BEAC) en 1972, sa direction générale resta assurée par un directeur général nommé par la France. A partir de 1978, son siège quitta Paris pour s'installer à Yaoundé tandis que les pouvoirs de direction furent transférés aux Africains. Le processus d'africanisation supposait que les cadres choisis pour assurer la direction de la banque centrale disposaient de l'expertise requise et étaient d'une moralité compatible avec le métier de banquier central. Pour vérifier que ce postulat de départ est resté valable, nous avons comparé l'article 6 des statuts de la BEAC et son équivalent du temps de la BCEAC. En particulier, nous avons relevé que les protections dont bénéficiaient la banque centrale et ses dirigeants, jusqu'en 1978, étaient moindres que celles inscrites dans l'article 6 antérieurement. Pour présenter un aperçu de la protection dont bénéficient la BEAC et le cadre d'exercice de ses activités, nous avons repris en document 6 l'article 6 des statuts de la BEAC.

**Document 6. L'article 6 des statuts de la BEAC**

"Les immunités et privilèges généralement reconnus aux Organisations Internationales, en vertu des conventions internationales pertinentes, de l'Acte Additionnel n° 6/99/CEMAC-024-CCE-02 du 17 décembre 1999 relatif au régime des Droits, Immunités et Privilèges accordés à la Communauté, aux membres de ses Institutions et à son Personnel ainsi que les accords de siège conclus avec les Etats membres, sont accordés à la Banque Centrale sur le territoire des Etats membres en vue de faciliter l'exécution de ses missions. En particulier, le bénéfice des dispositions ci-après est reconnu en vertu des présents statuts :

- La banque Centrale, ses biens et ses avoirs, en quelque lieu qu'ils se trouvent et quels que soient les détenteurs, jouissent de l'immunité de juridiction sous tous ses aspects, notamment pour les actes de nature publique qu'elle accomplit, sauf dans la mesure où elle y renonce expressément en vue d'une procédure déterminée ou en vertu d'un contrat ;
- Les biens et avoirs de la Banque Centrale sont également exemptés de perquisitions, de réquisitions, de confiscations, d'expropriations, de séquestrations ou de toute autre forme de saisie ordonnée par le pouvoir exécutif, le pouvoir législatif, le pouvoir judiciaire des Etats membres et de la France ;
- La Banque Centrale ne peut, pour le règlement des différends la mettant en cause directement ou indirectement, être astreinte que devant la juridiction spéciale prévue dans le cadre de la procédure spéciale de règlement des différends définie dans l'accord de siège et suivant les conditions fixées par ledit accord. Dans le cas où la Banque Centrale, en vertu des circonstances, a fait l'objet d'une condamnation quelconque, ses biens et avoirs, en quelque lieu qu'ils se trouvent et quel qu'en soient les détenteurs, ne peuvent en aucun cas servir à l'exécution de la décision définitive rendue contre elle dans le cadre d'une procédure d'exécution forcée ;
- La Banque Centrale, ses avoirs et revenus ainsi que ses opérations et transactions sont exonérés de tous impôts, droits, taxes et tous droits de douane. La Banque Centrale est également exemptée de toute obligation relative au recouvrement ou au paiement de tout impôt ou droit ;
- Les activités de la Banque Centrale sont inviolables, sous réserve des droits d'investigation et de communication reconnus aux Administrations astreintes au secret professionnel ;
- Les soldes créditeurs des comptes ouverts dans les livres de la Banque Centrale ne peuvent pas faire l'objet de saisie ;
- La Banque Centrale est dispensée, au cours de toute procédure judiciaire, de fournir caution, consignation et avance dans tous les cas où les législations des Etats membres prévoient cette obligation à la charge des parties."

Cette construction ne peut résister aux critiques et à une comparaison avec le régime applicable aux organisations et institutions similaires. Qu'il s'agisse du FMI, de la Banque Mondiale ou de la Banque Centrale Européenne, les immunités ont été circonscrites et clairement définies.

L'article 6 fait de la BEAC une institution particulièrement protégée, comme si d'avance elle se savait vulnérable et fautive. A chaque fois que nous avons lu cet article, nous sommes restés abasourdis par l'étendue des dispenses et des protections. Cela nous paraît d'autant plus surprenant qu'une banque centrale est une institution appartenant aux Etats ; elle œuvre pour l'intérêt général. Alors, comment se fait-il qu'une institution d'intérêt public, censée incarner la posture d'autorité morale, a cru se protéger aussi hermétiquement ? La réponse est à rechercher du côté de ses dirigeants. Le glissement vers plus de protection remonte au milieu des années 1990.

Après la dévaluation du FCFA, en 1994, certaines banques de la CEMAC profitèrent de cette période de flottement pour *faire du bénéfice sur le dos de leurs clients.* En effet, des transferts ordonnés plusieurs jours avant le jour fatidique furent déclarés non exécutés. Autrement dit, du jour au lendemain, les commerçants et les entreprises ont été sommés de débourser deux fois plus de fonds en règlement de leurs factures. Telle devait être la conséquence du paiement des transactions dont les montants étaient réglés après la dévaluation. Or, certaines banques appliquèrent cette sanction aux dossiers transmis aux banques plusieurs jours avant la dévaluation. Les perdants décidèrent d'ester en justice pour se voir restituer le supplément déboursé en paiement de leurs partenaires extérieurs. Certaines banques transigèrent, d'autres invoquèrent la responsabilité de la banque centrale. La justice se saisit de l'affaire et condamna les banques, y compris la banque centrale. Elle leur reprocha de n'avoir pas agi dans les délais ordinaires d'exécution des ordres de transfert vers l'extérieur. La BEAC évoqua le caractère exceptionnel de la dévaluation. La justice se tint aux procédures acceptées des deux parties (banques et clients) et condamna les banques, quelquefois solidairement avec la banque centrale, à rembourser le surcroit déboursé. Certaines décisions firent l'objet de plusieurs recours mais la BEAC fut condamnée à payer les pertes occasionnées par ses erreurs de gestion. Depuis lors, elle organisa sa défense en s'abritant derrière la cuirasse inviolable de l'article 6.

A notre sens, le comportement des dirigeants de la BEAC, si distant de la rigueur attendue des banquiers centraux, s'explique par les dispenses de l'article 6. La banque centrale et ses dirigeants sont dispensés de sanction. Sous prétexte de prévenir la corruption et l'impartialité des juges, la BEAC s'est organisée, avec la complicité des ministres et de hauts fonctionnaires, pour échapper à la loi. Fondamentalement, l'observateur est en droit de se poser deux questions : que craignent les dirigeants de la BEAC pour se mettre à l'abri d'un dispositif aussi protecteur ? Que dire de l'attitude des plénipotentiaires qui, en dépit de la survenance des malversations de 2009, ont continué d'accorder les mêmes passe-droits à des individus peu soucieux d'éthique ?

Les citoyens de la CEMAC attendent d'une institution qui bénéficie des plus grands privilèges une plus grande efficacité dans la réalisation de ses missions. Ils sont en droit d'attendre des dirigeants de la BEAC de la modération, de l'éthique et surtout une gestion en bon père de famille. Les dispenses et les protections listées dans l'article 6 prouvent que les décisionnaires font comme si les déboires, les détournements de fonds publics et la mauvaise gestion n'avaient jamais existé. Les principes de bonne gouvernance semblent loin de leurs préoccupations. En juin 2010, au moment de rédiger la lettre ouverte au gouverneur, les mêmes dispositions statutaires continuaient de régenter le fonctionnement de la banque centrale. Les mêmes immunités et protections restaient applicables. Elles rendaient *intouchables* des dirigeants au comportement de goujat.

Notre attente de solutions radicales reste intacte, en dépit des décisions des chefs d'Etat de la CEMAC, adoptées à Bangui, Malabo, Brazzaville et N'djaména, entre novembre 2009 et juin 2010. Les réponses apportées ne sont pas à la mesure du désastre. Nous espérions une rupture et une réorientation de l'intégration. Ils procédèrent à un replâtrage qui laissa le poison de l'article 6 intact. On réhabilita puis promut ceux qui furent suspectés de collusion d'intérêts et de malversations. Les citoyens attendent, sans illusion, la comparution des prévenus devant un juge.

## 2. Demain se construit dès aujourd'hui

L'abandon du consensus de Fort-Lamy qui avait figé les postes ne put suffire, au regard des inerties de la gouvernance de la BEAC. La solution était moins la mobilité que l'adéquation des profils et des fonctions. En dépit des critiques relatives aux sanctions, peu en rapport avec la gravité et la qualification des fautes ou des délits, une réorientation du processus d'intégration nous aurait apaisés. Nous attendions une démonstration prouvant que les décisionnaires se souciaient de l'avenir de la CEMAC. L'attente fut vaine, comme les espoirs et la quête de solution. Cet oubli ou cette négligence ne nous a pas empêchés de croire en la vertu de l'éthique et de tenir compte de l'expertise de ceux qui dirigent les institutions spécialisées. Cela aurait eu une double utilité : contraindre les auteurs des détournements à restituer ou à réparer les dommages causés par leurs prédations ; obliger les coupables de mauvaise gestion à ne guère briguer les fonctions de dirigeant des institutions sous-régionales.

Le remplacement des fautifs par des incapables à la moralité douteuse a satisfait la Guinée Equatoriale qui fit du départ du gouverneur une condition de survie de la CEMAC. En effet, il aurait été inconcevable que rien ne changeât. Dans une certaine manière, cela peut être considéré comme une avancée même si la CEMAC attend une solution à la crise de gouvernance. Sans méconnaître le sens de ces changements, la timidité de la réaction ne pouvait que décevoir. L'environnement extrêmement rétif à toute remise en cause du statu quo ante ne suffit pas à masquer la timidité des décisionnaires. Pourtant, le FMI qui avait réagi très vivement lors de la découverte des malversations sembla se contenter de ces demi-mesures. En 2009, il avait conditionné la reprise de son aide à une remise en ordre du fonctionnement de la BEAC. Ce fut d'ailleurs à la suite de cet ultimatum que les chefs d'Etat acceptèrent de prescrire la modification des statuts de la BEAC. Tout s'est passé comme si les dirigeants de la CEMAC et le FMI s'étaient contentés de sanctions symboliques. D'ailleurs, y aurait-il eu la moindre décision sans l'intervention du FMI ?

La mauvaise gestion des institutions d'intégration est une résultante de la mal-gouvernance des Etats. Sauf exception, on ne peut attendre des fonctionnaires, nommés à la direction de la banque centrale, davantage d'éthique qu'ils n'en ont fait preuve dans leur corps d'origine.

Puisque le mal est profond, il doit être extirpé à la racine. La solution est dans le recrutement des dirigeants. Les actes des chefs d'Etat, aussi louables furent-ils, n'ont pas apporté de réponse tangible aux multiples dérives de la gouvernance de la banque centrale.

La bonne gouvernance n'est pas une approche managériale parmi d'autres. Elle est une doctrine. Elle fonde, oriente et régule le fonctionnement d'une entreprise, d'une institution ou d'une communauté. Elle a pour fondement quatre piliers : l'efficacité, l'éthique, la transparence et l'équilibre des pouvoirs.

Si la bonne gouvernance avait régenté le fonctionnement de la BEAC, la souscription du dépôt indexé de 500 millions d'euros et les malversations qui ont coûté plus de 16 milliards de FCFA auraient été évitées. Mieux, si par un malheureux concours de circonstances de telles occurrences se produisaient, le système de régulation aurait mis en branle des mesures conservatoires limitant ou atténuant les conséquences. Des actions énergiques auraient été engagées immédiatement. On n'aurait pas attendu les injonctions du FMI. Les chefs d'Etat n'auraient pas eu besoin de se réunir moult fois pour ordonner des solutions.

Redonner à la BEAC les moyens de reprendre sa place dans la CEMAC exige une rupture avec la permissivité. C'est le sens que nous donnons à la présente lettre ouverte. Nous la concevons comme une incitation à se mettre en mouvement pour résoudre l'imbroglio de la BEAC. Pour installer la banque centrale sur son piédestal, nous entrevoyons deux aspects essentiels : la qualité des informations collectées puis diffusées auprès des agents économiques (entreprises, investisseurs, chercheurs, étudiants, citoyens, etc.) ; la transparence dans la gestion de sa sphère de compétence (recrutement du personnel, politique monétaire, gestion des ressources, expertise des cadres, implication dans la gestion des dossiers de l'intégration, etc.).

A partir du printemps 2009, *Jeune Afrique* et *Médiapart* ont fait des efforts louables pour diffuser des informations sur le circuit des malversations mis en place au sein de la BEAC. Le lecteur pourra compléter ces sources par nos publications. Nous avons pris l'engagement de ne pas laisser l'oubli récompenser les auteurs des malversations et leurs protecteurs. Nous continuerons d'agiter les consciences assoupies tant que le recrutement des dirigeants des institutions sous-régionales dérogera aux critères requis d'expertise et de moralité. La fonction banque centrale et la bonne gouvernance l'exigent. A ceux qui désespèrent et se désolent de la mauvaise gouvernance enracinée dans la CEMAC, nous rappelons qu'aucun combat n'est définitivement perdu. Nous conforterons et accompagneront tous ceux qui agiront pour que leurs dirigeants, à quelque niveau que ce soit, promeuvent l'intérêt général. Parce que nous ne sommes opposés ni au mérite ni à la récompense des méritants, nous serons toujours aux côtés de ceux qui luttent contre la gabegie et la dilapidation des deniers publics. Ce combat qui est celui des *purs* et des *justes* impose la promotion de la transparence, de l'éthique, de l'efficacité et de l'intérêt général. Notre regard sur la gouvernance de la BEAC n'a pas varié depuis notre départ en juin 2010. Nous avons pris du recul. Nous tentons d'apporter des réponses aux interrogations que suscite la situation d'une banque centrale à la dérive.

Les partenaires extérieurs, indispensables dans le combat pour l'émergence économique, et les citoyens de la CEMAC attendent plus de lisibilité dans la conduite des affaires publiques. Il ne suffit pas de mimer la mondialisation ou le libéralisme. Il faut en comprendre les mécanismes pour en tirer un maximum d'avantages. La BEAC ne peut se permettre d'attendre, surtout après une période de troubles. Il reste que, pour corriger cette trajectoire en pente déclinante, l'effort doit porter prioritairement sur l'éthique managériale donc sur la bonne gouvernance. L'une et l'autre font partie des solutions à l'immoralité et à l'impunité que nous n'avons eu cesse de déplorer et de dénoncer. Deux conditions majeures pourraient contribuer à la formulation de solutions viables : réguler la gouvernance en instaurant des contre-pouvoirs et/ou un système de contrôle indépendant, impartial et performant ; reconsidérer le mode de recrutement des dirigeants et des cadres en chargeant les cabinets spécialisés d'y pourvoir au regard des procédures standardisées. Aucun de ces deux aspects n'a été pris en compte dans la formulation de réponses à la crise de la BEAC. Cet oubli est révélateur d'une absence de volonté pour un changement profond de gouvernance à la banque centrale. Dans leur hâte, les hauts décisionnaires de la CEMAC, au lieu de mettre un terme à la gabegie, y ont ajouté l'incompétence et l'amateurisme. En effet, une analyse objective aurait conclu à la mise à plat du système responsable des dysfonctionnements. Alors seulement, le remplacement des fautifs et des indélicats aurait marqué le signal d'une nouvelle ère.

## 3. La solution était déjà là

Tant que la compétence et l'éthique ne seront pas considérées comme des critères essentiels pour le recrutement des dirigeants des institutions de la CEMAC, l'intégration restera un vœu pieux. Pour la banque centrale, la qualité des personnes recrutées est un préalable à l'efficacité à la politique monétaire. Depuis le milieu des années 1990, les recrutements de complaisance devinrent de plus en plus nombreux. Tant que ce passe-droit concernait un ou deux individus dans un groupe d'une vingtaine, le niveau général d'efficacité de la banque centrale restait acceptable. Or, à partir de 1998, le cabinet Bailly qui procédait aux recrutements fut dessaisi du dossier, laissant la direction des ressources humaines seule maître des recrutements. Cette rupture avec le cabinet entraina une montée en flèche de l'arrivée d'agents bénéficiaires de recommandation. Ceux-ci pouvaient être soutenus par les autorités politiques ou par les dirigeants de la banque centrale. Ainsi, chaque dirigeant de la BEAC reçut pour consigne de gérer au mieux les recrutements des ressortissants de son pays. De la sorte, tout le système de recrutement se trouva vidé de son sens et surtout de son efficacité. De plus, outre l'équilibre entre les six pays, les recruteurs devaient tenir compte de leur répartition par région, tribut ou religion. En surmultipliant ces incompatibilités, on finit par nuire à ce qui faisait la force de la banque centrale. Elle ne fut plus en mesure de produire des analyses aidant à la prise de décisions. Longtemps tenue en lisière, la politique fit son entrée de la pire des manières à la BEAC. Cette intrusion fut une porte ouverte vers le contournement de la rigueur, de l'éthique et de la déontologie. Elle rendit possible la mauvaise gestion et les malversations. Des dirigeants promus en raison de leur proximité ou leurs accointances avec les politiques étaient aussi tenus de rendre certains services. C'était la contrepartie de la protection dont ils avaient bénéficiée. Ainsi, les protégés et leurs protecteurs se tenaient et se soutenaient.

A la lecture du rapport sur le circuit mafieux de la BEAC, les chefs d'Etat hésitèrent. Ils se sont réunis à trois reprises pour s'accorder sur une position satisfaisante au regard des attentes des observateurs ou des partenaires extérieurs. Cette hésitation était corroborée par le langage euphémique employé pour motiver leurs actes. Les discours grandiloquents cachaient mal leur embarras et la difficulté de clore l'épisode corruptif qui fit si mal à la BEAC. Des demi-décisions furent présentées comme des mesures chocs. Du moins, tel était l'effet recherché à travers la formulation juridique : *Acte 08/CEMAC/CCE/10 relatif aux poursuites judiciaires des personnes impliquées dans les malversations et autres détournements au niveau du Bureau Extérieur de Paris et des placements DATI.* Les décisionnaires semblaient rétorquer que l'essentiel était dit. Peut-être, mais qu'en était-il de l'image de la banque centrale. Qu'en était-il des 42 millions de citoyens de la CEMAC qui attendaient un léger mieux dans leur vie ? La BEAC et les populations attendent toujours. Ils attendront longtemps puisque la justice ne fut pas autorisée à poursuivre les fautifs. Ils attendront longtemps parce que leurs dirigeants en ont décidé ainsi.

Pour notre part, nous nous contentons de l'emploi du terme *malversations* retenu pour qualifier l'*Acte 08/CEMAC/CCE/10. Malversations* implique à la fois le vol, l'escroquerie et la tromperie. C'est un qualificatif suffisamment disgracieux pour que les coupables soient relégués, du moins moralement, en marge de la société. Nous n'abondons donc pas dans le sens de ceux qui considèrent la qualification de la faute insuffisante. En effet, le terme *malversations* tel qu'utilisé couvre à la fois les détournements des réserves de change et la mauvaise gestion qui fit souscrire un placement à des conditions impliquant des risques graves pour la banque centrale. Cela suffit pour que nous n'abondions pas dans le sens de ceux pour qui prétendent que les rédacteurs de l'acte des chefs d'Etat ont fourni un prétexte sinon des circonstances atténuantes aux incriminés. Certes, il aurait été souhaitable d'associer *gabegie* à *malversations,* pour souligner l'immoralité, l'incompétence, l'abus de pouvoir et la bassesse. Mais, dans le langage feutré sinon mièvre des chefs d'Etat, *malversations* suffit à nos attentes.

Le problème est moins la qualification que la mise en application de mesures punitives. En effet, à l'abri de l'article 6, des malveillants ont continué de sévir. De plus, ceux qui se complaisaient dans la malgouvernance comptaient sur des liens et des soutiens solides. Une fois leurs méfaits accomplis, l'oubli effaçait leurs fautes. Le temps jouant pour eux, ils attendaient que leurs progénitures prissent la relève. Ils ne ressentaient ni embarras ni remords.

Lévy Strauss avait écrit *Tristes tropiques,* il est vrai dans un tout autre contexte. Constatant la sédimentation de l'impunité au point de s'ériger en règle de promotion, nous paraphrasons le titre de son ouvrage pour l'appliquer au sort de la BEAC. Quel triste sort ? Une institution portant l'espoir de plus 42 millions d'individus tituba, chavira et s'effondra sous les coups de boutoir des dirigeants avides. En guise de consolation, elle fut exhortée à tenir bon. Ses actionnaires lui avaient taillé des statuts sur mesure ; l'article 6 fut conçu pour servir de cuirasse. Au lieu de protéger la banque centrale, la cuirasse permit à des individus sans foi ni loi de sévir en toute impunité.

La situation de la BEAC nous rappelle l'histoire d'une jeune Marocaine. La jeune fille fut violée et, après des arrangements familiaux, fut donnée en mariage à son violeur. Comprenant qu'elle n'aurait guère de répit dans une société faite pour le sexe masculin, elle se suicida. Elle avala de la mort-aux-rats. Une banque centrale ne peut se suicider mais elle peut mourir par défaut d'assistance à institution en danger. La non-prise en compte de l'éthique et de la compétente, lors de la désignation de ses dirigeants, l'expose à une mort lente mais certaine.

Au risque de passer pour des benêts et de provoquer le ricanement des sceptiques, nous pensons qu'une banque centrale doit rester une institution rigoureusement éthique. En situation de crise, elle doit être une digue contre l'immobilisme, l'immoralité et l'incompétence. Ses dirigeants doivent faire preuve de rigueur, charisme, détermination, droiture et honnêteté. Nous ne saurons dire s'il est besoin d'être *pur* pour être un bon banquier central. Toutefois, nous ne doutons pas qu'autant de qualités en quelques individus relèvent de l'exception. Cette exception justifie que toutes les précautions soient prises pour pourvoir la BEAC de dirigeants fiables. L'intérêt général l'exige.

## 4. Un hommage *aux anciens*

Joudiou, Vinay, Marchand, Prioux, Sathoud, Bélingar et les autres *Anciens* seraient désolés de l'état de déliquescence de la BEAC. Casimir Oyé Mba devrait observer avec effarement ce qui est advenu de *sa banque centrale*. Pour sa part, Mamalépot aurait médité sa part de responsabilité dans cette déconfiture annoncée. Nos dernières querelles portaient sur les recrutements des agents de la banque centrale. Dès juillet 1998, fatigués de rabâcher les mêmes complaintes, face à un Mamalépot resté de marbre, nous nous adressâmes à Roger Rigobert Andely. En substance, nous lui avons dit : *la BEAC ne peut se permettre de se passer des services d'un cabinet conseil pour recruter ses cadres.* En effet, quelque temps plus tôt, il s'était heurté au cabinet Bailly qui refusa un Congolais en dépit de bons résultats aux tests de recrutement. Le cabinet argua que le profil ne cadrait pas avec les spécifications du cahier des charges. Andely usa de toutes sortes de pression mais Bailly confirma son refus. Le vice-gouverneur passa outre. Il parvint à convaincre Mamalépot et ils s'accordèrent pour mettre un terme au contrat liant la BEAC et le cabinet conseil. Le directeur des ressources humaines, Joseph Bodeman, sous une approche faussement technique, exposa les retombées bénéfiques de cette rupture. Or, on économisa certes quelques dizaines de millions de FCFA mais que de bévues, de règles contournées et de conséquences fâcheuses à venir !

Depuis ce mémorable mois de juillet 1998, la gouvernance de la BEAC bascula. Sous les coups de butoir de ses dirigeants, elle glissait sur une pente. Mauvaise gestion, non-respect des procédures internes et gabegie en tous genres s'étaient conjugués pour conduire la banque centrale à l'impasse *des malversations.* Le plus grave était que l'on recrutait majoritairement des cadres aux profils peu compatibles avec les exigences des métiers de base d'une banque centrale. On recrutait de plus en plus des protégés, voire des apparentés aux dirigeants politiques ou de hauts cadres de la BEAC. Sans en faire l'unique coupable, nous considérons que la responsabilité de cette dérive incombe au vice-gouverneur Andely. Il fut le premier à contourner l'avis du cabinet conseil. Il trouva plus avantageux de promouvoir un protégé inadapté plutôt que de suivre l'avis avisé des spécialistes. Volontairement ou non, il ouvrit la boîte de Pandore. Il permit que la plupart des recrutements se fissent sans référence aux critères d'éthique et de compatibilité.

Andely se justifia en prétextant que les personnes retenues avaient l'apparence des critères requis. Certes, mais ne fallait-il pas s'assurer qu'elles les avaient effectivement ? Nous ne lui reprochons pas d'avoir promu des incompétents. Son tort fut de considérer que la technicité surpassait ou compensait l'absence d'éthique et l'incompatibilité comportementale de nouveaux cadres. Or, il s'agit là de deux conditions essentielles du métier de banquier central. Nous lui reprochons d'avoir ouvert les portes de la banque centrale à des individus sans scrupules donc sans retenue. Hier comme aujourd'hui, notre réserve à l'égard de ce qu'il fit prend appui sur cette licence par rapport à l'essentiel. Nous ne faisons pas moins la part des choses : nous relevons, ainsi que nous le fîmes par le passé, sa proximité avec les cadres et surtout son expertise indéniable de banquier central.

En 2010, les changements dans l'organisation de la banque centrale et dans son gouvernement n'ont nullement affecté le mode de recrutement de la BEAC. Avec l'arrivée de nouveaux dirigeants, nous avons mis un peu de souplesse dans nos critiques. Il s'en est suivi davantage d'écoute et d'approbation de nos suggestions. Cependant, lorsqu'il fallut passer à la mise en pratique, ce fut une fois de plus le refus et la désapprobation qui l'emportèrent. En rappelant, nos interlocuteurs à leurs postures antérieures, nous avons essuyé des réactions d'une véhémence inouïe. Les voies d'un échange heureux furent ainsi coupées. On nous le fit savoir sans ménagement. En tentant de comprendre ce changement, nous nous sommes trouvés confrontés au silence et à la brutalité. Nous avons compris qu'on voulait nous refuser jusqu'à la simple possibilité d'exprimer un point de vue différent.

Nous avons refusé d'obtempérer à la fatalité de la rupture pour amorcer un improbable compromis. Au lieu de la paix des braves que nous espérions, on nous opposa sans ménagement une réponse vexatoire. *Circuler, il n'y a rien à voir* ! Nous dit-on sans vergogne. Décidément, les mêmes vieilles mauvaises habitudes prospèrent encore !

Ce qui nous tenait le plus à cœur, à savoir le recrutement d'excellents cadres, n'eut pas encore droit de cité dans la nouvelle gouvernance. A dire vrai, il n'y eut rien de neuf. Nos espoirs de joindre l'éthique et la moralité à la compétence et l'expertise ont été oubliés, négligés et passés en pertes et profits. Concomitamment, la promotion des protégés, des amis et des parents donc aussi d'incapables en plus grand nombre s'institutionnalisa. L'enlisement de la banque centrale dans la médiocrité s'est poursuivi. La pente déclinante, conduisant à l'inéluctable, devenait chaque jour de plus en plus raide.

Ainsi, antérieurement comme postérieurement à l'audit sur *les malversations* de la BEAC, le constat sur la gouvernance est resté accablant. Nous l'avons résumé en quelques mots terribles : inefficacité, indécision, transgression, incompétence et mauvaise gestion. Ce cocktail laissa la BEAC exsangue. Nous avons voulu l'illustrer en procédant à un rapprochement entre les budgets 2009 et 2010. L'évolution révéla un implacable gâchis. Le chemin reste encore long pour espérer sortir de la mal gouvernance et de la mauvaise gestion.

Pris en tenaille entre l'intégration, attendue comme la seule condition rendant possible l'émergence des économies de la CEMAC, et les contre-performances de la BEAC, incapable de tenir son rôle de locomotive, la foi des populations en l'avenir s'annonce illusoire ; nous la voyons imprévisible et chaotique. Pour inverser cette vision pessimiste, le sursaut salvateur est attendu de hauts décisionnaires. Les chefs d'Etat et les ministres doivent se résoudre à sortir de l'attentisme. Est-ce si compliqué de désigner des hommes et des femmes de bonne moralité, experts dans leurs métiers, à la direction des institutions sous-régionales ? La question reste posée. La réponse est : laisser les cabinets spécialisés procéder aux recrutements des dirigeants et cadres de la banque centrale. Ce n'est certes pas une solution définitive mais c'est déjà un début de réponse à la question.

## 5. La vérité est toujours bonne à dire

Pour écrire cette lettre ouverte, en dépit de notre engagement à n'évoquer que les faits les plus saillants, le rappel de certains événements nous parait utile voire incontournable. Pour l'intérêt de la banque centrale et de l'intégration de la CEMAC, nous avons souhaité mettre chaque acteur face à ses responsabilités. Il importe donc de rappeler que les dirigeants de la BEAC ont manipulé leurs mandants, ministres et chefs d'Etat. Ils leur ont fait adopter des statuts extrêmement protecteurs pour la banque centrale. En réalité, ils ont voulu se mettre à l'abri des sanctions (cf. article 6 des statuts de la BEAC). Leur révocation entraîne le versement d'indemnités égales aux rémunérations qu'ils auraient perçues jusqu'à la fin de leurs mandats. Celui-ci est de six ans pour le gouverneur et de cinq ans pour les autres membres du gouvernement de la banque centrale. Ce simple rappel suffit à indiquer que l'article 6 a pour principal objectif de surprotéger des dirigeants se sachant fautifs. A l'abri d'une totale protection, ils peuvent s'adonner sans retenue à toutes les malversations. Ils ne s'en sont pas privés !

Au lecteur perplexe, nous conseillons de jeter un œil sur l'article 6. Dans notre critique de la gouvernance de la BEAC, nous n'avons ni supposé ni insinué. Nous avons rapporté ou transcrit des faits avérés, vérifiables, reconnus et sanctionnés comme tels. Les aspects les plus frappants ont été repris dans les documents et les annexes. Dans notre quête de l'éthique, nous avons tenté d'être à la hauteur de nos prétentions. Même en tant que partie prenante, nous nous sommes tenus à ne pas transiger avec l'objectivité.

Lorsque l'éthique est négligée ou tenue pour négligeable, le pire devient plus que probable. Dans le cas de la BEAC, quelques hommes hardis se sont laissés aller à user du faux, à mentir, à voler et à duper leurs mandants.

Si la perfection n'est que rarement la première des vertus de l'homme, nous ne restons pas moins rousseauistes dans notre perception de son aptitude à faire le bien. Nous croyons que l'homme doit tout faire pour tendre vers le bien donc vers la perfection. Pour le jeune enfant qui fait son apprentissage de la société, l'enseignement vient d'abord de ses proches puis de l'école. Dans le cas de la BEAC, les règles de procédure ou de déontologie tiennent lieu de cadre tandis que la qualité des recrutements occupe un rôle semblable à celui joué par les parents pour l'enfant. Si depuis 1998, de dérive en dérive la BEAC a glissé vers l'irréparable, la responsabilité première en incombe à la responsabilité des dirigeants. Ils en sont dispensés. Lorsque des recrutements sont faits sans référence aux exigences relatives aux profils et sans s'assurer de la mise en application des règles, les risques de dérive sont démultipliés. Nous retenons de ce constat une constance : le cadre d'activité de la BEAC, plus encore le comportement de ceux qui la dirigent, doit être précisé, encadré et constamment mis sous surveillance.

Les comptables ont pris pour habitude de dire : *la confiance n'exclut pas le contrôle.* Cette règle de bon sens, qui est une prudence, doit être appliquée à la banque centrale. En effet, certains individus peuvent passer à travers les mailles de la sélection. Il faut donc anticiper ce risque en ne négligeant aucune précaution.

La vie de tout humain est traversée de moments inégaux ; seuls quelques-uns sont décisifs. Tout le problème est de savoir faire le tri et opter pour le bon choix. Quel est le choix le plus pertinent ? Est-ce la satisfaction personnelle qui passe par une carrière réussie et une vie aisée ? Est-ce l'intérêt général qui impose de faire violence à son ego pour viser les bienfaits pour la communauté ? De notre point de vue, la liberté, le bonheur et la grandeur individuels n'auront de réel sens que s'ils confortent la perception qu'en ont les proches, les voisins, les amis, les collaborateurs ou les dirigeants. Bref, quel sens donner à la liberté, au bonheur et à la grandeur de l'individu si une majorité des membres de la communauté en a une perception contraire ?

Nous avons passé l'essentiel de notre vie professionnelle à la Banque des Etats de l'Afrique Centrale, jamais, le confort de l'hésitation n'a durablement encombré notre esprit. Depuis notre départ de la banque centrale, en juin 2010, nous avons continué de témoigner. Nous nous sommes fixé pour objectif d'éclairer l'observateur sur les causes de la dérive malfaisante à la BEAC. Nous avons expliqué ce qui reste à faire pour sortir du marasme. Nous avons souhaité informer ceux qui ne savent pas. Nous avons voulu encourager les hésitants à s'engager pour la bonne gouvernance. Nous avons voulu rappeler aux malveillants que rien n'est définitivement coulé dans le béton. Parce que nous n'avons pas choisi le chemin de la facilité, nous nous sommes tenus à l'essentiel, c'est à dire :

- croire en la vertu de l'éthique ;
- faire de l'éthique la base de la bonne gouvernance ;
- convaincre que tout reste possible ;
- démontrer que nul ne doit définitivement perdre espoir ;
- considérer que demain sera forcément meilleur.

Les timorés et plus encore ceux pour qui rien ne doit changer déformeront cet engagement. Ils y voient soit un signe de naïveté. Ils diront : *le rêve se fracassera indubitablement contre le mur de la raison du plus fort.* La vie nous abreuve d'exemples où le pot de terre s'est souvent fracassé contre la brutalité conférée par la puissance. Les exemples sont légion mais nous avons des prédécesseurs. Un exemple, nous retenons le cas Yann Piat[20]. Enfin, n'y aurait-il que nous pour croire dans les vertus des fables de Jean de Lafontaine ? Combien de situations comparables aux postures respectives *du chêne et du roseau* ? La vie est traversée d'expériences. Quelles que douloureuses furent-elles, elles sont jalonnées d'exceptions. Partout où une collusion des pouvoirs politique et de l'argent s'est dressée contre l'éthique, il s'est toujours trouvé des femmes et des hommes qui se sont levés pour s'opposer. Ils ont bravé la puissance. Ils en ont payé le prix. Parfois, ils sont arrivés à

[20] Députée française assassinée dans des conditions non élucidées.

changer le cours de l'histoire. Cela suffit à nourrir nos réflexions afin de les transmettre à ceux qui souhaitent reprendre le flambeau.

Dans le cas de la BEAC, à la collusion d'intérêts s'est ajoutée la détermination des dirigeants qui ont cru prendre une revanche sur l'histoire. Dans ce face à face, bien qu'anecdotique, il n'est pas inutile de tracer quelques repères de notre parcours pour éclairer le lecteur.

Après la publication de notre ouvrage *La Banque des Etats de l'Afrique Centrale, une dérive prévisible,* en avril 2010, une éminente personnalité de nos amis, surprise par la teneur du livre, nous fit une confidence. Quelque peu désappointée, elle nous dévoila sa pensée qui tient en deux phrases : *mesurez-vous à quel danger vous vous exposez ? Tout de même, si vous constatez la moindre menace, faites-le savoir ; nous prendrons des mesures pour vous protéger.* Jusqu'à la formulation de cette remarque amicale, nous n'avions saisi l'exacte portée du combat que nous menions. La mise en garde nous a éclairés mais comment renoncer ? Jamais pareille idée ne traversa notre esprit.

Notre interlocuteur et ami vit dans notre engagement forcené une imprudence. Dans un contexte où les puissants peuvent user d'extrêmes rétorsions afin de réduire leurs contradicteurs au silence, son irritation était justifiée. Avant d'agir, nous n'avons pas manqué de nous poser une question : la peur des représailles devrait-elle nous empêcher de vivre, de réfléchir et de donner notre opinion ? La crainte de laisser sa peau pouvait être une réelle menace mais elle nous sembla moins insupportable que la résignation. Dans ce qui semblait une galère, le mutisme de la justice et l'indifférence des politiques nous ont paru surprenants et insupportables. Certains nous reprochèrent d'avoir agi avec précipitation. D'autres nous assimilèrent aux kamikazes. Aux premiers, nous avons répondu que nous avions engagé le combat pour la bonne gouvernance depuis 1994. Aux seconds, nous avons rappelé que ce serait nous faire trop d'honneur de nous comparer à ceux qui, par tradition, se destinaient à la mort par idéal chevaleresque. L'arrogance et l'impunité triomphante des malfaisants nous étaient insupportables. Nous avons souvent utilisé une boutade pour mettre un terme à un débat sans fin. Nous stoppions les discussions en disant : *nous préférons mourir de faim que de crise cardiaque.* Autrement dit, entre la servilité bien rémunérée que nous proposaient les dirigeants de la BEAC et la fidélité à nos idées, nous ne pouvions hésiter. En effet, lorsque le dilemme se dénoue par le choix de la manière de mourir, contrairement au suicidaire, le sage conseille d'opter pour la manière lente. Un secours reste du domaine du possible. N'est-ce pas à la fois une question de foi et d'espérance ?

Témoigner c'est refuser de baisser les bras. C'est refuser de se soumettre à la force brute. C'est résister à la paralysie de la peur. La démonstration de force, l'intimidation et la répression ont été les outils ordinaires des dirigeants de la BEAC. Ils s'arc-boutaient, prêts à défendre bec et ongles leurs pouvoirs. Pour rien au monde, ils ne se seraient laissés dessaisir des résultats de leurs prédations. Ils refusaient toute contradiction. Dispensés de toute contrainte réglementaire, sur leur piédestal, ils ne toléraient aucune pensée autre que la leur. Ces dirigeants d'un type particulier se comportaient en géants et certaines personnes acceptaient de s'abaisser et de s'agenouiller. Les récalcitrants étaient sommés de se taire sinon étaient réduits au silence. Pour dominer et soumettre, ils recouraient à toutes sortes de procédés : dissuasion, harcèlement, humiliation, élimination. Ils utilisaient ces subterfuges et les adaptaient à la capacité de résistance et à la personnalité du récalcitrant. Habitués à user d'une dialectique rudimentaire, recourir aux extrêmes rétorsions ne leur posait visiblement pas de problème de conscience. Leur capacité dissuasive consistait à prouver, à celui qui refusait de s'exécuter, leur vérité qui tenait lieu d'axiome comportemental : *la BEAC est un moule dont il faut savoir épouser les formes et l'esprit.* L'allusion paraissait si directe que toute démonstration devenait superfétatoire. Elle résumait, à elle seule, la posture de ceux qui se dispensaient de toute contrainte autre que celle qu'ils s'étaient complaisamment choisie. Autant dire aucune !

Dans la pratique managériale de la BEAC, la déférence et la soumission s'imposaient comme des principes irréfragables à tout collaborateur. Les individualités disparaissaient. *Il faut faire corps avec le chef*, disait-on ! Pour les dirigeants, le harcèlement était l'arme favorite. Pour nuire, ils n'exposaient jamais leurs ressentis ou leurs humeurs. Ils piégeaient. Ils rechignaient. Ils se montraient pointilleux. Ils simulaient l'indifférence. Ils laissaient deviner ce qu'ils attendaient de leur vis-à-vis. Sous des airs affables, ils insinuaient l'inaptitude du collaborateur dans le collimateur. Ils évoquaient son indifférence ou sa tiédeur au travail. Ils poussaient ses collègues à le mettre à l'index. Le harcèlement pouvait être de nature affective. Le harceleur en attendait une soumission à sa personne plutôt qu'une obéissance à ses ordres. Peu sûr, il voulait se voir reconnaître des qualités auxquelles il aspirait sans en accepter les contraintes. L'humiliation était un échelon au-deçà de la dissuasion et du harcèlement. Le chef qui en usait ne cherchait pas ou plus une conciliation. Estimant que le combat était perdu, il en faisait payer le prix au contrevenant. Il avait recours à toutes sortes de vexations : cynisme, violence verbale, mépris, pressions, refus de communication, chantage, mutation, licenciement. Il n'éprouvait de la satisfaction qu'une fois l'adversaire terrassé. Il lui imposait sa vision et le contraignait à s'incliner. Dans le recours à l'humiliation comme dans le harcèlement, l'opposition mettait face à face des protagonistes qui ne disposaient ni des mêmes moyens ni de la même possibilité pour faire valoir leurs points de vue ou arguments. Dans tous les cas de figure, le chef imposait ses choix et ses vues. Il le faisait d'autant plus férocement que ses choix ou points de vue dérogeaient à l'intérêt général. Incapables d'utiliser la dialectique ou la conviction, pour rallier les opposants, ils recouraient aux menaces, aux intimidations et aux brimades.

A la BEAC, entre 1984 et 2010, nous avons vu des carrières brisées, des pères de famille humiliés et des couples se déchirer. Certaines personnes refusaient de se soumettre aux desiderata de la hiérarchie. Des cadres à l'expertise incontestée furent relégués dans des centres d'activité où leurs talents étaient peu ou pas du tout exploités. Nombre parmi eux se retranchèrent dans une voie de garage puis dans la démotivation. Quelques rares s'étaient enfermés dans une opposition frontale, sans issue parce que des dirigeants inamovibles régnaient en maîtres absolus. Les frileux, baissèrent pavillon et trouvèrent dans des passe-temps ou des occupations alternatives un moyen de se rendre utiles. Toutes ces postures ont porté préjudice aux performances de l'institution. En écartant ou en marginalisant des cadres compétents et novateurs, on annihilait des velléités réformatrices. Le plus grave était que ces attitudes confortaient l'immobilisme, l'autosatisfaction et l'indécision.

La publication de *La Banque des Etats de l'Afrique centrale, une dérive prévisible* suscita une indescriptible inquiétude des dirigeants de la banque centrale. En particulier, le gouverneur fit preuve de maladresse, de précipitation et de démesure. Leur manière d'agir ne pouvait se concevoir qu'en considération de l'impunité dont ils se savaient bénéficiaires. Le fameux article 6 leur assurait une amnistie quasi-totale.

Une telle dispense au bénéfice d'individus peu scrupuleux se révéla désastreuse. Sans conteste, au regard du respect du droit du travail et de l'éthique professionnelle, ce fut une catastrophe. Aussi, face à ce qui leur sembla *un pavé dans la marre*, leur réponse s'était résumée en une injonction : *faites taire cet importun !* On inventa, illico presto, des motifs pour réduire au silence, pour muter ou pour licencier. A défaut de nous pendre ou de nous dicter une ligne de conduite, on se résolut à se séparer de nous.

## 6. Le décor de la scène

En avril 2010, pour donner corps à leur entreprise et à leur imagination débordante, le gouverneur et ses sbires ne trouvèrent rien mieux qu'un contrôle réalisé entre avril et juin 2009. Or, pour les évaluations de l'année 2009, notre contribution fut jugée excellente, assortie d'une note de 19,5/20 et d'un avancement professionnel au grade de fondé de *pouvoir principal*[21]. Ainsi, ils se saisirent d'un contrôle qui eut lieu un an plus tôt pour en faire le suppôt de leur revanche. De leur point de vue, celui qui a craché dans la soupe doit en payer le prix ! *L'effronterie* d'avoir publié un livre critique fut jugée passible d'un conseil de discipline. La sentence était prévisible. On tenait à se débarrasser du malotru. Peu importaient les implications juridiques, *l'effronté* devait ressentir les conséquences de son acte dans sa chair. Quelques esprits crédules nous suggérèrent de faire amende honorable. C'était méconnaître la prévisibilité de la bêtise humaine dans ses réactions les plus viles.

Les psychologues devraient se pencher sur le comportement singulier des dirigeants de la BEAC. Leur science pourrait aider à déceler ce qui pousse de tels hommes à l'inhumanité. Comment expliquer la concentration, en certains individus d'autant de cupidité, de bêtise, de méchanceté, de mensonge, d'effronterie et d'insensibilité ? Comment expliquer qu'un livre qui rappelle les principes de vie en communauté et de gestion en bon père de famille s'est vu accoler l'épithète de brûlot ? La réponse est sans doute dans le comportement outrancier de ceux qui s'estimaient dispensés de rendre compte de leurs actes. Pour ces énergumènes, la bonne gestion était présumée. Elle n'avait pas à être prouvée. Ce fut toute la différence entre notre démarche d'explications et leur quête de satisfaction matérielle.

---

[21] Voir annexe 3, pages 232 à 241.

La véhémence de nos contradicteurs n'eut d'égale que leur hargne à nous voir anéantis. Plus que tout, ils souhaitaient nous réduire au silence, le genou à terre. Si nous avions souscrit à leurs conditions, nous aurions baissé les bras et perdu le sens même du combat mené. Si nous nous étions soumis à leurs oukases, nous aurions troqué la liberté contre un silence complice, autant dire contre un linceul. Notre mérite fut de garder la tête froide dans la bourrasque, en dépit de notre aspiration à l'apaisement. Sans prétendre à la pureté, nous étions persuadés que la rigueur était préférable au laxisme.

L'aptitude à conserver le rêve de pureté différencie ceux qui s'engagent des sceptiques qui attendent de voir. L'aspiration à la pureté est dans la nature de l'homme. Quelques individus y aspirent fortement tandis que la plupart y renoncent d'avance.

Par un réflexe d'autodéfense surdéterminé, les dirigeants de la BEAC virent une opposition frontale dans notre démarche à visée explicative et de communion. Le dévoilement de leur *garde-manger* nous valut une mise au pilori. Ils nous firent beaucoup trop d'honneur ! Nous ne nous croyions pas capables de transformer quelques effets démonstratifs en épouvantail pour institution aussi puissante que la BEAC. Nous avons exprimé ce que nous croyions juste. Le réflexe défensif des dirigeants de la banque centrale prouva que le climat général était craintif. Ils se sentaient suspectés et contestés. Ils s'agrippèrent à leur *habitus.* Ils avaient foi dans l'impunité, procurée et perpétuée par des liens multiformes de dépendance et d'inféodation. Ils officialisaient la concussion et le favoritisme, transformés en critères de sélection et de promotion.

Si nos appels répétés étaient restés infructueux, les chefs d'Etat ne pouvaient restés sans réaction. Pour mettre un terme au désordre et pour répondre aux injonctions du FMI, ils utilisèrent un ton direct. Ils prirent trois décisions :

- *l'acte 03/CEMAC/CCE/10 relatif aux investigations additionnelles sur le Bureau Extérieur de Paris de la BEAC ;*
- *l'acte O7/CEMAC/CCE/10 relatif à la modification des statuts de la BEAC ;*

- *l'acte 08/CEMAC/CCE/10 relatif aux poursuites judiciaires des personnes impliquées dans les malversations et autres détournements au niveau du Bureau Extérieur de Paris et des placements DATI.*

Voyant la BEAC vilipendée et mise au banc des banques centrales, ils ne se hasardèrent pas à laisser faire leurs ministres. Mieux, en adoptant ces actes, ils transformèrent ce qui était une présomption de mauvaise gestion en un déni de mal gouvernance. Par ces actes, ils pensaient impulser un meilleur management des institutions sous-régionales dont la banque centrale qui devint la risée de la communauté financière internationale. Il n'y avait d'autres options que d'y mettre un terme.

Prenant le relais de ces décisions, nous avons explicité les recommandations des décisionnaires à travers un livre. Nous avons cru utile de mettre à nu l'ensemble du mécanisme à la base des déconvenues. Notre objectif était aussi de cibler des solutions pour écarter ou minimiser les risques de récidive. Contre toute évidence, les dirigeants de la BEAC fermèrent les yeux sur la réalité objective. Ils nièrent la validité de notre démarche. Ils firent une lecture catastrophiste et contre-productive du livre. Dans leur perception, critiquer le fonctionnement de la banque centrale et dénoncer des pratiques peu dignes constituaient des fâcheux précédents. Face à notre refus d'obtempérer, ils décidèrent d'étouffer toute velléité critique. Ils frappèrent avec la hargne des impudiques, pour faire la démonstration de leurs forces. Peu leur importèrent les normes professionnelles et les lois protégeant la liberté d'opinion ou régissant le contrat de travail. Leurs impératifs se résumaient à une faconde implacable : *faire comprendre à ceux qui se laisseront tenter par l'aventure que le prix à payer sera lourd.* Le licenciement[22], sur la base de fallacieux prétextes, d'un cadre qui avait près de vingt-six années de service à son actif devait apparaître aux yeux de tous comme un avertissement. *Voilà ce qui arrive à ceux qui se dispensent de l'obligation de se soumettre ou de se taire*, laissèrent entendre des dirigeants courroucés et incapables de s'amender. La menace et le message mensonger s'avérèrent d'une efficacité redoutable.

Nul n'eut le courage de suggérer que l'on tînt compte aussi des circonstances atténuantes. Tous comprirent que la ligne à ne pas franchir

---

[22] Voir annexe 9, pages 276 à 277.

n'était pas négociable. La lecture que les uns et les autres firent de ces injonctions anesthésia les velléités. La démonstration fut faite que la qualité professionnelle et l'éthique ne pouvaient servir de garde-fou. Les timorés se résignèrent. Toute confrontation étant apparue improductive, ils refusèrent d'envisager la moindre solution, la plus infime résistance.

Pour nous, le plus surprenant fut le silence des autorités de tutelle. Ne sont-elles pas censées veiller au respect de la loi ? Elles adoptèrent les postures du sourd, du muet et de l'aveugle. Par leur mutisme, elles signifièrent qu'il n'y avait guère de recours possible. Même l'usage de subterfuges n'émut ni les ministres ni les plénipotentiaires. Pourtant, nous leur avons présenté la lettre du directeur des ressources humaines du 16 avril 2010 et notre réponse démontant les arguments utilisés (document 13). Le gouverneur et le directeur des ressources humaines maquillèrent les faits. Ils inventaient des motifs et les abandonnaient aussitôt qu'ils s'avéraient indéfendables pour s'agripper à d'autres tout aussi fallacieux. *Arrangez le licenciement et nous aviserons pour le reste*, concluaient-ils ! Tout l'enjeu était réduit à une sombre vengeance. L'article 6 des statuts de la BEAC servant de parade contre toute poursuite judiciaire, pourquoi se seraient-ils sentis embarrassés ? Pourquoi auraient-ils pris de précautions à leurs yeux inutiles ? La justice pourrait condamner, les lois sociales pourraient dicter une conciliation et de bonnes âmes pourraient s'émouvoir, adeptes de mal-gouvernance, ils avançaient sans se soucier des conséquences. A la manière d'un buffle furieux, ils renversaient tout ce qui se dressait devant eux. Ils croyaient dans la vertu des forces qui les maintinrent si longtemps dans leurs fonctions. La terre continuera de tourner ! Le monde appartiendra encore aux *dominants !* Peut-être, mais pour combien de temps ?

Les circonstances de notre licenciement donnent la mesure de la puissance conférée par l'impunité. La dispense des règles vise à contraindre à la soumission ceux qui pourraient refuser d'obtempérer. La dispense des règles donne une fausse idée de la puissance. Elle a conduit la BEAC et ses dirigeants à faire fi de la courtoisie et des règles les plus élémentaires de bienséance.

Le bon aboutissement des recommandations des chefs d'Etat que nous avons relayées à travers notre livre aurait dû signifier aux dirigeants de la banque centrale de revenir à davantage de responsabilités.

L'impasse de ce beau monde ne nous empêcha pas de rester des propagateurs de la bonne gouvernance. Dans notre rôle de relai des actes dictés par les hautes autorités de la CEMAC, nous persistons à appeler au respect du citoyen. C'est un devoir et un honneur !

Sans prétendre à l'équidistance du *sage*, à l'ascétisme du *pur* ou à l'esprit de sacrifice du *martyr*, nous avons fait ce qui nous a paru juste. Nous croyons qu'établir une différence entre la vertu et la déviation est un devoir. Peu importent les critiques et les avis de ceux qui sont persuadés que nos efforts sont vains. Notre lettre ouverte au gouverneur de la BEAC suffit. Nous lui avons rappelé que la quête d'avantages ne doit aucunement dispenser du respect des lois et de l'éthique. Nous avons surtout voulu indiquer que, dans le cas de la BEAC, des dirigeants mal intentionnés se sont servis de leurs fonctions pour contourner la loi. Pour cette catégorie d'hommes, la morale importe peu. Seule compte l'atteinte des intérêts personnels. La cupidité est élevée au rang de vertu. Nous avons tenté de moraliser un milieu persuadé de son impunité. Nous avons échoué.

Ecrire pour s'exprimer n'est pas qu'un exutoire. C'est aussi une contribution pour contester l'idée généralement acceptée que la BEAC est la loi. Non, elle ne peut être au-dessus des lois. Elle et ses dirigeants sont détenteurs de pouvoirs concédés par les autorités politiques. C'est possible de leur faire entendre raison. Dans un monde où le bon sens aurait quelque chance de prospérer, à défaut de moraliser les dirigeants de la BEAC, on aurait limité la durée et le nombre de leurs mandats. Or, cette limitation n'est arrivée qu'en 2010 alors qu'elle aurait dû être prise dès 1993, au moment de passer de l'UDEAC à la CEMAC. Mais, mieux vaut tard que jamais !

# *Chapitre II*
# *C'était mieux avant*

Nous aurions souhaité que la maîtrise de la fonction banque centrale fût du niveau des dorures et des apparats profitant aux dirigeants de la BEAC. En effet, le prestige n'a pas toujours été accompagné de maîtrise technique et d'éthique professionnelle. Ce fut fort justement que nous nous sommes demandé si la banque centrale ne se portait pas mieux avant l'africanisation de sa direction générale en 1978 ? N'était-ce pas mieux avant la nomination d'Oyé Mba aux fonctions de premier ministre du Gabon en 1990 ? La BEAC n'allait-elle pas mieux avant le renvoi sans de Mamalépot en 2007 ? Ces questions et d'autres encore méritent des réponses. Nous y avons répondu en analysant l'héritage pris en charge à partir de 1978. Nous avons tenté d'éclairer le lecteur sur la gestion de la banque centrale de la CEMAC.

Depuis le départ du directeur général Joudiou qui fit valoir ses droits à la retraite en 1978, trois Gabonais et un Equato-guinéen se sont succédé dans les fonctions de gouverneur de la BEAC. De notre expérience de près de vingt-six années, nous tirons une impression globale d'une dégradation de la qualité de la direction générale de la BEAC. Pour en faire la démonstration, nous nous sommes appuyés sur des éléments factuels, révélateurs de la gouvernance. Bien qu'anecdotique au vu du rôle d'une banque centrale, notre départ de la BEAC peut être perçu comme la preuve d'un management qui a failli. La publication d'un livre a servi de prétexte à notre licenciement ! Pourtant, bien avant la publication, nous avions tenu le gouverneur Abaga Nchama informé. Nous en présentons les preuves à travers les documents 8, 9 et 10. Nous avions sollicité une réaction, conscients de la portée des informations que nous publiions. Le gouverneur ne réagit pas. Il ne répondit même pas à nos trois sollicitations. Dans les mêmes circonstances, Mamalépot aurait promptement réagi. Il se serait arrangé pour prendre le contrôle de la situation. Sans faux-fuyant, il aurait tenté d'éviter la publication du livre en promettant des mesures correctives. Il se serait engagé à remédier au laisser-aller dénoncé. Face à une persistance ou une résistance, il aurait utilisé toutes les relations de proximité. Il aurait mis en exergue l'image de la banque centrale. Il aurait juré sur tous les dieux que, nous et lui, défendions l'intérêt supérieur de la banque centrale donc de la CEMAC. En cas de refus, il aurait tenté de négocier pour acheter notre silence. Enfin, il aurait recouru à la menace si nos positions respectives se révélaient définitivement inconciliables.

Il a manqué, à Abaga Nchama, le savoir-faire en gestion des relations humaines. C'est en considération de nos trois notes, dont l'objet était clairement indiqué, qu'il nous a semblé de bon sens de considérer son silence comme un consentement. Plus tard, lorsqu'il évoqua une improbable *obligation de réserve* pour motiver notre licenciement, ce ne fut qu'une pure machination, un prétexte et une duperie.

Il importe de préciser qu'en dépit de la duperie et du manque de coopération des autorités de la banque centrale, nous aurions consenti à surseoir à la publication du livre. Il aurait suffi d'un début d'engagement dans le sens de la bonne gouvernance. Nous aurions alors consacré nos efforts à d'autres fins. Nous aurions tout misé sur cette ouverture afin de lui donner une forme. Il n'en fut rien. Les dirigeants de la banque centrale refusèrent jusqu'à la simple possibilité d'échanger des points de vue. Ils adoptèrent une posture de fermeture. En s'adressant à nous, leur réponse fut une injonction : *faites ce que vous voulez mais vous en paierez le prix fort.* Nous avons continué notre entreprise. Le livre parut en avril 2010. Ils mirent en application leur menace qui prit la forme d'un licenciement.

Trois mois avant ce licenciement, nous sommes revenus à Yaoundé, après un séjour de quatre mois à Paris. Nous avons repris le travail le 23 février 2010. Ce même jour, nous avons sollicité une entrevue avec le gouverneur dont le principe a été accepté[23]. Mieux, lors d'une réunion de travail, le gouverneur prononça quelques phrases prometteuses. Le directeur de cabinet fut chargé de convenir, avec nous, du jour et de l'heure. Mais, le rendez-vous tarda à venir. Nos relances n'eurent pas plus d'effet. Rien ne justifiait le changement d'attitude du gouverneur. Nous ne nous sommes pas arrêtés à ce constat. Nous avons renouvelé

---

[23] Voir la note au gouverneur du 16 mars 2010, document 11, pages 151 à 157.

notre sollicitation. Aussi, un mois plus tard, lorsque le directeur des ressources humaines, dans la première de ses trois demandes d'explications évoqua *l'obligation de réserve*, le prétexte ne parut que plus évident. Une critique de la gouvernance de la BEAC, dans le journal *Le Monde* du 8 avril 2010, fut considérée comme un casus belli. Pour le gouverneur, le licenciement parut la seule sanction en mesure de calmer son courroux.

Nous aurions admis que le dévoilement d'informations sur des pratiques incompatibles avec le métier et les fonctions de banquier central déplût. En revanche, nous n'avons pas compris pourquoi les dirigeants de la BEAC ne saisirent pas l'occasion de la rencontre que nous avions sollicitée pour désamorcer le brûlot. L'indécision et la fuite des responsabilités firent de notre cri du cœur et de notre appel d'air frais une provocation sinon une dénonciation.

De notre point de vue, *l'obligation de réserve* devient une obligation louable et opposable si elle vise à prévenir un tort imminent. Or, dans notre analyse, relayant les décisions des chefs d'Etat de la CEMAC, nous recommandions vertu, éthique, efficacité et transparence. Les dirigeants de la BEAC voulurent nous imposer cette obligation dissimulant leurs manquements. Ils ne supportèrent pas la divulgation des pratiques inavouables mais ils ne firent rien pour amorcer un changement de comportement.

A la BEAC, où l'opacité et l'omerta étaient élevées au rang de règles de vie, toute transgression appelait une vengeance. Le procédé utilisé pour donner forme à la punition dépendait de la personnalité de celui qui aspirait à la vengeance. Les plus déterminés n'hésitaient pas à frapper *en dessous de la ceinture*. Mais, en général, la plupart prenaient des précautions avant de sévir. Ils offraient à leurs contradicteurs la possibilité de s'amender ou de reculer. Du point de vue de ces derniers, la sanction ne devenait inévitable que lorsqu'un modus vivendi s'avérait impossible. Le gouverneur Lucas Abaga Nchama se situa parmi ces jusqu'au-boutistes. Pour masquer son aspiration à la vengeance, il recourut à l'amalgame et à la diffamation pour tenter de justifier notre licenciement. Installé dans les bureaux du gouverneur de la BEAC depuis février 2010, il tenait à se faire respecter. Il s'y prit de la pire des manières en refusant la rencontre que nous lui avions proposée. Mieux, nous étions prêts à accepter une séparation amiable. La rancœur l'aveugla et l'enferma dans une quête éperdue de règlements de comptes.

Puisqu'à quelque chose malheur est bon et que les dirigeants de la BEAC nous en ont offert l'opportunité, nous avons décidé de faire œuvre utile. La trame de leur machination mérite un descriptif précis afin d'en démonter l'habillage.

Contrairement au lecteur ou à l'observateur extérieur, nous avons l'avantage de connaître le contexte. Nous l'avons côtoyé pendant près de vingt-six années. Dans la narration des faits, nous avons davantage procédé par euphémisme plutôt que par exagération. En effet, nous avons tu certains aspects. Vue de l'intérieur, la réalité de la BEAC est pire que l'image en transparait depuis la divulgation des malversations impliquant de hauts dirigeants. Par pudeur, nous avons circonscrit la démonstration aux aspects les plus impersonnels et les moins équivoques. Nous avons juste levé un coin du voile pour démasquer le mensonge, la corruption, la concussion et la gabegie devenus des *habitus*. Un peu de lumière sur le versant sectaire d'une institution qui a érigé l'opacité en bouclier protecteur peut faire du bien !

L'obligation de réserve peut être un gage de solidarité dans un monde où les règles sont respectées. Elle devient un leurre dès lors que la déontologie se trouve volontairement et régulièrement transgressée. Nous avons rejeté une omerta qui voulait nous contraindre à un silence complice. Dans ces circonstances, la morale n'enseigne-t-elle pas de passer outre cette précaution érigée en peur. Ceux qui nous ont combattus voulaient nous réduire au silence. Ne pas voir divulguer leurs turpitudes, telle était leur seul objectif. Autrement, ils n'auraient pas participé, sans délicatesse, à gruger la banque centrale donc la CEMAC. La restitution de nos observations et *La lettre ouverte au gouverneur* viennent rappeler à point nommé qu'eux et nous ne voyons pas les choses sous le même angle. En effet, l'obligation de réserve exprime la solidarité qui implique un partage et une réciprocité dans l'entraide ou la protection. Elle impose, à tous, l'observance des règles. Manifestement, pour les dirigeants de la BEAC, il n'était question ni de solidarité ni de réciprocité. Le rappel du contexte dans lequel s'était jouée cette tragédie permet de comprendre pourquoi la posture des dirigeants de la BEAC devint inconciliable avec notre démarche. Nous en donnons les principaux repères.

La procédure échafaudée pour abriter l'acte de la direction de la BEAC derrière un semblant de légalité, pour masquer un licenciement sans cause, donne une idée du niveau de délitement moral à la BEAC. Ici, plus que dans d'autres organisations à direction centralisée, le mode d'action s'inspire des pratiques autoritaires. La manipulation, le faux et les procédés fallacieux s'y sont imposés en normes. On ne cherche pas à convaincre un opposant ou un contradicteur. On cherche à le clouer au pilori. On n'admet pas que certains se distinguent par leur originalité ou leur rectitude. Ceux qui sortent du moule commun sont perçus comme des ennemis intérieurs. La confrontation est brutale ; elle est à la mesure de la persistance à refuser le conformisme.

Si le gouverneur avait accepté la rencontre que nous avions suggérée, une ouverture impliquant une solution acceptable eut été possible. Nous étions d'abord soucieux de préserver l'image de la banque centrale. Il aurait suffi qu'on promît de remédier aux dysfonctionnements pour que nous différions la publication de l'ouvrage. Convaincus d'avance que leurs désirs devaient être traduits en injonctions divines, les dirigeants de la BEAC n'acquiescèrent la moindre concession. Leur silence devait être interprété comme : *c'est à prendre ou à laisser !* Le pire fut qu'ils ne surent même pas suggérer ce qui était à prendre ou à laisser. Ils se murèrent dans un auguste silence et laissèrent des seconds couteaux tenter des approches sans consistance ni sens. Une fois convaincus que, dans les conditions d'alors, nous maintenions notre engagement de publier le livre, ils recoururent au réflexe animal le plus ordinaire : agresser sans retenue. Tandis que nous entrevoyions de débattre de la gouvernance de la banque centrale, ils fourbissaient leurs armes pour nous désarçonner. Ils ne trouvèrent rien moins qu'un licenciement expéditif pour mettre un terme à ce qui leur semblait un cul-de-sac.

Parce que les comportements des dirigeants de la BEAC étaient à l'opposé des exigences de la fonction banque centrale, les conséquences en furent catastrophiques : manque d'expertise, désordres moraux et mauvaise gestion. La pratique de la délation y était largement utilisée. Le non-respect des procédures et la transgression systématique des statuts y étaient courants. Le déni du droit s'y était largement propagé. L'impunité conférée par des statuts taillés sur mesure et les penchants délictuels des dirigeants poussaient à une brutalité sans borne. Cet ensemble d'éléments contribua à faire de la BEAC un Etat dans les Etats. Elle refusait d'exécuter les décisions judiciaires, même après tous les recours possibles et imaginables. Habitués à se voir attribuer ce qu'ils sollicitaient, aucune contrariété ne trouvait grâce aux yeux des dirigeants de la banque centrale. En effet, puisque rien ne les contraignait, ils firent de l'impunité un passe-droit sinon une excuse pour justifier toutes sortes de comportements délictuels.

Tel était le contexte de notre licenciement. Les appréciations et les notes flatteuses[24], certaines datant de moins de quatre mois avant la publication du livre, ne pesèrent guère plus que la parole d'un menteur invétéré. Lors du conseil de discipline, elles furent balayées d'un revers de main. *Allons à l'essentiel*, dirent-ils d'un ton péremptoire. Ils ne surent pas peser le sens de vingt-six années de vie professionnelle. Dans leur perception du monde, une affirmation suffisait à transformer en pestiféré un cadre à la rigueur, à la moralité et à la compétence communément saluées. Ils avaient pour objectif de frapper les esprits. Ils tenaient à mettre en garde contre des récidives. Ils voulaient asséner l'inéluctabilité de leur jugement sans appel parce qu'ils étaient dispensés de rendre compte.

Dans la section qui suit, nous avons résumé les circonstances d'une confrontation dont l'épilogue fut notre licenciement annoncé par une lettre du gouverneur en date du 16 juin 2010[25]. Les principales étapes sont illustrées à travers les documents 7 à 16.

## *Section 1*
## *L'itinéraire d'un atypique*

Au moment de la notification de notre licenciement, nous exercions les fonctions de chef de département en charge de la coordination du plan stratégique d'entreprise (PSE). Plus que le choc de cette sanction inique, nous avons été frappés par la brutalité du procédé. Nos effets personnels furent confisqués manu militari. Nous avons pris la juste mesure de l'adversité. Les dirigeants de la BEAC avaient utilisé toutes

[24] Voir annexe 3, pages 232 à 241.
[25] Voir annexe 9, pages 276 à 277.

les armes disponibles pour frapper les esprits. Ils cachaient mal leur colère de voir divulguées des informations susceptibles d'être retenues contre eux. La période était trouble. Ceux qui venaient d'être nommés aux fonctions les plus hautes de la BEAC entendaient asseoir leur pouvoir. Toute contestation et toute critique prenaient, à leurs yeux, la forme d'un casus belli.

En dépit de la sourde colère qui nous assaillit, à la réception de la lettre notifiant notre licenciement, nous avons tenté de dompter la douleur. La plus grande difficulté fut d'envisager une issue sereine et l'avenir avec confiance. Nous avons rassemblé nos forces pour tenter d'y apporter une réponse à la hauteur. Rester sans apporter de réponse à la torsion des faits aurait été inélégant et contraire à notre engagement. Réagir était aussi une manière de ne pas laisser prospérer ceux qui avaient axé leur démarche sur la calomnie, la malhonnêteté, l'usage de faux et le mensonge. Nous avons choisi d'écrire une lettre ouverte au gouverneur de la Banque des Etats de l'Afrique Centrale[26]. Ce fut notre manière d'affirmer que nous ne voyions rien qui put nous déshonorer dans notre parcours à la BEAC. Bien au contraire, nous en tirons une juste fierté. Puisque la lettre est ouverte, nous laissons au lecteur toute latitude d'en faire son propre jugement.

## 1. Le résumé d'un parcours

Nous avons été recrutés en juillet 1984 par le cabinet Bailly. La lettre de confirmation nous parvint fin septembre 1984. Nous sommes entrés au centre de formation de la BEAC au début du mois de novembre 1984. Nous en sommes sortis douze mois plus tard, au même titre que seize autres nouveaux cadres. Nous avons été admis à intégrer les effectifs de la banque centrale. A l'issue de cette année de formation, nous avons rejoint, le 1er novembre 1985, *le service des conseillers* ; il était sous la direction de Raymond Prioux. Celui-ci nous remarqua pendant les cours de balance des paiements et le stage de pré-emploi que nous avons passé dans son service. Après son départ à la retraite, en juin 1994, *le service des conseillers* fut dissout tandis que la balance des paiements était rattachée à la direction des opérations financières extérieures.

---

[26] Voir document 16, pages 179 à 216.

En septembre 1996, à la suite d'une demande que nous lui avions formulée, le gouverneur marqua son accord pour notre détachement auprès de la Commission Bancaire de l'Afrique Centrale (COBAC), alors en restructuration. Le travail d'audit à la COBAC nous mit en contact avec les banques commerciales. Il nous a surtout permis d'approfondir notre connaissance de la comptabilité. Ce fut une expérience d'une grande utilité pour la suite de notre parcours professionnel.

En juillet 1998, nous avons intégré le secrétariat général, qui venait d'être créé, avec le titre de chef de *département du budget et de la gestion.* Deux ans plus tard, aux attributions que nous exercions fut adjoint le contrôle de gestion. Cette évolution était la résultante de nos efforts pour différencier et clarifier des rôles et fonctions dans l'organisation fonctionnelle de la banque centrale. Pour parvenir à adjoindre le contrôle de gestion au budget, le processus fut long et difficile. Convaincre une hiérarchie sûre de son fait et de sa prééminence a été un véritable combat. Enfin, après moult déboires, nous y fûmes parvenus car, dès notre nomination aux fonctions de chef de département du budget, nous fîmes de cette réorganisation une priorité.

Le plus difficile a été de convaincre le secrétaire général dont dépendait le département en charge du budget. Nous avons défendu l'idée que le département en charge de l'élaboration du budget ne devait aucune manière gérer son exécution. Le secrétaire général était d'un avis contraire. Il préféra conserver le statu quo. Lorsqu'il céda à l'évidence de notre raisonnement, la réforme fut vidée de son sens. Il naquit de cette divergence une forte incompréhension qui se transforma en une inimité.

Après moult vicissitudes et jusqu'en septembre 2009, nous avons dirigé le *département de la prévision des moyens budgétaires et du contrôle de gestion (DPMBCG).* Or, ce titre pompeux cachait une réelle perte d'influence du secrétariat général. Entre-temps, Mamalépot fut remercié par les chefs d'Etat. Il quitta la BEAC en avril 2007. Le secrétaire général qui était de facto son bras droit fut mis sur la sellette. On lui reprochait d'exercer une sorte d'hégémonie sur la gestion des ressources de la BEAC. On profita de la création de la *direction générale de l'investissement et de la gestion,* pour réduire la prééminence du secrétaire général. Or, les nouveaux maîtres de la BEAC ne s'étaient pas contentés de contrôler *l'investissement et la gestion.* Ils voulaient aussi avoir sous leur supervision *le contrôle de gestion*. Au total, toute la construction que nous avions difficilement mise en place se trouva sens dessus-dessous. De fait, une collusion d'intérêts profita de l'affaiblissement du secrétaire général pour lui enlever l'essentiel de ce qui en faisait *l'homme fort* de la BEAC. La dénomination *département de la prévision des moyens budgétaires et du contrôle de gestion (DPMBCG)* sanctionnait ainsi la perte d'influence du secrétariat général en même temps que la constitution d'un autre pôle de puissance au sein de la BEAC.

Du 3 septembre 2009 au 16 juin 2010, date de notre départ de la BEAC, nous avons assuré la coordination du plan stratégique d'entreprise (PSE) qui était une cellule de réflexion sur l'avenir à moyen terme de la BEAC. Jusqu'à la création du PSE, la réflexion se faisait de manière opportune, en cas de besoin. Elle n'était ni inscrite dans une suite d'actions cohérentes ni programmée. La BEAC devait la mise en place du PSE, qui fut donc une innovation, au gouverneur Philibert Andzembé.

Il va sans dire que nous étions pris dans les incessantes luttes d'influence. Cependant, nous avions refusé de faire partie d'une chapelle. Nous tenions à nous assurer que les budgets de la banque centrale étaient élaborés dans la clarté. En tout état de cause, il revenait au secrétaire général et au gouverneur de fixer la ligne directrice. Ils devaient arbitrer et trouver un juste milieu entre les demandes souvent exorbitantes des gestionnaires des budgets et la tendance à la restriction du *département de la prévision des moyens budgétaires et du contrôle de gestion*. Nous tentions de colmater les brèches. De temps à autre, nous faisions quelques remontrances qui ne nous firent pas que des amis.

Hormis nos responsabilités qui nous amenaient à prendre la parole voire à trancher lorsque cela était nécessaire, jusqu'en 1998, le déroulement de notre carrière fut des plus satisfaisants. Nous fûmes les premiers, parmi les dix-sept de notre promotion, à occuper les fonctions de chef de département. Nous étions aussi les mieux notés et le mieux rémunérés.

Tant que notre domaine de compétence couvrait l'analyse, les études économiques et la comptabilité bancaire, nos critiques furent tolérées. Nous nous exprimions librement même si nous n'ignorions pas que la direction des ressources humaines tenait des fiches. Jusqu'en 1998, nous étions considérés comme des porteurs ou des relais d'opinions. Cette étiquette avait un double sens : on se servait des porteurs d'opinions pour tester ou faire passer des décisions difficiles ; on les marquait à la culotte pour ne pas les laisser agir trop à leur guise.

A partir de 1998, en tant que chef de département du budget, rattaché au secrétariat général, pour l'essentiel, nos activités concernaient le budget, son utilisation et son contrôle. Nous avions délaissé l'analyse économique et l'inspection bancaire. L'une et l'autre paraissaient sans implication dans la gestion quotidienne de la banque centrale donc peu sensibles à la formulation des critiques. En sautant à pieds joints dans le budget, nous avions changé d'horizon. Chaque geste que nous faisions et chaque parole que nous prononcions étaient susceptibles de conforter ou de déplaire. Nous avions en charge d'élaborer les budgets et d'en contrôler les utilisations par les services, les départements et les directions de la BEAC.

En 1998, au moment de notre prise de fonctions, les budgets de la BEAC, volets fonctionnement et investissement réunis, approchaient 45 milliards de FCFA. Ce montant représentait plus que certains budgets nationaux. Le contrôle ou la gestion d'une telle masse de ressources impliquait des règles. Pour la plupart, elles étaient non écrites. Très rapidement, on nous fit comprendre qu'il ne suffisait pas d'être un cadre rigoureux et efficace. Nous apprîmes à ne pas dépasser les multiples lignes rouges. Nous avons tenté, autant que possible, de ne pas empiéter sur les plates-bandes hors domaine de compétence du département du budget et de la gestion. Tout le problème était de délimiter où devait s'arrêter les domaines de compétence puisque nombre des règles restaient non écrites ? Certains, dans la haute hiérarchie, étaient en situation de tirer profit des ressources budgétaires. Toute remise en cause de leurs avantages devenait une déclaration de guerre. En matière de gestion budgétaire, la règle était de reconduire systématiquement les lignes budgétaires après y avoir appliqué une majoration. La plupart des hiérarques considéraient la procédure budgétaire comme une formalité. Ils tenaient à ce que leurs demandes fussent acceptées sans arbitrage et sans même en vérifier les fondements.

Fort du soutien dont nous supposions disposer auprès du gouverneur, nous avions entrepris de mettre de l'ordre dans cet apparent désordre. Après avoir tâté le terrain et constaté l'immobilisme ambiant, en notre qualité de responsable délégué des budgets, nous proposâmes au secrétaire général des réformes. Elles visaient à remédier à ce qui nous semblait une anomalie. Homme pondéré et prudent, il avait pour habitude d'agir avec doigté. Tôt, il s'était rendu compte que nous ne correspondions pas exactement au profil idéal de principal collaborateur. En matière de gestion des relations humaines, le secrétaire général était un expert. Il savait ménager la chèvre et le chou. Nous lui savons gré d'avoir fait preuve de patience. Le reproche que nous faisions sur son manque d'éthique n'enlevait rien à son expertise en gestion des relations professionnelles.

Dans les circonstances d'alors, toute parole qui se situait en marge du discours dominant donnait lieu à des interprétations. On considérait la moindre remarque comme une prise de position en faveur ou contre la direction générale de la BEAC ou un dirigeant en particulier. Nous avons compris que la règle était de ne fâcher personne. Mais, nous avions aussi pour rôle de contenir l'expansion budgétaire. Cet équilibrisme tint tant que le budget restait circonscrit autour de 45 milliards de FCFA. Or, à partir de 1999, par à-coups, les budgets franchirent cette barre pour atteindre 50 milliards puis plus de 70 milliards de FCFA à partir de l'exercice 2006.

Par ailleurs, la professionnalisation des métiers de la banque centrale et l'arrivée aux commandes des postes décisionnels d'individus à l'esprit trop entreprenant rendit les arbitrages et le suivi budgétaires plus complexes ou plus difficiles. Il aurait fallu un secrétaire général capable d'imposer une vision vertueuse de la gestion. Il n'en fut rien. Ce laxisme fut la première explication de la dérive budgétivore. Plus grave, le désordre sous-jacent atteint son point culminant au moment des révélations sur la mauvaise gestion et sur des malversations portant sur plusieurs milliards de FCFA, respectivement en 2008 et 2009.

Entre 1999 et 2009 s'étaient écoulées dix années pendant lesquelles la gabegie allait de mal en pis. Nos tentatives de recentrer les forces centrifuges pour assurer un meilleur contrôle de la gestion budgétaire se heurtaient sans cesse au laisser-faire du secrétaire général. Ce fut la première cause de nos désaccords. Jusque-là nous sûmes, l'un et l'autre, restés courtois. Depuis lors, nos désaccords devinrent publics. Un proverbe africain dit : *la bouche qui mange ne parle pas.* Dans le cas de la BEAC, nombreux étaient ceux qui mangeaient avec une longue cuillère du diable. Ils fuyaient la lueur et craignaient les dénonciations.

Quelques directeurs centraux ou nationaux avaient réclamé et obtenu une dispense de tout contrôle sur l'utilisation de leurs crédits budgétaires. Ils avaient prétexté l'absence d'orthodoxie dans la gestion du secrétaire général pour s'en dispenser à leur tour. Ce denier n'était, en effet, pas un exemple en la matière. Dès lors, notre approche basée sur l'efficacité plus tôt que sur les considérations de convenance irrita nos interlocuteurs. On nous fit des admonestations. Les frictions puis les conflits devinrent de plus en plus fréquents. Le secrétaire général nous suggéra de garder notre calme. Seules la concentration et la patience nous permettaient de brider l'envolée des budgets. Dans le même temps, le secrétaire général laissait comprendre aux gestionnaires des budgets de rien changer à leurs habitudes. Ainsi, ceux qui se heurtaient au chef de département du budget et repartaient bredouilles obtenaient satisfaction auprès de la hiérarchie. Cette gestion duale devint intenable. Nous avons sollicité le point de vue du gouverneur. Nous le tînmes informé de notre souhait de reformer l'approche budgétaire.

Les enjeux étaient importants. La confrontation qui était feutrée devint plus violente. Les gestionnaires des budgets et le secrétaire général tentèrent d'éviter l'irruption du gouverneur. Ils souhaitaient gérer le conflit, comme d'habitude, entre eux, pour trouver un arrangement. Le plus simple leur parut de confier les budgets à quelqu'un de malléable. Prétextant une promotion, ils proposèrent une affectation avec l'assentiment du secrétaire général. Cela aurait pu être un moyen commode de nous éloigner. Le gouverneur ne fut pas dupe de la manœuvre. Il ordonna qu'on mît fin à la comédie.

Les fleurets mouchetés tombèrent leurs protections. Les affrontements devinrent directs, brutaux, sauvages, à couteaux tirés. Subitement, on trouva notre conduite trop rigide et nos exigences de moralité exagérées. On nous décrivit comme un individu trop imbu de sa personne et surtout peu flexible. Toute conciliation ayant échoué, le positionnement en chien de Fayence devint ingérable. *Réglez-lui son compte ou trouvez une solution pour peu qu'il nous laisse en paix*, dirent-ils en chœur sans se préoccuper des conséquences.

Tenant compte des intimidations répétées, nous fîmes part de notre lecture de la situation à travers une note virulente. Nous avons sollicité publiquement que le gouverneur intervint. Nous le mîmes devant ses responsabilités. Il lui revenait de mettre un terme au laxisme ou à l'ambiance délétère. L'atmosphère se tendit. C'était à peine si certains acceptaient de nous adresser la parole. Le simple bonjour était camouflé sous des insinuations qui n'avaient rien d'amical. Le feu couvait.

Persuadés de la justesse de notre position, nous n'avons pas prêté plus d'attention qu'il n'en fallait aux dénigrements des insatisfaits. Quelques âmes bienveillantes s'étonnèrent et se firent des soucis pour nous. A juste titre, elles trouvaient vain de raisonner un milieu arc-bouté sur des us surannés. Des proches craignaient de nous voir fracassés contre la puissance des intérêts en cause. Nous n'ignorions ni les pouvoirs quasi illimités ni l'impunité dont certains jouissaient. Cependant, nous avons considéré que la meilleure réponse était de tenir bon, de résister. Les menaces devinrent plus ostentatoires. Nous sommes restés accrochés à nos principes. Le conflit devint ingérable. Il nous sembla prudent de tempérer les ardeurs. Nos tentatives butèrent contre un mur de refus. Le point de non-retour semblait atteint.

Pris dans ce rouleau-compresseur, le gouverneur souscrivit à l'idée que nous ne pouvions avoir raison contre les principaux dirigeants. Il baissa la garde. Ce changement de positionnement permit aux enragés de s'engouffrer dans la brèche. Ils donnèrent une forme de vraisemblance à un échafaudage bâti pour nuire. Pressé de sévir, Mamalépot annota d'une phrase son point de vue du moment. Il écrivit, au bas d'une des notes que nous lui avions fait parvenir, une phrase lourde de sens destinée au secrétaire général : *En persistant dans la contestation permanente, monsieur Massoud ne peut que se trouver dans une impasse.* Le secrétaire général conserva par-devers lui l'annotation qu'il était censé faire suivre.

Plus tard, après son départ précipité de la banque centrale, le gouverneur regretta sa méprise. Il reconnut s'être trompé sur son entourage. Il avoua son échec dans la gestion de sa proximité avec ses plus grands laudateurs. Il avait manqué de vigilance et de perspicacité. Il tendait davantage l'oreille à ceux qui lui servaient des *oui, monsieur le gouverneur* à tout moment plutôt qu'à notre exigence de mieux faire et de bonne gouvernance. Nous lui fîmes comprendre qu'il y a plus de valeur dans le combat pour la liberté d'opinion que nous avons mené que dans la préservation des avantages dont ses proches collaborateurs se firent les spécialistes. En effet, face à Mamalépot comme contre ses successeurs, nous avons priorisé l'éthique et la rigueur. Nous aurions pu, comme d'autres, ménager les susceptibilités et réussir une carrière exemplaire. Mais, pour quelle finalité ?

Nous considérons que, dans une banque centrale, le respect de la déontologie et l'obligation à la rectitude doivent être érigés en règles absolues. Pour les dirigeants, cela doit être ressenti comme un engagement de tout instant. Cette vision de la fonction banque centrale fut notre première réponse aux sceptiques qui nous reprochaient de prendre des risques insensés. Elle fut aussi la seconde cause de discorde avec la hiérarchie. Nous ne voyions pas d'incompatibilité entre nos fonctions de chef de département et la liberté de dire nos désaccords. Tant que nos exhortations se limitaient à mieux gérer les budgets, les passe-droits accordés par le secrétaire général les faisaient passer pour des élucubrations. Dès que nous exposâmes les divergences sur la place publique, nous devînmes dangereux. Notre conduite fut jugée intolérable. La plupart des dirigeants oublièrent subitement ce qui nous unissait depuis plus de deux décennies. Ils tournèrent la page et attendaient de sévir. Ce ne fut qu'une question d'opportunité. Le départ de Mamalépot, la perte d'influence de Gata Ngoulou et l'arrivée aux commandes d'hommes à l'allant susceptible et peu scrupuleux laissèrent le champ libre à toutes les outrances.

Une fois les masques tombés, nous nous trouvâmes face à deux types de comportement. D'une part, les tolérants prêchaient la patience. Ils comptaient sur le changement de gouverneur pour ajuster les attentes et résorber les aspérités. Ils considéraient les querelles comme l'expression des états d'âme et des sensibleries domptables. De l'autre, les tenants de la fermeté incitaient à faire montre de pédagogie dissuasive. Ils incitaient à frapper les esprits. Ils prirent le dessus et imposèrent leur besoin viscéral de sévir. Ils ne manifestèrent aucune retenue. Ils ne firent preuve d'aucun discernement. Ils réfutaient toute excuse. Dans leurs conciliabules, ils écartaient toute circonstance atténuante et les risques de se trouver à rebrousse-poil des textes. *On verra plus tard*, disaient-ils, sans hésitation. Seule comptait leur vengeance. Ils optèrent pour le licenciement qu'ils souhaitaient ériger en épouvantail pour dissuader d'autres tentatives de contestation. Ce fut leur baroude d'honneur. De fait, l'épilogue donna lieu à une victoire à la *Purus*.

Dans notre confrontation avec les dirigeants de la BEAC, la lecture de la situation tenait à leur personnalité. Les plus anciens géraient les conflits et les mésententes de manière à trouver un consensus. Tel restait leur procédé de résolution des conflits tant qu'une faute professionnelle particulièrement grave n'était pas commise. Ainsi, lorsque le secrétaire général se plaignit de notre activisme, Mamalépot lui opposa une réponse de bon sens : *En 1994, le chef de département n'a pas hésité à me houspiller personnellement et publiquement. Considérez donc sa volonté d'être différent à la fois comme sa force et sa faiblesse. A vous de trouver les moyens de le gérer tant qu'il ne commettra pas l'irréparable.* Cette phrase résumait la manière de faire des dirigeants formés à l'école de Marchand et de Vinay. Ils privilégiaient la compétence et passaient outre les divergences d'opinion tant qu'elles ne nuisaient pas à la banque centrale. Toutefois, pour ne pas totalement désavouer le responsable qui se plaignait, ils rappelaient au mis en cause que la justesse d'un point de vue ne dispensait pas du respect de la hiérarchique. L'incriminé se voyait refuser un avancement attendu ou obtenait une moindre gratification[27] en fin d'année. C'était une manière détournée de faire comprendre que le respect de la hiérarchie était un dogme, même s'il n'avait pas la gravité d'une faute professionnelle.

## 2. Les hommes changent, les habitudes persistent

A partir de 2007, les changements d'équipes dirigeantes mirent au-devant de la scène des hommes moins patients, peu expérimentés et mauvais psychologues. Peu sûrs de leur maîtrise technique, ils voyaient dans toute critique une dénégation de leurs prérogatives. Ayant peu ou pas occupé des fonctions de haut niveau, ils se satisfaisaient de s'asseoir dans des fauteuils moelleux. Ils étaient loin de se rendre compte que

[27] La gratification sanctionnait les contributions des agents de la banque centrale à ses activités. Calculée en référence au salaire de base, elle variait de 0 à 150% en mars et de 0 à 120% en décembre. Ce caractère aléatoire en faisait un outil efficace pour rappeler à la prudence ceux qui sortaient du rang. Avec les nouveaux maîtres de la BEAC, pour espérer une gratification proche du maximum, il valait mieux être un agent moyen obéissant plutôt qu'expert remuant.

cela ne pouvait suffire pour être en capacité d'assumer les responsabilités. Enfin, ils se pressaient d'éloigner ceux qui pouvaient leur faire grief. Ils se montraient impulsifs et manquaient de profondeur dans leur analyse de la situation. Le plus grave, pour ces nouveaux maîtres de la BEAC, fut de se couper des conseils judicieux. En se privant de la mémoire et de l'expérience *des anciens*, ils se prenaient les pieds dans le tapis. Ils voyaient dans toute parole non laudative une opposition. Lors des échanges en réunion, nos tentatives pour recentrer les débats sur l'avenir de la banque centrale ou sur le management étaient ignorées. Ils y voyaient des insinuations ou des attaques contre leurs aptitudes à exercer leurs fonctions. Cette incompréhension déboucha, de manière prévisible, sur un conflit ouvert. Ils écoutaient peu, avaient peu d'idées et se satisfaisaient du silence qu'ils convertissaient volontiers en une approbation ou en un aval. Leur prééminence, à défaut d'être incontestable, devint évidente. Face au mutisme d'une assemblée apeurée et docile, ils se laissaient aller à l'excès et à l'autosatisfaction.

Nos critiques comme nos observations étaient d'autant plus justifiées que les nouvelles équipes dirigeantes, empêtrées dans des querelles de leadership, n'avaient pas su mettre un terme à l'hémorragie des ressources de la BEAC. Ainsi, les marchés fictifs et les détournements, estimés à 13 milliards de FCFA en 2008, atteignirent 16 milliards en 2009. Faute d'une réaction énergique pour y mettre un terme, les malversations continuaient allègrement.

Nous avons attiré l'attention du nouveau secrétaire général, Abbas Tolli, sur l'urgence de mettre un terme à la baisse des ressources. Nous lui avons fait comprendre que la situation ne manquerait pas de lui porter préjudice. C'était bien plus qu'une éventualité puisqu'il était le responsable de l'organisation de la banque centrale. Les échanges oraux s'étant révélés infructueux, nous lui avons adressé une note détaillée[28]. Elle faisait le point sur les mesures à prendre immédiatement afin de remédier à la dégradation de la gestion. Nos deux visions ne s'accordèrent pas. Nous ne partagions pas la même lecture de la gestion de la banque centrale. Sur la base de ce constat, le plus simple aurait été une séparation amiable. En effet, le secrétaire général avait toute latitude de choisir ses collaborateurs. Il ne sut saisir cette possibilité. Peu au fait des procédures et des arcanes de la banque centrale, il vit dans notre

[28] Voir document 7, pages 122 à 126.

instance une posture de confrontation. Nos rapports se tendirent puis débouchèrent sur une froide et inutile inimitié. La note du 17 juillet 2008, reprise en document 7, tint une part importante dans son irritation ou son courroux.

## *Section 2*
## *Manager c'est gérer des contraintes*

La note reprise en document 7 a été écrite à l'issue de trois rencontres qui portaient sur le fonctionnement de la BEAC. En dépit des engagements répétés, la réaction attendue du secrétaire général eut du mal à se concrétiser. En tout état de cause, il ne répondit pas sous la forme d'une note de service, comme il était de règle. Des choix urgents voire décisifs continuaient d'être différés. L'atmosphère générale de la BEAC était tendue en raison des révélations sur les malversations du Bureau Extérieur de Paris et des suites du placement hasardeux auprès de la Société Générale. Dans ce placement, la banque centrale était exposée à de grosses pertes ; elles s'ajoutaient aux détournements de plus de 13 milliards. Au vu de cette tension et de notre insistance pour un retour à l'éthique, il fallut sortir des échanges oraux. Nous avons résumé les points sur lesquels nous avions souhaité une réaction rapide dans une note du 17 juillet 2008 (doucement 7, pages 134 à 139). Pour l'essentiel, elle évoquait le besoin de retrouver un management vertueux. L'arrivée d'un nouveau secrétaire général, ancien ministre des finances et proche d'un chef d'Etat, aurait pu y contribuer.

Au moment où nous écrivons ces lignes, nous continuons à penser que l'adoption de mesures énergiques aurait permis de restaurer l'image écornée de la banque centrale. Les esprits et la gravité de la situation dictaient une reprise en main de la gestion de la BEAC. Tel était, en substance, le message transmis à travers la note reprise en document 7 dont l'introduction était une offre de service en bonne et due forme. Cette ouverture aurait été perçue par Mamalépot comme un événement. En effet, nous n'avons pas toujours usé de la même flexibilité à son égard.

Nous avons toujours fait preuve de patience. Après notre nomination aux fonctions de chef de département du budget, nous avions attendu deux années avant de rappeler au respect des textes relatifs à la gestion budgétaire. Moins que le moment de notre intervention, ce fut la virulence du ton qui surprit. Parce que nous n'avions reçu ne fut-ce qu'un début de réponse à nos sollicitations, un incident se transforma en une déflagration en janvier 2000. Lors de l'élaboration de l'état de rapprochement des comptes de la BEAC auprès de la Société Générale Paris, le contrôle révéla un écart de près de 2 milliards de FCFA. Cela aurait pu être le résultat d'un retard dans la tenue des comptes. Il aurait suffi de prendre l'incident au sérieux et déléguer une équipe pour tirer l'écart au clair. Il n'en fut rien ! Comme à son habitude, Gata Ngoulou prit son temps. Il savait pourquoi, pas nous !

A l'époque, le département que nous dirigions avait en charge le budget et la gestion. Nous avions aussi sous notre supervision le contrôle des comptes bancaires. Pour comprendre et corriger l'écart de 2 milliards de FCFA, nous nous rendîmes à Paris en janvier 2000. Le rapport que nous avons transmis au secrétaire général confirmait l'écart de plus de 2 milliards de FCFA. Les soldes dans les livres de la BEAC et ceux de la Société générale n'étaient pas concordants. Nous avons suggéré au secrétaire général d'envoyer de toute urgence une mission composée des comptables et des inspecteurs pour prendre en charge le dossier, procéder aux réajustements nécessaires et rétablir la concordance des soldes. Le secrétaire général ne répondit pas en dépit de notre insistance et de l'urgence de la situation. Nous avons mis son silence sur le compte de la torpeur habituelle dans la prise de décisions. A dire vrai, nous n'avions pas de raison particulière de suspecter l'écart de 2 milliards et l'absence de réaction du secrétaire général.

L'image de la BEAC, institution rigoureuse, telle qu'elle nous fut enseignée au centre de formation, imprégnait encore nos esprits. Nous avons contenu notre envie de clarifier l'état des comptes. Nous étions complètement préoccupés par cet écart ; il nous taraudait l'esprit. Même la subite décision du secrétaire général d'avril 2000, relative à une réflexion sur une révision de l'organigramme, ne nous parut pas suspecte. Bien au contraire, nous avons applaudi d'autant plus fort l'idée que nous l'avions suggérée dès novembre 1998.

A l'époque, le secrétariat général concentrait la quasi-totalité des crédits budgétaires. Beaucoup attendaient de le voir délesté de certains dossiers. Pour des raisons qui n'avaient rien à voir avec le souhait de réduire ses prérogatives, nous avions devancé l'idée de sa réorganisation. Ainsi donc, le silence du secrétaire général depuis 1998 tout comme son subit réveil avaient un sens. Il devint perceptible en avril 2000, avec la réorganisation du secrétariat général. Si nous avions entre temps compris les hésitations et les silences, nous ne fîmes le lien avec des actions malveillantes que neuf années plus tard, après les révélations sur les malversations impliquant certains hauts dirigeants de la BEAC.

Les révélations devaient beaucoup sinon tout à une mission du FMI. Intriguée par des anomalies de gestion, elle exigea un réexamen complet du fonctionnement de *la salle des marchés*. Un audit fut ordonné afin de clarifier les zones d'ombre. La comptabilisation d'intérêts fictifs, prétendument tirés du dépôt à terme indexé de 500 millions d'euros auprès de la Société Générale, intrigua les experts du FMI. Ils tinrent à en savoir davantage. L'audit déboucha sur la mise à nue d'une organisation quasi mafieuse au sein de la BEAC.

Réunis en urgence, les chefs d'Etat qualifièrent les méfaits de *malversations et autres détournements au niveau du Bureau Extérieur de Paris et des placements DATY.*

## 1. La lettre de la discorde

L'ensemble de l'équipe dirigeante liée à ce que les chefs d'Etat avaient désigné par les termes *malversations et autres détournements au niveau du Bureau Extérieur de Paris et des placements DATY* quitta la banque centrale.

Nous avons conseillé au nouveau secrétaire général, Abbas Tolli, de faire preuve de prudence. Si la tête du réseau a été coupée, le corps vivait encore. La prudence conseille de se mettre à l'abri d'une possible contagion. Le climat délétère après cette épuration n'arrangeait rien. Les résidus de l'ancienne équipe et les hommes du nouveau pouvoir s'observaient. Que faire dans cette situation sans pencher, a priori, ni pour l'un ni pour l'autre ? La teneur de nos échanges et le principal des points de vue que nous cherchions à promouvoir ont été résumés dans la note du 17 juillet 2008 (document 7, pages 135 à 139). Nous avons exhorté le nouveau secrétaire général de prendre certaines mesures afin de bloquer toute possibilité de tirer parti indument des ressources de la banque centrale. C'était la manière la plus efficace de dire *stop aux malversations*. En même temps que nos tentatives de lui faire prendre conscience de cette urgence, nous lui avons rappelé que le temps jouait contre les preneurs des décisions et donc contre la banque centrale. Le secrétaire général vit dans nos encouragements à agir immédiatement une critique. Bien mieux, il y perçut une incitation à la révolte contre le système en place.

Plus tard, nous apprîmes d'un ami commun que le secrétaire général avait cru percevoir dans nos incitations à agir une mise en cause de sa compétence et de son expertise. Ce fut manifestement une triste méprise car nous faisions la différence entre méconnaitre la banque centrale et ne pas disposer des compétences requises. Nous lui reprochions sa mollesse, sa lenteur dans l'action et son désir de rester conformiste. En effet, il ne cachait pas, selon ses propres termes, son ignorance du métier de banquier central. Reconnaitre ses faiblesses n'est-ce pas percevoir un début de solution ? Il occupa les fonctions de ministre des finances du Tchad. Il était susceptible de s'adapter au métier de banquier central. Ce n'était qu'une question de temps, il finit par comprendre le fonctionnement de la banque centrale et les multiples courants qui la traversaient. Nous l'avons critiqué mais uniquement à cause de son attentisme, son inaction, son manque de volonté et son conformisme. Dans notre manière d'aborder un sujet visiblement sensible, nous avons sans doute fait preuve de trop d'assurance et de témérité.

Tout semblait nous éloigner du secrétaire général. Nous étions déterminés à faire de l'éthique une règle de vie. Il arriva auréolé de son titre de ministre, neveu d'un chef de l'Etat et sûr de son fait. Nous avons voulu faire de son expérience un atout pour redresser la BEAC. Il se montra prudent, trop peut-être ! Sans prétention aucune et sans d'autres visées, nous avons cru apercevoir une complémentarité entre nos idéaux et sa posture de plénipotentiaire. Nous voulions lui faire épouser nos idées et nos engagements. Il semblait la personne idoine sur laquelle nous pouvions nous appuyer pour assainir la BEAC. Ce fut sans doute une erreur de jugement de notre part puisque notre appréciation trop hâtive des rapports possibles déclencha une susceptibilité puis une mésentente. Le secrétaire général vit dans notre désir d'aller vite une dissemblance rédhibitoire tandis que nous en faisions une possible complémentarité des atouts.

Outre le secrétaire général, en raison des tiraillements au sein du gouvernement de la banque centrale, certains dirigeants virent dans l'orientation que nous proposions une déstabilisation de la BEAC. Plus vraisemblablement, la plupart y perçurent une mise en cause de leurs propres assises. Le climat de méfiance générale engendrait la susceptibilité. Il suffisait du moindre à-coup pour transformer le climat d'évitement et de boudage en relations conflictuelles. Nous n'avons pas su prévenir ou contenir les ressentiments et les anciennes inimitiés. Nous sommes partis du principe qu'au vu de lourds défis à relever, tout ce beau monde tairait les petites querelles pour s'atteler à l'essentiel. Nous avons interprété l'indifférence et le silence comme les caractéristiques de la torpeur d'un environnement où des personnes ordinaires se sont vues attribuer des responsabilités exceptionnelles. Nous avons redoublé d'efforts pour inciter à ne guère différer les choix et les solutions. Ils perçurent notre incitation comme un manque de considération ou de respect à leur égard.

Le climat passa à l'incompréhension, à la crispation et à la méfiance. Ce fut l'exact opposé de notre objectif. En confiant nos espoirs au secrétaire général, nous proposions bien plus qu'une entente entre deux cadres au service de la BEAC. Nous exposions le support d'un management rénové. Nous n'avons pas été en mesure de les convaincre et de vaincre leur réticence. Plus exactement, nos arguments pesaient peu en considération des enjeux et des intérêts partisans. Nos attentes et les leurs étaient trop éloignées pour qu'il fût possible de créer un début de climat de confiance. Involontairement, nous avons fait, les uns et les autres, preuve d'excès dans des postures qui n'avaient rien de diamétralement opposées. Il aurait fallu que nous laissions au secrétaire général un peu de temps pour s'adapter et une certaine distance pour nous apprivoiser. Privilégiant notre engagement pour l'efficacité de la banque centrale, nous avons mal géré les susceptibilités. Le secrétaire général eut l'impression d'être soumis à une trop grande pression. L'un et l'autre, nous sommes restés sur cette impression d'insatisfaction. Les intercessions et même les tentatives de conciliation finirent par agacer. Nous avons pris note de cette incompréhension. L'erreur fatale fut de ne pas utiliser une solution de rechange. Nous étions beaucoup trop engagés dans la manifestation de nos différences pour qu'il nous fût possible de trouver une conciliation raisonnable.

La rupture se manifesta de manière brutale. Elle advint à la suite d'une confrontation de laquelle le secrétaire général tira un sentiment d'humiliation. La controverse eut lieu en présence de témoins. Le caractère accidentel du quiproquo ne changea rien à la dramatisation des faits. Il aurait fallu savoir raison gardée. L'intérêt qui nous unissait, l'avenir de la BEAC, justifiait quelques sacrifices. Nous n'avons pas su faire preuve de patience et de dépassement. Il résulta de ces manquements du gâchis. La première victime en fut la banque centrale.

### Document 7. Note à l'attention du secrétaire général Abbas Tolli du 17 juillet 2008

"Monsieur le Secrétaire Général,

J'ai l'honneur de porter à votre connaissance les dossiers en suspens qui attendent des décisions immédiates. Ainsi que vous finirez par l'apprendre, la force des habitudes est tenace. Plus vite les choix seront faits, mieux vous maîtriserez vos dossiers.

Mon rôle en tant que responsable du contrôle de gestion est de vous tenir informé. Mon devoir est de me montrer loyal, honnête et parfaitement professionnel. Il vous revient de tirer les conclusions au vu des propositions qui vous sont présentées. Vous avez pour cela besoin d'alliés compétents et aptes à vous dire les choses telles qu'elles sont. C'est le rôle que je me propose de jouer auprès de vous.

Le temps joue contre les preneurs de décisions. Ce que vous n'aurez pas fait dans les premiers jours de votre prise de fonctions risque de devenir irréalisable. Autrement dit, lorsque vous êtes en accord avec une idée ou une proposition, mettez-la en application. N'attendez pas. Vous avez une mission d'ordre public pour une meilleure gestion de la Banque des États de l'Afrique Centrale. Il ne vous sera pas pardonné de tâtonner. Vous êtes l'un des six membres du Gouvernement de cette institution. Votre voix est l'égale de chacune des cinq autres.

Ma formation, mon expérience et la réputation que je me suis fait dans la Banque sont autant d'atouts que je mets, sans réserve, à votre disposition. Vous pouvez me faire confiance sans risque de regret. D'autres vous courtiseront, mon rôle est de vous tenir en éveil pour que nous réussissions, ensemble, votre mandat. Aussi, me permettrez-vous de vous présenter succinctement quelques dossiers pour lesquels je sollicite votre attention. Leur résolution permettra de redorer le blason devenu terme du secrétariat général. Vous devez replacer la fonction au cœur du dispositif de gestion de la Banque.

Si les textes paraissent clairs, leur application peut s'avérer hypothétique. Le charisme de la personne qui occupe la charge est déterminant. On vous écoutera, vos fonctions antérieures vous autorisent à parler clairement. Là où d'autres ont fini par baisser la tête, vous disposez d'atouts pour déclarer et justifier votre attachement à une plus grande intégration de la CEMAC. Votre engagement à défendre les intérêts de la Banque des États de l'Afrique Centrale, en acceptant les charges de secrétaire général, ne peut être pris à défaut. Sans être rigide, vous pouvez avoir votre propre vision de l'avenir de la Banque. Nous vous fournirons des leviers pour les faire partager et, au besoin, pour les défendre en connaissance de cause.

La hiérarchie protocolaire de la Banque est établie : vous êtes la troisième personnalité. L'ordre protocolaire est une chose, la participation effective à la gestion de l'institution en est une autre. Dans l'organigramme de la Banque, le secrétaire général a sous son ordre quatre départements, une cellule en charge du plan stratégique d'entreprise (PSE), le Centre Sportif et l'imprimerie.

Le premier atout du Secrétariat Général repose sur la maîtrise des budgets de la Banque. Mais, cet atout est fonction de la qualité du contrôle de gestion qu'il met en application. Il lui faut notamment être équitable et vigilant pour mieux répartir les crédits et contrôler leurs utilisations par les directions nationales et centrales, les agences, les bureaux et les départements.

Le second atout du secrétaire général réside dans sa conduite du PSE. Le secrétariat des organes de décision, le département juridique et celui de la sécurité et du protocole renforcent ses domaines de compétence.

Le département de la prévision des moyens budgétaires et du contrôle de gestion (DPMBCG) assure l'élaboration des budgets de fonctionnement et d'investissement. Il assure, par ailleurs, le contrôle de gestion dont l'objectif est d'instaurer la transparence dans l'utilisation des ressources de la Banque. Il lui revient de contrôler les engagements à travers la mise en place d'un dispositif de contrôle préalable.

Le DOAAR (département de l'organisation, des affaires administratives et de la réglementation) gagnerait à voir ses prérogatives reprécisées. Il doit être mieux qu'un canal utile pour publier les notes de service et les décisions prises à son insu. Il devrait lui revenir de rédiger les textes relatifs à l'organisation de la Banque et assurer la rédaction des notes ou des décisions à caractère général. En particulier, il lui revient d'élaborer et de diffuser les organigrammes.

Le département des affaires juridiques et des contrats (DAJC) doit voir ses attributions également reprécisées. Il y a lieu de les recentrer sur l'essentiel : mettre sous format juridique les contrats et éclairer les autorités de la Banque sur la conduite des affaires dans ses rapports avec les partenaires ou le personnel. La surmultiplication des services peut paraître contre-productive.

Le département de la sécurité et du protocole (DSP) mérite une attention particulière. Il est en contact quasi permanent avec les hautes autorités de la Banque. Les risques professionnels y sont grands. Le secrétaire général doit assurer un suivi de tout instant de ses activités afin de prévenir les risques de conflit.

La cellule en charge du suivi du PSE est de création récente. Elle est essentielle pour le devenir de la Banque. Elle doit donc être consolidée. Au besoin, certains choix doivent être revus afin de renforcer la capacité d'action du PSE. Telle est aussi le souhait du conseil d'administration qui a recommandé un recentrage de la stratégie sur les métiers de base.

L'imprimerie est un service important mais sa gestion s'est avérée chaotique. Un audit peut être fait par le service de contrôle de gestion pour dégager les conditions d'une exploitation optimale.

Le centre sportif de la Banque est un lieu de récréation créé en 1997. Ses structures ont vieilli. Le nombre d'utilisateurs s'est nettement accru. Son mode de gestion est resté opaque. Il y a lieu de lui donner une réelle autonomie en même temps qu'un cahier des charges pour mieux assurer son rôle de prévention sanitaire. Tels devraient être les atouts d'un lieu qui a pour vocation de dispenser une culture d'éducation physique. Un audit peut être fait par le service de contrôle de gestion pour dégager les conditions d'une exploitation optimale.

Ainsi que vous pouvez le constater, les départements et les services rattachés au secrétariat général sont à vocation d'intérêt général. Toutefois, un service, la maintenance, qui aurait dû faire partie des activités sous la supervision du secrétaire général, a été récemment rattaché à la direction centrale de l'investissement, du patrimoine et de la gestion. C'est une anomalie qu'il convient de corriger dès les premiers jours de votre prise des fonctions. De même, la transmission des moyens (personnel et dossiers) relatifs au service assurant la gestion du budget d'investissement, restés du côté de cette direction centrale, doit se faire immédiatement.

Afin d'imprimer un caractère urgent à la récupération des moyens liés au budget d'investissement et à la maintenance, vous pourrez signer la lettre ci-jointe. Au préalable, vous devez en informer le gouverneur, obtenir son assentiment et éviter de possibles crispations.

* *
*

Projet de lettre au directeur central de l'investissement et de la gestion.

Monsieur le directeur, j'entreprends, dès à présent, une réorganisation des départements et services sous mon autorité. Aussi, vous demanderais-je de bien vouloir, dès réception de la présente, de bien vouloir vous mettre en rapport avec le responsable du département de la prévision des moyens budgétaires et du contrôle de gestion afin d'assurer une passation de service en bonne et due forme du budget d'investissement et la maintenance. Il s'agit, à travers cette passation de service, de transmettre au secrétariat général l'ensemble des services de la maintenance ainsi qu'un cadre et deux cadres moyens en charge du budget d'investissement.

J'ai instruit le chef de département de se mettre en rapport avec vous pour que le nécessaire soit fait immédiatement. Je vous prie de procéder à ses transferts dès que possible et, en tout état de cause, avant le 25 juillet 2008. Je vous remercie des dispositions que vous voudrez bien prendre dans ce sens.

*Une copie de la lettre est envoyée au gouverneur et au directeur général de l'Exploitation.*

Secrétaire Général."

---

Cette lettre provoqua la stupéfaction du secrétaire général. Il se mura dans un long silence. Il n'en sortit qu'après plusieurs relances. Lors d'une entrevue, il donna une tournure dramatique à nos échanges. Il se dit tout aussi *nationaliste* que nous croyions l'être ! Pourtant, rien dans nos conversations ou dans la note du 17 juillet 2008 ne laissa transparaître une telle lecture de la situation. Sans doute, sous des conseils mal avisés, prit-il notre insistance pour une provocation ou un procès ?

Depuis lors, une méfiance s'était installée entre le secrétaire général et nous. Nous n'avons perçu que fort tardivement le raidissement du secrétaire général. Cette incompréhension se transforma en une méfiance puis en une suspicion pour finir en une querelle aussi insidieuse qu'inutile. Nous avons tenté une conciliation qui n'eut guère de succès. Nous avons sollicité l'entremise du secrétaire général de la Commission Bancaire de l'Afrique Centrale (COBAC), Idris Ahmed Idris puis celle du directeur des systèmes et moyens des paiements, Allamine Bourma Treya, sans davantage d'issue heureuse. Tout se passait comme si chaque tentative de conciliation provoquait l'effet inverse. Le vice-gouverneur, Roger Rigobert Andely, et le directeur général de l'exploitation, Lucas Abaga Nchama, gouverneur depuis janvier 2010, firent leur possible, en vain.

Tel était le climat qui précéda la mission de contrôle des services du département de la prévision des moyens budgétaires et du contrôle de gestion. Elle a été ordonnée par le gouverneur Philibert Andzembé, sous la pression insistante du secrétaire général, Abbas Mahamat Tolli, visiblement déterminé à régler des comptes. Il emprunta un bien tortueux chemin. En effet, il eut été plus simple et plus honnête d'exiger notre mutation dans une autre direction ou même hors du Cameroun, loin de sa vue. Au lieu de cette solution de bon sens, il ourdit une revanche. Il garda une rancœur sans mesure de nos échanges, lors d'une réunion budgétaire en présence des témoins. Il se trouva dépourvu de ressources pour apporter la contradiction, claqua la porte et coupa court à la réunion. Sa volonté de vengeance prit pour élément fondateur cette friction mal digérée.

## 2. Le conflit était évitable

Entre temps, Philibert Andzembé et Roger Rigobert Andely quittèrent la BEAC. Abaga Nchama devint gouverneur. Nous le comptions parmi nos alliés avant cette promotion. Or, dès sa prise de fonctions, il fut contesté de toutes parts. La tension était palpable entre les six membres du gouvernement de la banque centrale. Le gouverneur cherchait des soutiens. Il crut les percevoir du côté d'Abbas Tolli. Cette alliance de circonstance s'avéra fort nuisible pour nous. Puisque le rapport de contrôle de l'inspection fut classé sans suite par le gouverneur Andzembé, l'entente entre le secrétaire général et le nouveau gouverneur se fondait sur deux objectifs bien distincts. Pour Abaga Nchama, le soutien du représentant du Tchad fut une aubaine et un véritable atout. Pour Abbas Tolli, cela pouvait permettre d'exhumer le rapport classé sans suite. Il attendit le moment propice. Ce fut la publication de *La Banque des Etats de l'Afrique Centrale, une dérive prévisible.*

Déjà déstabilisé par ses opposants au sein du gouvernement de la BEAC, le gouverneur se sentit déboussolé par la publication du livre. Il réagit avec brutalité. Dès le lendemain de la parution d'un point de vue dans *Le Monde,* nous avons reçu une première demande d'explications. Comme par hasard, elle s'appuya sur le contrôle du département que nous dirigions un an plus tôt. Nous y répondîmes de manière frontale et argumentée (document 13, pages 182 à 192). La seconde demande d'explications abandonna le motif de mauvaise gestion pour s'appesantir sur la publication dans le quotidien *Le Monde.* Le gouverneur, par l'entremise de son directeur des ressources humaines nous reprocha de n'avoir pas respecté l'obligation de réserve inscrite dans le règlement intérieur de la banque centrale. Nous y répondîmes par une lettre reprise en document 14, pages 192 à 194.

Le climat de méfiance latente déformait le moindre incident. Il fit d'un échange franc et direct un motif d'opposition frontale. La rancœur et la frustration ont conduit aux extrêmes. Lorsque nous nous en aperçûmes, c'était déjà trop tard. Des esprits tortueux trouvèrent une forme de réconfort dans le sadisme.

Puisqu'il fallait des prétextes, on fit faire le sale boulot à quelques individus prêts à tout pour sortir de l'ombre. Des gestionnaires des budgets, frustrés de ne pouvoir agir à leur guise prédatrice, manifestèrent leur rancœur. Quelques desperados pensaient enfin trouver, grâce à leur promptitude à la nuisance, une issue à leur situation d'éternels insatisfaits. On leur fit faire les basses œuvres. On leur procura des arguties. On instruisit un procès basé sur le mensonge et le trafic d'influence. Lancés tels des chiens de garde, on les somma de se débrouiller pour donner une vraisemblance à des rapprochements qui n'avaient rien de commun. Des pseudos responsables consentirent de donner une apparence de régularité à des grossiers montages. Il ne manquait plus quelques viles âmes pour entonner : *cette fois, on ne va pas le rater*. On mit en exécution leurs aspirations sadiques.

Pour avoir une idée de la tension et de l'atmosphère délétère, nous avons longuement observé les positionnements, les rôles et les postures. Dans cette ambiance de guéguerre, quatre groupes aux intérêts contrastés ou divergents se confrontaient. Ils se disputaient la préséance et la mainmise sur le management de la banque centrale. Contrôler les budgets était l'un des moyens les plus sûrs d'attirer des alliés et de s'enrichir. Les batailles furent âpres, féroces, sans merci. Nous résumons ci-après les différentes forces en présence en 2009.

Le premier groupe s'était constitué autour du gouverneur. Philibert Andzembé, de nationalité gabonaise, crut utile de s'entourer de ses compatriotes pour les ressouder autour de lui et revigorer une ardeur nationale défaillante. Cela lui sembla la solution idoine pour asseoir sa gestion contestée de la banque centrale. Il abonda d'autant plus aisément vers cette posture que son prédécesseur, Mamalépot, passait pour hautain et insensible aux sirènes nationalistes. Il jugeait ses collaborateurs, d'bord, sur leurs aptitudes managériales ou techniques. Andzembé entreprit de neutraliser l'hostilité des Gabonais afin d'asseoir son pouvoir au sein de la BEAC. Une hostilité de ses compatriotes l'aurait décrédibilisé et fragilisé. Trop enclin à démontrer qu'il avait l'étoffe et le charisme indispensables inhérents à ses fonctions, il oublia de surveiller les autres membres du gouvernement de la BEAC. Ceux-ci lui reprochaient une certaine dispersion et une tendance à l'esbroufe. A tort, il passait pour un accapareur.

Le second groupe entourait et soutenait le vice-gouverneur Roger Rigobert Andely. Il structura ses soutiens en une large obédience. Il se destinait à prendre sa revanche sur Mamalépot et Gata Ngoulou qui l'avaient confiné à un rôle de second. Andely s'entêta à récupérer les réseaux et les pouvoirs de l'ancien secrétaire général. Ce dernier obtint un poste de ministre dans le gouvernement du Tchad. Après la purge qui l'emporta, en même temps que les autres principaux dirigeants de la BEAC, il sut trouver un refuge idéal, à la hauteur de ses talents manœuvriers. A la différence du premier groupe, mono-couleur, celui-ci se voulait plus ouvert. Par la force de ses ambitions, il se devait d'éviter deux écueils : le nationalisme et l'incompétence. Si le vice-gouverneur avait managé avec doigté sa coalition, il aurait effectivement pu prendre sa revanche et contrôlé l'essentiel des ressources de la BEAC. Mais, contrecarrant les ambitions de leur chef de file, ses lieutenants s'empressèrent d'amasser de manière trop visible quelques avantages. Ils négligèrent de veiller à la cohésion du groupe. Outre le vice-gouverneur, faisaient partie de ce groupe :

- le directeur de l'investissement et de la gestion, de nationalité congolaise, gestionnaire du plus gros budget de la banque centrale ;
- le directeur de l'émission monétaire, de nationalité centrafricaine, homme de qualité, ambitieux, retors et à l'esprit vif. Il avait une parfaite maîtrise des faiblesses des uns et des autres. Il ne laissait personne lui marcher sur les pieds. Prompt à tirer avantage de sa position, il ne pouvait accepter de passer pour le dindon de la farce. Il gérait le second budget de la banque centrale ;
- quelques directeurs centraux, plus ou moins malléables, dont celui de la comptabilité et du contrôle budgétaire, Jacques Solé, de nationalité gabonaise.

Le troisième groupe avait pour chef de file le directeur général de l'exploitation, Lucas Abaga Nchama, de nationalité équato-guinéenne. Il assurait la supervision de plus de 80% du budget de la banque centrale. Son pouvoir et ses ambitions se trouvaient contrariés par une mésentente chronique avec ses directeurs. Certains choisirent de renforcer le camp du vice-gouverneur. On disait de Lucas Abaga Nchama qu'il était puissant sans avoir les moyens de donner un sens à ses forces ou d'exercer sa puissance. Dès sa nomination aux fonctions de directeur général, il se dressa contre le clan du vice-gouverneur. La tension devint plus que palpable entre les deux hommes à telle enseigne qu'il se sentait menacé et s'enfermait dans son bureau. Le bruit courut qu'il bloquait le règlement des factures. Il fut ainsi désigné à la vindicte publique. Il passait pour un empêcheur de tourner en rond. De fait, le processus bien huilé se grippa. Par un concours de circonstances, les événements lui apportèrent ce qu'il ne sut mettre en valeur dans ses fonctions de directeur général. Il accéda aux fonctions de gouverneur en 2010, après l'abandon du consensus de Fort-Lamy et le départ précipité d'Andzembé. La Guinée Equatoriale milita pour un changement. Elle réussit à chasser les indélicats et, du même coup, récupéra le premier poste de la banque centrale qui échoua à Abaga Nchama, *le plus ancien dans le poste le plus élevé* parmi les Equato-guinéens. Le mépris dans lequel le futur gouverneur était tenu remontait à sa tentative d'intégrer l'encadrement de la BEAC, à l'issue d'une année de formation. Il fut recalé et garda de cet échec une tenace frustration. Ses détracteurs virent une anomalie sinon une usurpation dans ses promotions successives. Une fois gouverneur, le mépris le poursuivit. En dépit de son activisme pour paraître à la hauteur de ses responsabilités, on ne retenait de lui que l'ancien agent de maîtrise ou le débouté de l'encadrement.

Le dernier groupe était celui du secrétaire général, Abbas Mahamat Tolli, de nationalité tchadienne. Il venait d'être détaché auprès de la banque centrale, après avoir occupé les fonctions de ministre des finances du Tchad et une courte traversée du désert. C'était un jeune homme posé et ouvert, de relation agréable et d'abord courtois. Malencontreusement, sa méconnaissance de la BEAC le mit dans une situation d'attentisme. Cela l'empêcha d'exprimer ses idées et ses éventuels talents. Il ne sut choisir ouvertement son camp. Cette neutralité aurait pu être une posture de sagesse. La note reprise en document 7 était conçue comme une incitation à agir. En effet, il pouvait occuper une position charnière et un rôle d'équilibre dans le puzzle en quatre groupes présentés ci-dessus. Cela aurait supposé une maîtrise ou, à tout le moins, une compréhension des enjeux pour la banque centrale et agir en conséquence. Or, sa neutralité, son équidistance ou son ambivalence dans l'inaction se révélèrent inefficaces. Seule une claire volonté de sortir des tiraillements lui aurait offert un rôle pivot.

Chaque groupe avait en son sein ses hypocrites, ses traîtres, ses manipulateurs, ses modérateurs, ses indécis et de bons pères de famille qui entendaient faire leur métier pour peu qu'on les laissât tranquilles. Cela donnait un cocktail prêt à l'emploi. Les tensions étaient palpables, à la limite de l'explosion. Il suffit que le secrétaire général se laissât aller à quelques confidences pour que des conseils fusassent de toutes parts. Chacun y alla de son expertise ou de sa solution miracle. La plupart l'incitèrent à faire preuve d'autorité. C'était à peine si on n'entendait pas : *à mort, le chef de département de la prévision des moyens budgétaires et du contrôle de gestion.* On n'en était heureusement pas là mais l'intention suggérait une sanction, rude et mémorable, pour laver les vexations du secrétaire général. Les plus déterminés voulaient se débarrasser d'un contrôleur incommode et d'un concurrent intraitable. Pressés de montrer leur soutien à un secrétaire général, en délicatesse, les modérateurs finirent par rallier le camp des durs. Tous militèrent pour une mise en application immédiate d'une sanction à la hauteur de l'affront. Ils s'adonnaient d'autant plus aisément à cet excès que leur mentor y prêtait une oreille plus qu'attentive. Il fallait laver l'humiliation par une vengeance de même nature, du moins telle fut notre interprétation de ce qui sortait de leur cercle des comploteurs.

Le passage à l'acte se fit quasi automatiquement. On briffa des inspecteurs zélés. Ils attendaient, depuis des lustres, une promotion promise mais qui tardait à venir. On leur laissa miroiter une carrière lumineuse, une fois le service rendu. Il ne manquait pas de volontaires. Certains mordirent à l'appât. Ils prirent au pied de la lettre l'adage *la raison du plus fort est toujours la meilleure.* Les dévoués se bousculèrent pour proposer leurs services. La suite tint à la résolution d'une coalition de malfaisants et à une collusion d'intérêts. Les uns et les autres y trouvaient leurs comptes. Les besogneux offrirent leurs services contre une plus grande proximité avec le secrétaire général.

Le clan des durs mit sur pieds une équipe d'inspecteurs qui se rendit *illico presto* au département de la prévision des moyens budgétaires et du contrôle de gestion. Pour les tireurs de ficelle et leurs hommes de main, peu importait les résultats de l'enquête, l'essentiel était de jeter la suspicion et l'opprobre sur la cible. Cependant, nous admîmes que le département que nous dirigions pût, autant que les autres, être soumis à une inspection. Sans en faire mention à la mission, nous fîmes une réserve quant à l'opportunité, les circonstances et les motivations du contrôle entrepris. En effet, le risque d'instrumentaliser l'audit nous parut non négligeable même si nous n'excluions pas les dangers d'une entreprise réfléchie, avec le dessein de fabriquer des arguments pour donner une apparence d'acceptabilité à des accusations fallacieuses.

Nous avons perdu notre pari sur la capacité à la réflexion et à la modération de nos contradicteurs. Au lieu de débattre et échanger des idées, ils empruntèrent un chemin tortueux, parsemé de dissimulations. Face à l'inéluctabilité de ce qui devint un audit à charge, conditionné et instrumentalisé, nous nous sommes préparés à présenter des dossiers à la solidité incontestable. Autrement dit, puisqu'il nous fut impossible de contester une décision de la direction générale de la banque centrale, nous nous tînmes à soigner notre contribution. Nous fîmes tout pour le bon déroulement de la mission.

Les principes voudraient que l'audit fût le même pour tous les services de la BEAC. L'inspection investiguait, posait des questions et requérait des informations complémentaires si nécessaire. A la fin de la période impartie ou lorsqu'elle se sentait satisfaite de son travail, elle rédigeait un rapport établissant les faits et le communiquait à l'audité afin de recueillir ses observations. Les deux parties se retrouvaient pour faire le point sur leurs accords et, éventuellement, sur leurs désaccords. Les divergences étaient consignées tout comme le climat dans lequel la mission s'était déroulée. Le partage des rôles était clair. Le rapport était rédigé par l'inspection. Le service audité disposait de toute latitude pour faire des observations ou des réserves. En général, les points litigieux étaient aplanis de manière consensuelle. Lorsque des désaccords persistaient, la hiérarchie tranchait. Sa décision levait les réserves de trois manières :

- en abondant dans le sens de l'inspection et en se satisfaisant de ses conclusions ;
- en ordonnant un approfondissement des investigations pour clarifier les points litigieux ;
- en faisant droit à l'audité et en intimant à l'inspection de s'en tenir à cet arbitrage.

Après lecture du rapport initial de la mission relative à notre département, il n'y eut pas de divergences entre nos services et l'inspection. La séparation se fit dans les meilleures conditions possible. Toutefois, deux semaines plus tard, constatant que nous n'avions pas reçu le quitus de la hiérarchie, nous transmîmes une copie du rapport provisoire au gouverneur Andzembé. Nous le tînmes ainsi informé de l'issue de la mission. Nous lui fîmes surtout part de notre étonnement de n'avoir pas reçu le rapport définitif que devait signer le *directeur général du contrôle général*. Quelque temps plus tard, nous avons reçu une demande de clarification sur certains points. Puis, ces demandes devinrent récurrentes. Chaque fois que mes services s'empressaient de répondre, d'autres informations étaient demandées. Tout en faisant observer que les mêmes éléments de réponses avaient déjà été transmis à l'inspection, nous nous sommes montrés diligents. Sans doute, peu satisfaite de la teneur initiale du rapport, la hiérarchie prétexta une clarification. Elle ordonna une enquête complémentaire puis une nouvelle mission.

Les inspecteurs revenaient sur des sujets et des thèmes abordés et considérés comme clos. Ils y revenaient chaque fois que leur compte-rendu, au secrétaire général, ne convenait pas ou était jugé insuffisant pour étayer les scénarios projetés. En dépit de ces aller-retour, entre avril et juin 2009, dont nous avons tôt compris les motivations, le climat était à la cordialité. Enfin, une première mouture du rapport fut signée, sans désaccord majeur, par l'inspection et nos propres soins. Seules persistaient des nuances sur des observations de forme. La conclusion pouvait être résumée par la formule classique *rien à signaler*. Nous avons transmis une copie du rapport en même temps qu'une lettre décrivant le bon esprit dans lequel la mission s'était déroulée au secrétaire général. Nous nous sommes félicités du climat cordial qui avait prévalu. Nous entreprîmes, en juillet 2009, la tournée budgétaire, avec l'accord du secrétaire général.

Tel était notre état d'esprit général à l'issue de l'inspection du *département de la prévision des moyens budgétaires et du contrôle de gestion (BPMBCG)*. Nous avons poursuivi notre agenda en entamant *la tournée budgétaire* par la direction nationale de N'djaména. Nous avons discuté, avec les responsables des services de la représentation de la BEAC au Tchad, du budget 2010. L'étape suivante fut Bangui, en République Centrafricaine. Une lettre du gouverneur nous parvint le 3 septembre 2009. Elle indiquait notre désignation aux fonctions de coordinateur du plan stratégique d'entreprise (PSE). Cette promotion suivait de quelques jours la publication d'un point de vue, en réponse à une lettre ouverte d'Aboubacar Salao. Il y fit cas du mutisme et du manque d'engagement des cadres, ce qui expliquerait la défaillance du management de la banque centrale. Ses critiques visaient le silence quasi général des cadres alors même que la déliquescence des mœurs au sein de la BEAC était devenue de notoriété publique. Dans notre réponse, nous avons indiqué que cette généralisation n'était pas fondée. Par exemple, Mandekor, Djamaladine, Salao et Massoud avaient dénoncé à maintes reprises le climat délétère. Certains avaient formulé des propositions de sortie de crise. A des degrés divers certes mais ils avaient fait part de leur réprobation d'un état des lieux nuisible à la fonction banque centrale. Leur prise de position précédait la découverte des malversations. Enfin, nous conclûmes que, ceux qui avaient osé s'engager payèrent le prix fort. La note au secrétaire général (document 7) s'inscrivait dans la suite de cet échange. Elle anticipait et introduisait le point de vue exprimé dans celle du 11 septembre 2009 (document 8) et faisait du plan stratégique d'entreprise (PSE) le support de la bonne gouvernance. Cette référence à la bonne gouvernance était d'autant plus justifiée que les chefs d'Etat avaient ordonné une remise en ordre, au constat d'un management défaillant et d'une mauvaise gestion.

## 3. Il n'est jamais trop tard pour bien faire

La note du 11 septembre 2009 présentait quelques mesures afin de faire du plan stratégique d'entreprise (PSE) le cadre de conception et de la réalisation des objectifs de la BEAC. Empêtré dans la gestion de la divulgation des malversations et des pertes plus que probables liées au dépôt à terme auprès de la Société Générale, l'attention de Philibert Andzembé était rivée sur ces dossiers. Il n'eut pas la lucidité de se pencher sur nos propositions. Nous ne doutions cependant pas de son intérêt pour le sujet puisque le PSE fut sa principale contribution à la réorganisation de la banque centrale. Lors d'une entrevue en septembre 2010, à Libreville, il nous assura de sa considération. Il nous exposa le projet qui lui tenait à cœur et qu'il aurait mis en place n'eut été son départ de la BEAC. Il ajouta, sans doute pour nous apporter un peu de compassion, qu'il avait prévu de nous confier d'importantes fonctions dans la réorganisation de la banque centrale. A tout le moins, notre désignation aux fonctions de chef de département en charge du plan stratégique d'entreprise confirmait ses dires. Nous le crûmes lorsqu'il dit avoir été surpris par notre licenciement. Nous avons d'autant moins douté de sa sincérité que nous n'avons pas toujours été bienveillants à son égard. La preuve de notre scepticisme fut que, lors de la rencontre de Libreville, oubliant ses fonctions de gouverneur, nous l'interpelâmes en disant : *monsieur le directeur national*. Mécontent et surpris de notre méprise, il nous le fit vertement remarquer. *J'ai été votre gouverneur pendant deux ans*, nous dit-il courroucé. Benoîtement, nous lui avons avoué un oubli pour le moins disgracieux. Ce fut une bourde et une maladresse impardonnables.

Nous souhaitons dire au gouverneur Philibert Andzembé de trouver, ici, la marque de nos excuses. Nous avons manqué de courtoisie et d'un certain à-propos qui aurait minimisé notre bourde. En dépit de son indécision, sur le dossier qui nous opposait au secrétaire général, il sut agir. Il avait cru utile de nous affecter à d'autres fonctions. Ce qu'il fit puisqu'il nous confia les responsabilités du PSE. Certes, nous restâmes sous la supervision du secrétaire général mais nos nouvelles fonctions avaient une moindre emprise sur la gestion quotidienne de la banque centrale. De plus, nous étions dispensés de la plupart des réunions et des tête-à-tête. Cela aurait pu mettre un terme à l'acharnement du secrétaire général et éviter la survenance d'autres conflits. Il n'en fut rien. Certes, mais la responsabilité incombe-t-elle à Andzembé ?

**Document 8. Note à l'attention du gouverneur Philibert Andzembé du 11 septembre 2009**

"Monsieur le gouverneur,

Par votre décision datée du 1er septembre 2009, vous m'avez désigné pour coordonner le plan stratégique d'entreprise - PSE. C'est une décision capitale à deux titres. D'abord parce que le PSE est l'instrument dédié à la rationalisation, la coordination et la réalisation de la stratégie à moyen terme de la Banque des Etats de l'Afrique Centrale. Ensuite parce qu'il est une innovation intimement liée à votre arrivée au sommet de notre institution. J'accepte cette charge comme un défi. Je m'y attellerai entièrement et exclusivement. Avec humilité, j'entends y mettre toute ma détermination pour justifier votre confiance et mériter cet honneur.

Le travail accompli par monsieur Barka Ratou, mon prédécesseur, doit être poursuivi et amplifié pour donner au PSE toute sa place. En effet, le PSE doit être le principal gouvernail pour la mise en œuvre de notre stratégie à moyen terme. Il ne saurait, en conséquence, se résoudre à un rôle de collecteur d'informations auquel certains semblent le confiner. Nous en ferons, avec votre soutien, le levier de conception, de réalisation et d'évaluation des projets de la Banque. Tel que vous l'avez voulu, il doit être le dispositif indiqué pour pallier l'insuffisance de la conduite des projets.

Le PSE est donc essentiel à la gouvernance à la Banque des Etats de l'Afrique Centrale. Toutefois, sa réussite peut être hypothéquée par l'inadéquation entre les objectifs assignés et les moyens qui lui sont consentis. Si vous en acceptez le principe, je vous présenterai, avant fin décembre 2009, un plan de travail comportant un chronogramme des activités, un dispositif définissant les relations du PSE avec les services maîtres d'œuvre des projets, les conditions d'une supervision réussie des projets ainsi que les moyens et conditions d'évaluation de l'exécution des projets.

Dans l'immédiat, je sollicite que des moyens à la hauteur de cette ambition soient mis à la disposition du PSE. Pour le moment, les ressources humaines se limitent au chef de département assisté, une secrétaire et un agent. A moins de se contenter d'un rôle symbolique et de témoignage, le PSE nécessite et mérite davantage de moyens. S'agissant du cadre de définition de la stratégie à moyen terme de la BEAC, nous ne saurons nous contenter d'un palliatif aux objectifs limités et à l'efficacité douteuse.

Pour optimiser la réussite du PSE, je sollicite votre accord pour un renforcement immédiat en y affectant les quatre cadres et les six agents d'encadrement moyen ci-après : Ndéfo Fotso Nazaire, Kamgna Séverin, Poumangué Thomas, Gassakys, Oumarou Garba, Moulongo, Guéndergue Moïse, Ompimba Paulin, Ovendor et une secrétaire. Le matériel et l'équipement nécessaires doivent aussi être mis à disposition aussitôt que vous aurez marqué votre accord. La réussite du PSE en dépend. Sans moyens adéquats, il restera un catalogue de bonnes intentions. A charge pour vous de nous fournir les ressources indispensables. Une fois ces moyens mis à notre disposition, nous relèverons ce qui semble être un défi et une obligation de résultats. Connaissant votre engagement personnel et la place que vous accordez au PSE, je ne puis douter un instant de la suite favorable que vous réserverez à cette requête.

Je vous souhaite, respectueusement, une bonne réception de la présente et vous prie d'accepter l'assurance de mon total dévouement pour la réussite du PSE."

A la réception de la lettre du 1er septembre 2009, nous nommant responsables du PSE, nous nous sommes interrogés sur la pertinence de *la tournée budgétaire* en cours. Nous en tînmes le secrétaire général informé. Il recommanda de poursuivre la mission afin de la mener à terme ; elle prit fin le 12 octobre 2009.

## *Chapitre III*
## *Les insuffisances d'une gouvernance*

De retour de la tournée budgétaire, le 14 octobre 2009, à la suite d'une affection, nous avons été admis dans une clinique de Yaoundé. Une semaine plus tard, le médecin suggéra une évacuation pour de meilleurs soins à Paris. Nous sommes arrivés à l'Hôpital américain le 23 octobre 2009. Entre les hospitalisations et les périodes d'attentes à l'hôtel, nous avons séjourné quatre mois à Paris. Nous sommes revenus à Yaoundé le 22 et nous avons repris le travail le 23 février 2010.

En janvier 2010, Abaga Nchama a été nommé aux fonctions de gouverneur, en remplacement de Philibert Andzembé. Ce dernier fut désigné principal fautif dans la déconfiture de la salle des marchés et dans la survenance des malversations qui coûtèrent plus de 15 milliards à la CEMAC. Nous avons salué l'avènement de cette nomination par une lettre du 5 février 2010 (document 10, pages 151 à 152).

En dépit du changement de gouverneur, suivi d'autres départs, le management de la BEAC restait fragile. Le climat d'ensemble était à la morosité. Entre les anciens et les nouveaux membres du gouvernement de la banque centrale, d'une part, entre les premiers et les seconds rôles, d'autre part, les rapports étaient tendus. La suspicion était palpable. Les hautes autorités de la CEMAC en étaient tenues informées.

Ce fut dans ce climat qu'un audit fut entrepris afin de porter un regard neutre le management de la BEAC. Il fut suivi d'un second. Au vu des premiers résultats, le gouverneur ordonna une cascade de missions d'inspection pour établir les responsabilités. L'intention était de blanchir les nouvelles autorités et mettre tous les torts sur les déchus. Ils n'étaient plus là pour se défendre ! A notre corps défendant, nous avons été pris en tenaille entre la folle envie de vengeance du secrétaire général et le désir du nouveau gouverneur d'écarter ceux qui étaient soupçonnés de proximité avec son prédécesseur, Philibert Andzembé.

Le seul fait d'être promu chef du département et coordonnateur du plan stratégique (PSE) nous valut d'être parmi les indésirables sinon les dangereux. Tout en observant le manque de pertinence de ce désir de se débarrasser des gêneurs, nous reconnaissions, au secrétaire général et au gouverneur, une constance dans les idées. Ils nous considéraient comme nuisibles parce qu'hostiles à toute entorse à la bonne gouvernance. En effet, nous n'avons pas tardé à faire entendre notre voix dissonante.

La tension latente dégénéra en divers conflits. Les réunions entre les membres du gouvernement de la BEAC s'étaient transformées en lieux de disputes aussi stériles et que puériles. Les six dirigeants n'arrivaient plus à contenir leurs désaccords. Cela ne pouvait durer. A notre reprise du travail, nous avons fait part de notre désappointement devant un tel spectacle : des dirigeants d'une banque centrale incapables de taire leurs divergences pour s'atteler au redressement de la gouvernance. Si la pluralité des opinions pouvait se concevoir, la limite n'en était pas moins la réputation de la BEAC. Nous fîmes part au gouverneur de notre réprobation devant ce spectacle indigne. Nous nous sommes exprimés dans la note du 16 mars 2010 (document 11, pages 161 à 164). Nous avons déploré le climat délétère. Nous avons mis le gouverneur devant ses responsabilités. Il lui revenait d'œuvrer pour l'instauration d'une atmosphère sereine.

Avant d'écrire la note du 16 mars 2010, nous avons sollicité une entrevue avec le gouverneur. Outre l'insupportable climat de tension, nous souhaitions suggérer des solutions pour relancer le PSE. Bien que le principe de cette rencontre fût admis par le gouverneur, il ne fut pas possible de le rencontrer en tête-à-tête. Le changement tant espéré tardait à poindre, nous en fîmes l'amer constat à travers la note susmentionnée. Nous avons décidé de ne pas rester inertes. Nous entreprîmes de porter le débat sur la place publique.

La publication d'un point de vue dans le journal, *Le Monde* du 8 avril 2010 fit l'effet d'un chiffon rouge. Dès le 16 avril 2010, une demande d'explications nous fut adressée. Curieusement, elle n'eut pas pour motif la parution de notre point de vue dans le journal. La direction des ressources humaines jugea utile de s'appuyer sur les résultats d'un audit, un an plus tôt, du département que nous dirigions.

La concomitance entre la demande d'explications et la publication du point de vue n'échappa à personne. Le gouverneur et son directeur des ressources humaines n'eurent pas eu le courage de l'admettre. Notre réponse fut rédigée et expédiée le même jour sous la forme d'une note détaillée et argumentée, reprise en document 13, pages 166 à 175.

Peu satisfaite de sa première tentative ou surprise par nos contre-arguments, la direction des ressources humaines changea son fusil d'épaule. Elle nous fit parvenir deuxième une demande d'explications, datée du 20 avril 2010. Ce ne fut plus notre gestion au *département de la prévision des moyens budgétaires et du contrôle de gestion* que la direction déplorait mais bien notre publication dans *Le Monde*. Le directeur des ressources humaines sembla subitement s'intéresser à nos obligations. Il évoqua, en particulier, l'*obligation de réserve* qu'il négligeait quatre jours plus tôt. Ce même jour, nous rédigeâmes une réponse reprise en document 14, pages 176 à 177.

Une troisième et dernière demande d'explications nous parvint le 3 mai 2010. Elle fut précédée d'une lettre datée du 2 mai 2010 qui nous signifiait notre suspension de toute fonction à la BEAC. Elle nous informait de notre traduction devant le conseil de discipline convoqué le 7 mai 2010.

La dernière demande d'explications reprit le motif précédant, à savoir, *l'obligation de réserve*. Outre la publication de notre point de vue dans *Le Monde* du 8 avril 2010, elle nous fit grief des interviews accordées aux médias, notamment Radio France Internationale (RFI), Africa Numéro 1, Africa 24 et Télé Sud 3A.

Enfin, pour justifier notre comparution en conseil de discipline, la direction des ressources humaines abandonna la référence à *l'obligation de réserve*. Elle revint au motif évoqué dans la première demande d'explications : l'audit qui eut lieu entre avril et juin 2009. Pour donner une vraisemblance à ses accusations, elle transforma le rapport des services de l'inspection qu'Andzembé avait jugé *à classer sans suite*. Pour justifier notre comparution, la direction des ressources humaines nous reprocha des torts aussi fantaisistes que redoutables : *collusion avec des entreprises prestataires, surfacturations, reports de crédits des exercices antérieurs, etc.* Malencontreusement, pour notre défense, Andzembé n'était plus à la BEAC. Il aurait apporté la preuve que le rapport dont se servit la direction des ressources humaines n'était qu'un montage, une fabrication et un faux. En dépit de l'inanité de ce montage, nous nous sommes résolus à rester dignes. Nous ne nous sommes jamais éloignés de l'éthique et des procédures de la BEAC.

Nous avons évité le mensonge et la lâcheté. Nos contradicteurs n'eurent pas cette délicatesse. Les changements d'angle dans les trois demandes d'explications cachaient mal leurs fausses intentions et une entreprise pour le moins douteuse. Rares étaient ceux qui faisaient de la morale un gouvernail. La duplicité, la transgression, le cynisme et le mensonge étaient admis comme un moindre mal, y compris par ceux qui en leur for intérieur y étaient opposés.

Des amis nous reprochèrent d'avoir publié un livre trop critique. Ils furent déconcertés par notre persistance à défendre des causes aux résultats aléatoires et aux bénéfices incertains. Notre priorité n'était pas de sauver nos intérêts personnels. Nous tenions à ce que les règles fussent respectées par tous. Plus que tout, nous refusions de nous plier aux injonctions nous intimant de rentrer dans les rangs. Parce que nos contradicteurs firent preuve d'ignominie, en travestissant les faits, nous avons refusé un compromis boiteux qui nous aurait réduits au silence. En conséquence, après avoir apprêté un réquisitoire assis sur des pièces rapportées tirées d'un faux rapport d'audit, ils dressèrent un tribunal de circonstance.

Dans le rapport d'audit qui servit d'alibi, contre toute évidence, les dirigeants de la BEAC prêtèrent au département que nous dirigions des attributions qui n'étaient aucunement les siennes. Ainsi que l'attestait l'organigramme, ces attributions n'étaient même pas inscrites parmi les prérogatives du secrétariat général. Ces allégations étaient démenties par les procédures qui fixaient les rôles des gestionnaires de crédits et ceux du département qui élaborait les budgets. D'ailleurs, ainsi que l'atteste l'annexe 2 (pages 236 à 239), ce fut à notre instigation que l'élaboration des budgets et leur gestion furent séparées et attribuées à des instances différentes.

Ceux qui nous accusaient de collusion d'intérêts étaient aussi ceux qui, quelques années plus tôt, nous avaient reproché notre militantisme effréné pour la transparence. A partir d'août 1998, à notre arrivée au secrétariat général, nous avons régulièrement informé les autorités de la banque centrale des incompatibilités qui pourraient être perçues comme une permissivité organisée[29]. A l'époque, *le département du budget et de la gestion* cumulait l'élaboration, la répartition, la gestion et le contrôle des budgets. Le secrétariat général avait la main sur la quasi-totalité des budgets. Il fallut deux années de persévérance et toute notre fougue pour convaincre le gouverneur et le secrétaire général de l'inéluctabilité de mieux répartir les prérogatives du département du budget et de la gestion. Le principe de cette séparation fut entériné en octobre 2000.

Ainsi, depuis octobre 2000, la répartition des rôles entre les services gestionnaires des budgets et ceux en charge de leur élaboration était formalisée. L'actée fut par le secrétaire général, avec l'accord du gouverneur. Nier cette évidence fut un travestissement de la réalité ou une méconnaissance des procédures internes de la BEAC. Même dans cette éventualité, les services juridiques devaient-ils laisser les autorités de la banque centrale dans l'ignorance ?

A partir d'avril 2010, parce que nous étions hors contrôle, elles s'empressèrent d'ignorer que le département que nous dirigions avait à sa disposition un budget annuel de 250 millions de FCFA pour couvrir les frais de mission et la formation de ses agents. Les lignes de crédits étaient utilisées avec le concours et l'accord des services gestionnaires.

L'argumentation faite de bric et de broc était le signe que les dirigeants de la BEAC étaient résolus à passer outre les règles. Ils nous attribuèrent une capacité de nuisance à la dimension de leur désir de vengeance. Ils virent en nous un meneur et, sans oser l'avouer, nous accusaient d'inciter des cadres dociles à la révolte. Ils voulurent couper court à une généralisation de la contestation. Elle aurait déstabilisé le

---

[29] Voir annexe 2, pages 228 à 231.

statu quo dont ils tiraient profil. La publication du livre ayant été faite à leur insu et le débat porté sur la place publique, ils ourdirent une sanction à même d'apaiser leur courroux. Le conseil de discipline donna une once de légalité à cette entreprise crapuleuse conclue par notre licenciement.

L'épilogue de cette machination furieuse fut d'une brutalité inouïe. Le gouverneur ordonna qu'on confisquât nos effets personnels. On nous fit sortir manu militari de nos bureaux. On nous suspendit de nos fonctions. La lettre de licenciement (document 16, pages 284 à285), antidatée du 16 juin 2010, nous fut remise le 2 août 2010.

Pourtant, les chefs d'Etat avaient enjoint les dirigeants de la BEAC de faire table rase des pratiques qui avaient conduit à la mauvaise gestion et aux malversations. Ils croyaient avoir résolu le problème en remplaçant la totalité des coupables ainsi que leurs complices. Dans leur hâte d'oublier ou de cacher les déboires de la banque centrale, les dignitaires nationaux ne surent pas faire le tri. Ils responsabilisèrent des individus à peine préparés à diriger une banque centrale. *La vaillance n'attend point le nombre des années*, dit-on ! Mais, les vocations comme les exploits sont-ils si spontanés, si imprévisibles ? Il aurait fallu garder à l'esprit que *la prudence est mère de sûreté*.

Pour situer les faits dans leur contexte, quelques lettres et notes échangées sont reprises dans les documents 9 à 16.

## *Section 1*
## *Les ambiguïtés d'Abaga Nchama*

Le titre de cette section traduit notre désappointement face aux voltefaces du gouverneur. Il fut un temps où nos relations pouvaient être qualifiées de cordiales voire d'amicales. Depuis sa nomination, Abaga Nchama s'est métamorphosé. Dans les paragraphes qui suivent, nous présentons les dédales de nos relations, d'abord conviviales puis antagonistes.

Le 22 janvier 2010, jour de sa prise de fonctions, nous avons adressé une lettre de félicitations (document 9, pages 17 à 148) à Lucas Abaga

Nchama. Par ce geste, nous lui manifestions notre amitié et notre soutien. Contrairement aux bonnes mœurs, nous ne reçûmes ni mot de remerciements ni un simple accusé de réception. Ce silence aurait dû nous alerter. C'était probablement le signal d'un changement d'attitude. Les déconvenues ne se sont pas limitées pas à cette posture souveraine. En effet, sans que nous eussions su l'exacte cause, il devint injoignable. Il resta sans réaction en dépit de nos quatre notes ou lettres. Curieusement, lors de brèves rencontres en public, il continuait de promettre, prenant son directeur à témoin.

Au moment d'écrire la lettre du 22 janvier et les suivantes, nous espérions inaugurer une nouvelle aire et un nouveau type de relations. En d'autres temps, Abaga Nchama nous aurait appelés. Il nous aurait proposé de débattre pour approfondir les points que nous souhaitions évoquer. Il aurait sollicité que nous missions en place une stratégie. Le pouvoir change-t-il autant les hommes ?

Les relations humaines sont jalonnées de changements de cap, d'ingratitude et de retournements de veste. Le problème n'était donc pas la posture d'Abaga Nchama mais de s'interroger sur les motivations de ce revirement. Comment, un homme affable et débonnaire s'est-il mué en un cacique suspicieux ? Il se transforma en une espèce de nabab intouchable. Nous avons été désarçonnés par la nouvelle situation. Nous n'avions plus d'emprise sur les choix majeurs de la BEAC. Cela nous préoccupa davantage que la préservation d'une relation qui allait à vau-l'eau. Au moment de rédiger la lettre de félicitations, nous ne doutions pas encore des métamorphoses en cours.

### Document 9. Lettre de félicitations au gouverneur Abaga Nchama du 22 janvier 2010

"Monsieur le Gouverneur,

J'ai l'honneur et le respect de solliciter un peu de votre attention pour vous exprimer mon plaisir de vous voir à ce haut poste de responsabilité. C'est tout naturellement que je vous adresse mes chaleureuses félicitations.

Je suis en convalescence, aussi me permettrez-vous d'aller droit au but. Vous avez sur vos épaules de lourdes charges. Le souhait le plus ardent du personnel de la Banque des Etats de l'Afrique Centrale est de voir notre institution sortir de la torpeur dans laquelle elle s'est trouvée enlisée. Je sais que vous en avez la volonté. J'espère que vous aurez le temps matériel de réaliser cet objectif commun.

Ainsi que je vous l'avais dit au moment de votre prise de fonction de directeur général, le temps joue contre les preneurs des décisions. Il vous faut vous entourer de personnes aptes à vous apporter l'éclairage nécessaire. Cette précaution est utile, même si la pertinence de votre jugement personnel n'est pas en cause. Il vous faut, surtout, entendre des avis qui ne vont pas tous dans le même sens.

Vous devinez sans doute, mon vœu le plus cher est de faire de votre nomination une chance pour la Communauté Economique et Monétaire de l'Afrique Centrale. Vous pouvez sans réserve compter sur ma disponibilité et sur ma part de responsabilité dans le renouveau de la BEAC et l'impulsion de l'intégration sous-régionale. Certains ont oublié que la BEAC doit son existence à la coopération entre les Etats membres. Je suis persuadé que vous redonnerez son plein sens à la rigueur et au dévouement pour le service de cette cause.

Très respectueusement, votre obligé."

---

Il n'y avait rien de surfait ou d'artificiel dans cette lettre. Nous n'avons pas attribué des qualités imméritées à Abaga Nchama. Nous avons pris acte de la décision des chefs d'Etat qui l'ont porté aux fonctions de gouverneur de la BEAC. Vu l'état de sa déliquescence, la banque centrale avait besoin que les dirigeants et les cadres se serrent les coudes pour laisser la crise derrière eux. En tout état de cause, nous avions, tout au moins sur le plan de l'éthique, moins à lui reprocher qu'à d'autres membres du gouvernement de la banque centrale. La suite a démontré que nous nous sommes un peu emballés. Faut-il pour autant regretter cette manifestation d'amitié ? Non, car nous ne marchandons ni l'amitié ni nos engagements. Nous avions pensé que le gouverneur pourrait avoir besoin de notre soutien. Il l'aurait mérité s'il s'était résolu à mettre en place nos projets anciens. De plus, l'intérêt de la banque centrale imposait la solidarité. Enfin, même au plus profond des discordes, nous souhaitions que les déchirements et les querelles fussent mis entre parenthèses.

Le contenu de la note reprise en document 9 ne nous parut ni outrancier ni inapproprié. Quelle ne fut notre surprise lorsque le silence du gouverneur persista ? Puisqu'il fallait une raison pour continuer d'espérer une réaction, nous mîmes le tort sur le cabinet du gouverneur. La plupart de ses membres étaient nouveaux dans leurs fonctions. La tentation d'éloigner les intrus était plausible. Ils pourraient dresser un mur pour conserver leur pré-carré. Notre irruption parmi les intimes aurait pu leur faire de l'ombre. En outre, compte tenu de notre insistance à faire de la transparence un axe majeur de la nouvelle gouvernance, cela put effrayer les susceptibles et ceux qui voulaient poursuivre la gabegie.

Après avoir observé la composition du cabinet du gouverneur, nous avons accrédité l'idée qu'un bouclier sanitaire avait été constitué autour d'Abaga Nchama. Puisque, à travers notre lettre, nous avions proposé une offre de service en concurrence avec le cabinet, certains, en particulier le chef de cabinet, pouvaient craindre une perte d'influence. En effet, ce dernier était le plus proche collaborateur d'Abaga Nchama depuis sa nomination aux fonctions de directeur général. Par ailleurs, le responsable de la mission de l'inspection qui audita notre ancien département fut promu *chargé de missions*. Le lien entre cette subite promotion et le bidouillage de son rapport pouvait paraître tendancieux mais non moins vraisemblable. Accréditant nos soupçons, un membre proche de notre cercle d'influence devint conseiller du gouverneur. Au total, la probable hostilité du cabinet, la promotion de l'inspecteur qui commit un rapport conforme aux desideratas du gouverneur[30] et le passage d'un ami proche dans le camp adverse constituaient trois éléments probants d'une machination en cours. En tout état de cause, ils nous confortèrent dans l'idée qu'on souhaitait nous voir éloignés du gouverneur.

Des perpétuels inquiets virent dans notre démarche et notre lettre de félicitations les preuves d'une proximité ou d'une familiarité avec le gouverneur. Nous n'en étions pas à ce niveau dans nos relations. Il ne restait pas moins que, dans le cas d'espèce, les apparences firent le moine. On nous désigna comme le principal ennemi ou comme un redoutable concurrent. Tout fut fait pour nous éloigner du gouverneur.

---

[30] Voir document 16, pages 179 à 216.

En écrivant au gouverneur, notre intention était amicale et nous l'espérions louable. Nous exprimions, naturellement et sincèrement, notre disponibilité à lui apporter notre concours. La prévenance de nos propos inquiéta les sectaires qui, assis sur leur confort et rétifs à la rigueur et à la transparence, voyaient un concurrent ou un ennemi en toute personne susceptible de leur faire ombrage. Ils se sentaient assiégés ; leur volonté hégémonique ne tolérait ni l'émulation, ni la concurrence, ni la confrontation d'idées. Telles furent leurs réactions à la lecture de notre note au gouverneur. De la part de ce dernier, nous aurions été satisfaits d'un poli accusé de réception. Quel que fût le gouverneur en place, nous aurions fait le même geste, la même proposition. Nous n'avions pas écrit à Lucas Abaga Nchama, notre message était destiné au gouverneur de la BEAC.

En janvier 2010, comme nous ne doutions pas qu'il pût s'agir d'une stratégie hostile, nous adressâmes une seconde lettre au gouverneur (document 10, pages 150 à 151). Ce fut à l'occasion de la passation de service entre Philibert Andzembé, gouverneur sortant, et Lucas Abaga Nchama, gouverneur entrant. Dans les circonstances d'alors, nous ne pouvions douter que le cabinet eût quelque raison que ce fut pour bloquer nos correspondances ou nos demandes d'audience. Notre lettre évoquait l'imminence de la publication de l'ouvrage *La Banque des Etats de l'Afrique Centrale, une dérive prévisible.* Il se pouvait que le gouverneur ait cru être mis en difficulté. Emportés par l'euphorie de sa nomination, nos discussions antérieures et nos projets communs ne lui semblaient pas revêtir le même degré de priorité ou d'exigence.

**Document 10. Lettre à l'attention du gouverneur Abaga Nchama du 5 février 2010**

"Monsieur le gouverneur,

Les Hautes Autorités de la Communauté Économique et Monétaire de l'Afrique Centrale vous ont confié les plus lourdes des charges des institutions sous-régionales en vous nommant Gouverneur de la BEAC. Nous avons la chance, avec votre nomination, d'avoir un responsable qui connaît *la maison* de l'intérieur. Vous êtes parfaitement au fait des problèmes récurrents de l'institut d'émission.

En ce jour, vendredi 5 février 2010, vous voilà officiellement installé dans vos fonctions. Au-delà des félicitations d'usage en de telles circonstances, je voudrais vous exprimer l'honneur et le bonheur de partager ces instants de plénitude avec vous. Ainsi que vous le savez, la Banque des Etats de l'Afrique Centrale est malade. Elle est sérieusement malade. Il vous revient désormais d'en assurer la direction. Il vous sera demandé des comptes. Je serai à vos côtés pour vous apporter mon assistance. Vous pouvez compter sur mon engagement. Ensemble, nous pourrons faire de la Banque des États de l'Afrique Centrale une institution respectée et respectant ses obligations vis-à-vis des États actionnaires. Si vous le permettez, nous irons plus en profondeur sur le sujet. Pour l'instant, je requiers votre attention pour vous faire part de l'ouvrage sur le management de la BEAC que je me propose de publier. Je vous fais parvenir, ci-joint, la table des matières, la préface, la postface et l'avant-propos. Ces extraits donnent un aperçu de la tonalité globale et de la démarche utilisée pour traiter le sujet. Il se peut que certains y voient un réquisitoire ou une approche polémique. Cela n'est ni mon intention ni dans l'intérêt de la banque centrale. Je souhaite que la gouvernance de notre institution soit remise dans le sens de l'éthique et de la rigueur. La période des troubles a été trop longue et fort nuisible. Ne doutant pas de votre disponibilité à soutenir une telle entreprise, je sollicite que vous approuviez la publication de l'ouvrage. Par ce geste, nous contribuons à éclairer les autorités décisionnaires et à conforter le renouveau du management de notre institution. Après le changement ordonné par les chefs d'Etat, cet éclairage est devenu indispensable. Il contribuera, notamment, à dissiper les malentendus et à lever la confusion volontairement entretenue par les acteurs liés aux scandales qui ont si profondément déstabilisé la BEAC.

Au moment de la prise de vos fonctions, il est utile de faire le point sur la situation d'ensemble. Votre mandat doit démarrer sur des bases claires. L'ouvrage que nous avons rédigé procède à un état des lieux. Il est un gage de précaution dans le cas où on vous demanderait de rendre compte de votre action.

Je sollicite votre attention pour prendre connaissance des pages jointes à la présente lettre et vous prie d'accepter de signer la préface de l'ouvrage. Je vous ferai parvenir un exemplaire avant la parution publique afin que vous en ayez une vue plus complète. Par ailleurs, compte tenu des efforts déployés par Son Excellence le Président Obiang Nguéma Basogo, pour donner à l'intégration sous-régionale ses lettres de noblesse, nous nous devons de lui présenter l'ouvrage en avant-première.

Je vous remercie de me faire connaître votre opinion et vous prie d'accepter, monsieur le Gouverneur, mes félicitations ainsi que mon entier dévouement pour la cause de l'intégration en Afrique Centrale."

---

Au moment d'écrire ces pages, nous avons souri. Il nous vint à l'esprit les critiques et les observations qui se voulaient amicales mais parfois perfides. On nous traita à la fois de téméraire, de crédule, de casse-cou et d'irréfléchi. Sans doute, avons-nous été un peu de tout cela à la fois. Plus que tout, nous sommes restés fidèles à nos propres engagements : ne jamais transiger sur l'éthique et l'objectivité.

Même a posteriori, il est plaisant de s'entendre donner raison. Le plus gratifiant des gestes d'amitié à notre égard fut la reconnaissance d'une continuité dans notre démarche. En effet, nous nous sommes toujours exprimés sans aller à l'encontre de nos idées ou sentiments les plus profonds. Notre patrimoine culturel le plus précieux englobe la propension à ne guère travestir la vérité, à rester fidèle et à garder confiance.

Le ton parfois acide de la lettre ouverte au gouverneur peut laisser croire que nous éprouvons de l'amertume ou de la rancœur. Si telle devait être l'impression que nous laissons au lecteur, cela serait de l'ordre de notre inconscient. Nous croyons être restés mesurés, jusque dans notre manière de relater les faits. Nous n'avons rien ajouté qui ne fût vrai. Mieux, par pudeur, nous sommes restés vigilants ; nous avons censuré certaines vérités qui pourraient être inutilement gênantes. Nous avons volontairement omis des faits qui pourraient s'apparenter à des attaques personnelles ou à des dénigrements.

Nos critiques s'adressaient à des hommes qui ont agi dans le cadre de leurs fonctions d'ordre public. Ils endossaient le rôle de *commis* d'Etat. Nous ne décrivions pas les caractères des personnes humaines en tant que telles. Nous dénoncions des comportements professionnels indignes, en particulier ceux des responsables dont les fonctions induisaient l'éthique et la défense de l'intérêt général.

Si nous devions résumer le document 10, nous aurions dit que nous le percevions comme un vecteur de mots et de conseils amicaux. Une manière de tenir en éveil un ami ou un allié. La lettre n'a pas été écrite pour flatter ou pour solliciter une faveur. C'était une mise en garde, un signe de prévention contre l'oubli. En effet, on promet volontiers sans prendre garde à tenir les promesses. L'homme n'a-t-il pas, trop souvent, tendance à oublier ses engagements, au moment même où ils ont le plus de chance de prendre forme ?

Le document 11, pages 154 à 160, reprend la note du 16 mars 2010, écrite après plusieurs rendez-vous manqués avec le gouverneur. Nous étions sérieusement irrités par la duplicité dont il fit preuve. En effet, chaque fois que nous nous rencontrions, il s'excusait et suggérait de prendre attache avec son cabinet afin de convenir d'une date et d'une heure de rencontre. Rien de concret ne se fit !

Deux raisons ont contribué à notre irritation. D'une part, nous revenions d'une longue convalescence, riches d'idées novatrices pour relancer le plan stratégique d'entreprise (PSE). D'autre part, trois de nos précédentes notes restèrent sans réponse. En outre, compte tenu de nos relations avec Abaga Nchama, antérieurement à sa nomination aux fonctions de gouverneur, rien ne justifiait une méfiance ou une si brusque rupture dans nos comportements respectifs. Peut-être avons-nous manqué de jugement ? Nous avions prêté à d'autres notre lecture d'un environnement évolutif. Nous le souhaitions encore franc, cordial, amical et empreint de confiance. Ce fut une erreur. Certes, les hommes changent mais nous pensions que l'amitié pourrait être à l'abri de la duplicité.

La note du 16 mars 2010 résumait les points que nous jugions importants. Nous avions souhaité recueillir l'opinion du gouverneur en en parlant de vive voix. En tant que responsable du plan stratégique d'entreprise (PSE), tout ce que nous disions ou écrivions pouvait avoir une incidence sur le fonctionnement de la BEAC. Informer le premier responsable de la banque centrale et recueillir sa lecture des objections soulevées étaient des obligations professionnelles. Pour notre gouverne, c'était aussi une précaution utile. L'efficacité imposait de faire de ce préalable un allié, même si le déroulement des faits nous a donné tort. Ainsi, dans la restitution de ce que nous avons observé, en dépit des contrariétés, nous avons su garder la tête froide. Nous avons tenté de rester neutres sauf au moment de rédiger la lettre ouverte au gouverneur, en juin 2010. Hormis pendant cette parenthèse difficile, nous nous sommes imposés d'être rigoureux et objectifs. Cette précision étant apportée, reprenons la narration.

L'absence de réponse à nos trois correspondances au gouverneur présageait une rupture. Plus rien ne nous obligeait à la retenue. Nous avons fait paraître un point de vue dans *le Monde* daté du 10 avril 2010. Nous y avons exposé une synthèse de *La Banque des Etats de l'Afrique Centrale, une dérive prévisible.* Pour les dirigeants de la BEAC, la preuve de notre refus de rentrer dans les rangs est devenue manifeste. Le gouverneur prit prétexte de ce qu'il considéra comme une rupture pour ne plus reculer. Pourtant, la logique aurait voulu qu'il consentît des efforts pour nous entendre. Nous aurions alors expliqué le sens de notre intervention dans la presse. Au lieu d'une conciliation, dès le 16 avril, nous reçûmes une demande d'explications. Autant dire une déclaration de guerre. Le prétexte de cette injonction à s'expliquer était l'audit, un an plus tôt, du département que nous dirigions. Ce fut le signal du déclenchement des hostilités qui furent conclues par notre départ de la BEAC le 14 juin 2010. Nous laissons le lecteur faire sa propre appréciation du document 11. Cependant, de notre point de vue, il ne contient rien qui aurait pu justifier un acharnement contre nous.

**Document 11. Note à l'attention du gouverneur Abaga Nchama du 16 mars 2010**

"Monsieur le gouverneur,

Je me permets de rappeler que je vous ai adressé deux messages, les 22 janvier et 05 février 2010. J'ai repris le travail le 23 février 2010. Le même jour, j'ai tenté de vous rencontrer. Sans doute, votre agenda ne vous permit-il pas d'honorer ma sollicitation. Je me suis donc senti autorisé de vous transmettre la présente note. Des points importants attendent des instructions précises pour favoriser un climat de travail plus serein. Je voudrais vous en exposer quatre et je souhaite requérir votre point de vue.

***1. Le plan stratégique d'entreprise (PSE)***

Par décision de votre prédécesseur, Philibert Andzembé, j'ai été désigné coordinateur du plan stratégique d'entreprise. Il s'agit d'une grande responsabilité. Au stade actuel, le PSE est sans consistance et sans réel impact sur la gestion de la Banque. La modicité des moyens mis à sa disposition conforte cette perception. Or, un plan stratégique est essentiel pour la BEAC. C'est un outil indispensable au vu de sa gestion passée qui s'est avérée calamiteuse et de sa gouvernance inappropriée. L'une comme et l'autre ont conduit aux excès dont vous êtes tout à fait conscient.

Le 11 septembre 2009, j'ai fait parvenir au gouverneur une note rappelant les défis et les conditions de réussite du plan stratégique. J'ai souhaité vous en exposer les grandes lignes. Ainsi que vous le savez, j'accomplis tout ce qui m'est donné à réaliser avec rigueur, objectivité, dévouement et professionnalisme. Je mets le même sérieux pour assurer la réussite du PSE. Il reste qu'au moment où je vous fais cette note, les ressources humaines et matérielles à la disposition du plan stratégique sont loin des objectifs visés. Je sollicite votre intervention pour que ces ressources soient renforcées. Il s'agit d'une condition nécessaire pour s'atteler, avec de véritables chances de succès, à la tâche de faire du PSE le gouvernail de la BEAC.

Je voudrais par ailleurs requérir votre analyse de la situation pour hiérarchiser les priorités afin de les inscrire dans le PSE. En effet, faire du plan stratégique la colonne vertébrale du management de la BEAC suppose une unicité de point de vue, en tout cas, un large consensus. Nous devons, en particulier, définir une stratégie et nous y tenir. Dans l'état actuel des choses, seuls quelques objectifs sont fixés. Aucune stratégie n'est définie. Nous ne disposons ni d'une programmation ni d'un chronogramme précis des actions à mener à moyen et long terme.

Un agencement d'intentions est au mieux un catalogue. Cela ne peut être un plan stratégique. Pour donner un caractère normatif au PSE, j'ai consulté des spécialistes. Ils pourront nous apporter une assistance utile. Si vous le souhaitez, ils vous exposeront les conditions préalables à un déploiement réussi du plan stratégique.

Enfin, en dépit des responsabilités qui sont officiellement les nôtres, je constate que les travaux sur l'informatisation du PSE sont conduits sans que j'y sois associé. Ce contournement comme le non-respect des procédures peut conduire la BEAC dans une impasse. Il vous revient de tirer le signal d'alarme et d'indiquer la direction à suivre.

## 2. *L'ouvrage en cours de publication*

Je vous ai fait part de mon intention de publier un ouvrage sur lequel je travaille depuis bientôt deux ans. Il s'agit d'une analyse de la gouvernance de la Banque des États de l'Afrique Centrale. Au vu de l'actualité récente, le sujet peut paraître polémique. Il peut l'être encore plus depuis que la presse a révélé les frasques des dirigeants de la BEAC. Aussi intéressantes soient-elles, le traitement des journaux et les informations rendues publiques par les auditeurs externes ne restent pas moins incomplètes ou parcellaires. J'ai côtoyé les hauts décideurs de la banque centrale pendant plus de dix ans, en ma qualité de chef de département en charge du budget et du contrôle de gestion. Je propose une lecture et une analyse de l'intérieur. En dépit de la tentation, je n'ai pas cédé à l'air du temps. J'ai essayé, et je pense avoir réussi, de rester objectif.

L'ouvrage a été rédigé sans autocensure. J'ai dit ce qui doit être dit. J'ai y cité des noms. J'ai rappelé les complicités. J'ai mis à nue des responsabilités. Cependant, je ne me suis pas limité aux critiques. J'ai proposé des solutions de sortie de crise. Je vous ai fait parvenir des extraits annexés à ma note du 10 février 2010. C'est un exercice de vérité et d'introspection nécessaire pour solder ce qui reste de mauvaise gouvernance. C'est une condition sereine et utile pour éclairer notre vision de l'avenir. J'ai souhaité faire le point d'une situation chaotique afin de prévenir contre la répétition des mêmes causes et la résurgence des mêmes conséquences. J'ai espéré une réaction enthousiaste de votre part. Elle ne s'est pas manifestée, pour le moment.

Dans un monde où la fausseté est dominante, ceux qui osent lever la tête sont affabulés de tous les noms d'oiseaux. Que cela ne déplaise à ceux qui ont fait de la calomnie une règle de vie, j'ai à mon actif mes apports à la BEAC. Ils sont inscrits dans mon parcours qui va de la balance des paiements au budget et de la Commission Bancaire de l'Afrique Centrale au contrôle de gestion. Si mon passage à la COBAC fut trop court pour prétendre y laisser des traces indélébiles, j'ai plus que contribué à la modernisation du système d'élaboration des balances des paiements. Mieux encore, les retombées de ma vision de la gestion budgétaire et du contrôle de gestion ont permis des économies dont les incidences se mesurent en milliards de FCFA.

Bien avant la publication de l'ouvrage susmentionné, certains, parmi les hauts dirigeants de la BEAC, m'ont fait le reproche de préférer l'écriture aux échanges et au débat interne. Ainsi que vous le savez, j'ai été critique mais jamais sans au préalable rechercher une solution amiable. Vous avez reçu communication des notes que j'ai fait parvenir aux secrétaires généraux et aux Gouverneurs successifs. C'est le mutisme et l'absence de réponse qui justifient mes écrits et publications. Il en est de même pour le présent ouvrage.

L'écriture peut être une chance lorsque le silence s'érige en règle pour proscrire ou écarter les débats contradictoires. Elle libère l'esprit. Elle permet de vaquer en conscience aux occupations qui fondent notre présente à la BEAC. N'eurent été mes notes et lettres, dont vous avez eu communication, n'aurais-je pas été assimilé aux membres du circuit des malversations ? Mes fonctions de chef de département en charge des moyens budgétaires et du contrôle de gestion pourraient paraître opportunes pour me montrer du doigt. D'ailleurs, des tentatives plus ou moins malhabiles ont été entreprises dans ce sens. Elles ne trompent que ceux qui veulent se laisser duper.

Je tire de mon expérience une règle de conduite qui est de ne jamais travestir les faits et de rester objectif quelles que soient les contrariétés. Avec bientôt vingt-six ans de vie professionnelle à la BEAC, j'estime avoir une bonne connaissance des hommes, grands et petits. Dans mes diverses fonctions, j'ai pu apprécier les uns et les autres. Peu sont en mesure d'exprimer leurs opinions librement et objectivement. C'est cette expérience des hommes qui m'a permis de vous dire que vous pouvez compter sur mon dévouement et mon engagement. Je vous renouvelle cette disponibilité. Je crois que vous avez besoin de tous les avis, même de ceux qui vous heurtent. Du reste, la diversité de votre cabinet tend à démontrer cette ouverture d'esprit.

L'ouvrage que je m'apprête à publier est une somme de documents ; certains ont été rédigés au cours des dix dernières années. Il a fallu trier et retenir les plus significatifs. Ce fut un travail harassant. J'ai espéré votre accord avant publication. J'avais cru devoir vous proposer de signer la préface. Je ne fais pas de votre silence un refus, au contraire, je fais mien l'adage *qui ne dit rien consent.*

### *3. Les rumeurs et les bruits de couloir*

La banque centrale est devenue un lieu où l'on donne libre cours aux colportages et aux insinuations. De plus, les révélations sur la mal gouvernance et les détournements des avoirs extérieurs de la CEMAC ont accentué un état des lieux déjà délétère. Puisque tout finit par être su du personnel et du public, n'est-il pas sage de faire de la transparence un outil utile de communication ?

Dans une institution à vocation sous-régionale, telle que la BEAC, tout doit être fait pour informer, clarifier et assurer le service public. En conséquence, il nous faut éviter que les désaccords entre les individus, en l'occurrence entre les dirigeants, impactent le fonctionnement de la banque centrale et les relations professionnelles. La perméabilité entre les ressentiments des hommes et la qualité du management nuit aux performances de la BEAC. J'admets que, au vu de l'adversité, certains préfèrent taire quelques vérités gênantes. Si des efforts étaient déployés pour effacer ou atténuer la cause des déconvenues, je me serais tenu à cette réserve qui est une sagesse. Or, tout ce que j'ai suggéré pour instaurer un peu de transparence et d'éthique a été rejeté ou ignoré. Je sais, par ailleurs, que le contenu d'un livre rédigé par un responsable du budget et du contrôle de gestion peut être perçu comme une information de première main, une quasi-certitude. Voilà pourquoi j'ai pris la liberté de vous tenir averti de mes activités. Vous avez été destinataire des notes que j'ai adressées aux dirigeants de la banque centrale. Elles vous sont parvenues avant votre nomination aux fonctions de gouverneur. Certes, il y a une différence entre les écrits à vocation interne et les informations publiées mais que faire lorsque le bon sens n'est plus parmi les préoccupations dirigeants ? J'ai cru que le mouvement est préférable à l'inactivité. En effet, écrire n'est-il pas mieux que ruminer, maugréer et attendre que la tempête passe.

Je ne m'inscris pas dans le climat qui se nourrit des rumeurs et des bruits de couloir. Si je peux me permettre un avis, je vous suggérerais de vous montrer circonspect. Nul n'est fiable à cent pour cent. Chaque fois que vous êtes en situation de prendre une décision, demandez-vous, en votre âme et conscience, si vous avez opté pour le meilleur choix. Même cette introspection ou cette précaution ne vous dispense pas d'être prudent. Avant de décider, écoutez les uns et les autres. Il vaut mieux un trop-plein d'avis que pas assez !

## 4. *Le climat d'ensemble au sein de la BEAC*

Après ma reprise de travail, lors de ma première participation à la *réunion matinale*, j'ai été frappé par l'atmosphère entourant les débats. La tension transparaissait dans les échanges entre les directeurs et les membres du gouvernement de la Banque. Plus grave, elle était aussi perceptible entre ces derniers.

En me référant à mes notes, pour la rédaction de l'ouvrage évoqué supra, je me suis rendu compte que, en juillet 2000, j'avais suggéré au gouverneur Mamalépot de mettre de la cohésion dans les échanges et dans les prises de parole. La libre expression ne doit pas s'opposer au respect des autres, à la tolérance et à la primauté de l'intérêt général. Hier comme aujourd'hui, la transposition des conflits personnels dans le cadre professionnel est une faute parce qu'elle nuit à la BEAC. Il vous revient d'inspirer le bon comportement. Vous n'avez pas besoin d'être autoritaire ou omnipotent. Quelques précautions suffisent pour poser la base d'une animation réussie des réunions de travail.

Toutes composantes du haut encadrement de la banque centrale doivent adopter une conduite de gentleman. L'exemple doit venir de vous. Il vous faut être ponctuel, directif, attentif, tolérant, ouvert, concis et disponible. La tolérance n'est pas la permissivité. L'écoute n'est pas l'indécision. Être directif ne veut pas dire faire montre d'une posture de dictateur. A chaque fois et dans toutes les situations, il vous revient de trouver la juste mesure. Je suis persuadé que vous y parviendrez.

Comme moi, vous vous rappelez que les débats, lors de la *réunion des chefs des centres*, ont failli dégénérer. Vous avez été attentif. Votre attitude a permis d'éviter que les échanges se transformassent en une séance de délation ou de culpabilisation. La BEAC reste encore fragile. Les postures de quelques individus risquent de nuire à sa cohésion. Cette nuisance peut aboutir à une plus grande déstabilisation. Certains n'attendent qu'un faux pas ou un prétexte pour jeter de l'huile sur le feu. Le moindre différend peut être monté en épingle pour montrer que vous n'êtes pas à la hauteur. Même si la tentation est grande et que vos conseillers vous y poussent sachez rester patient, mesuré et conciliant. Vous devez privilégier l'entente et le dialogue. Retenez que ceux qui auront bénéficié de votre magnanimité ne l'oublieront pas. Ils vous en sauront gré. C'est aussi cela être le patron.

Vous avez entrepris une réorganisation de la BEAC. Le contrôle interne en est un aspect essentiel. Il comprend deux volets : l'un avant et l'autre après *les engagements*. Tous les deux sont utiles. Sans la mise en place d'une procédure de contrôle préalable, les travers qui ont miné la gestion et facilité les malversations se poursuivront. Ainsi que vous le savez, j'ai mené un combat permanent pour combattre la mauvaise gestion. Ceux qui sont tentés de contourner les procédures ont compris que mon principal objectif est de leur rendre la tâche plus difficile. Ils n'ont pas manqué de me le faire sentir, parfois très durement.

Ma conviction est qu'à la BEAC, le niveau des rémunérations est plus que correct. Il devrait nous mettre à l'abri de la tentation d'empiéter sur les ressources communautaires. Nous devons les gérer en bon père de famille. Tous les membres du gouvernement de la banque centrale doivent être exemplaires. Dans le cas contraire, chaque agent essaiera de tirer son épingle du jeu. En effet, la déviance des dirigeants provoque le mimétisme. Elle entraine une surenchère des comportements non-éthiques qui, par leur généralisation, abîmeront encore plus la banque centrale. Si, dès à présent, vous n'engagez pas une action préventive énergique, demain, la reprise en main sera plus difficile. La contestation s'amplifiera. Les plus déterminés se coaliseront pour défendre ce qu'ils considèrent comme leurs acquis. Ils ont déjà fait des prébendes un complément de revenus. Ils iront plus loin. Ils voudront *mettre de côté de quoi assurer leur retraite.* La BEAC et l'intégration sous-régionale en sortiront affaiblies. Dans ce combat comme dans d'autres, je serai à vos côtés.

Tels sont les sujets dont je souhaitais vous parler de vive voix. D'ici là, j'espère compter sur votre soutien et escompter votre disponibilité pour une future entrevue.

Veuillez croire, monsieur le Gouverneur, en l'assurance de mon total dévouement pour le rayonnement de la BEAC et l'aboutissement de l'intégration en Afrique Centrale."

---

Le silence du gouverneur persista. Bien que frustrés, nous sommes restés constructifs. Nous avons écrit la lettre reprise en document 12 (pages 161 à 162) pour marquer notre embarras. Nous ne doutions pas encore que le gouverneur s'était rangé du côté adverse. En exprimant notre frustration, nous nous sommes exposés. Après avoir lu la lettre, le gouverneur sortit de son attitude équivoque : nous sommes devenus une cible. Involontairement, nous lui avons offert une possibilité de nous attaquer. Nous étions alors loin d'imaginer l'impact de cette adversité. De notre part, ce fut une négligence coupable qui s'avéra une erreur stratégique extrêmement dommageable. Face à cette méprise, nous avons souri. Ce ne fut pas un sourire ironique. Non, nous avons hoché la tête au constat de notre incapacité à contourner ou éviter un processus prévisible. Certes, il y eut la duplicité du secrétaire général ! Certes, on peut évoquer les fourberies de notre intérimaire ! Mais, rien ne justifiait que nous nous laissâmes aller à une fausse assurance. Rien n'expliquait notre témérité qui n'était que de l'inconscience. Rien de solide ou d'établi ne nous permettait d'avoir une once de foi dans l'amitié, la solidarité ou le bon sens d'individus, sans véritable encrage éthique, prêts à tout pour écarter. Au moment le plus critique, nous avons oublié que les combats se gagnent avec des troupes. Nous avons sous-estimé le comportement grégaire de la meute. Nous avons négligé les menaces, pourtant que de fois n'avons-nous pas entendu : *empêchons-le de nuire !*

En écrivant la lettre reprise en document 12, nous exprimions notre exaspération. Le face à face devint inévitable. La lutte s'enclencha. Elle s'acheva avec notre départ, le 14 juin 2010. Ce fut une sortie difficile. Mais, comment aurions-nous pu continuer dans un tel contexte ? La duplicité des prétendus amis nous affecta davantage que la perte d'un emploi que nous avons remplacé par un autre. Ce sont les lâcheurs, ceux qui nous ont tourné le dos, qui devraient avoir l'esprit taraudé. Ils ont sacrifié l'amitié pour le bénéfice d'un maigre maroquin. Dans leurs calculs, le jeu en valait la chandelle. Tout de même, n'aurait-il pas été plus sage de savoir résister aux délices éphémères ?

**Document 12. Note à l'attention du gouverneur Abaga Nchama du 8 avril 2010**

"Monsieur le Gouverneur,

Le 16 mars 2010, j'ai eu l'honneur de vous faire parvenir une note faisant le tour des sujets dont je souhaitais vous entretenir. L'absence de réponse signifie que votre emploi du temps ne vous a pas permis de m'accorder l'entrevue maintes fois sollicitée.

J'ai repris le travail depuis le 23 février 2010. Cela fait six semaines que je suis en activité. Je me dois de vous dire qu'en dépit de deux rencontres avec le Secrétaire Général et ma lettre du 16 mars 2010, rien de tangible ne fut fait dans le sens que je souhaite. Vous me permettrez de rappeler que par une décision datée 3 septembre 2009, j'ai été désigné coordonnateur du plan stratégique d'entreprise (PSE). Depuis ma reprise de service, j'ai tenté d'approcher mon intérimaire, Barka Ratou. Il s'est montré évasif et mal à l'aise dans la formulation des réponses à mes questions. Une fois, il tenta de me faire comprendre qu'il attendait un signe du secrétaire général. Une autre fois, il balbutia que la réponse attendue du secrétaire général ne lui était pas encore parvenue. La passation de service qui aurait dû se faire dès ma reprise du travail, attend encore. J'ai informé le secrétaire général de cette situation. Il me dit n'avoir pas reçu de note de Barka Ratou. Curieusement, depuis lors, ce dernier devint injoignable. Aux dernières nouvelles, il serait à Lyon, en formation. Le bon sens voudrait que la passation de service précédât ce déplacement.

Par ailleurs, ainsi que je vous en tins informé dans ma précédente note, j'ai pris des engagements auprès des spécialistes. Ils pourront nous aider à parfaire le PSE. Ces partenaires pourraient se sentir floués en raison des reports successifs de leur arrivée à Yaoundé. A juste titre, ils pourraient avoir l'impression que nous ne donnons pas une image flatteuse de la BEAC. Le report sans raison de la passation de service est la véritable cause de cette situation pour le moins inconfortable. Sans paraître particulièrement exigeant, je prétends que six semaines sont amplement suffisantes pour préparer et passer le service pris en intérim. Aussi, me permettrais-je de solliciter votre intervention pour mettre un terme à cette situation incongrue qui n'a que trop duré. Je profite de la présente pour renouveler ma demande d'audience.

Veuillez croire, monsieur le Gouverneur, en l'assurance de mon total dévouement pour le rayonnement de la BEAC et l'aboutissement de l'intégration en Afrique Centrale."

---

## *Section 2*
## *Une machination mensongère*

Lors de notre retour à Yaoundé, le 23 février 2010, après quatre mois d'absence, nous étions loin d'imaginer la détermination de nos contradicteurs. Ils avaient fomenté une stratégie pour nous écarter ou nous éliminer. Dans nos prises de position et nos écrits, nous nous sommes montrés hostiles à leurs visées. Mais, nous avons situé cette hostilité et cette confrontation dans des limites raisonnables. Nos idées n'étaient pas exactement les leurs. Mais, nous ne combattions pas des individus. Nous exprimions notre désapprobation des styles à l'emporte-pièce et notre refus des comportements dénués d'éthique et de rigueur nécessaires pour diriger l'une des plus importantes institutions de la sous-région Afrique Centrale.

En dépit du climat tendu qui prévalait au moment de l'audit du *département de la prévision des moyens budgétaires et du contrôle de gestion*, entre avril et juin 2009, nous avons fait preuve de retenue. Nous avons pris du recul pour réfléchir et faire le point sur le combat que nous menions et les conséquences prévisibles.

L'audit s'est déroulé au cours d'une période où nous nous sommes tenus à l'écart des luttes entre les factions concurrentes au sein de la BEAC. Pour ne pas nous couper de la prise de décisions, nous partîmes en tournée budgétaire. Jusque-là, nous laissions nos collaborateurs se charger de ces tâches. Ainsi, en juillet 2009, nous avons quitté les services centraux pour une mission de trois mois. Nous avons échangé de points de vue avec les responsables des succursales du Tchad, de la Centrafrique, du Congo et du Cameroun. Ce fut un éloignement bénéfique. Chaque fois que nous quittions les services centraux de la BEAC, nous trouvions une certaine quiétude. Nous partîmes donc sereins. A cette absence pour motif professionnel s'est ajoutée une autre, de quatre mois, pour maladie. Au total, nous sommes restés éloignés des manigances et des bruits de couloir du siège pendant sept mois. Nous avons continué de réfléchir sur une réorganisation complète de la banque centrale. Nous avons décidé de donner une forme écrite et publiable à notre réflexion. Pris dans cette tâche, nous avons quelque peu négligé les tiraillements stériles et les débats agressifs sans fin de nos contradicteurs. Cet éloignement et cette prise de distance avaient provoqué une perte de repères préjudiciable. Nous n'avions pas vu venir *le coup* fomenté pour étayer une stratégie hostile, principalement contre nous. Nous avions considéré le hérissement puis le silence du secrétaire général comme un épisode malheureux et comme un épiphénomène. Nous avions ignoré les conséquences de cette hostilité comme les vrais ressentis de nos contradicteurs. Nous ne voyions dans tout cela qu'un cap difficile à passer et quelques contrariétés à surmonter en attendant le retour à des humeurs plus amicales. A l'inverse, le camp adverse se saisit de notre absence pour affiner une stratégie que nous qualifiâmes plus tard de vengeresse.

Au moment de la houle autour de l'ouvrage à paraître, le cabinet du gouverneur reflétait un basculement d'alliances. Pour nous, ce fut une espèce de zone d'ombres dont nous ne pûmes tirer de leçon. A l'évidence, le gouverneur prit ses distances par rapport aux idées que nous défendions, lui et nous, quelques mois plus tôt. Au lieu de s'entourer d'un groupe d'experts, il appela auprès de lui ses promotionnaires du centre de formation. Ces derniers tenaient à accéder, aussi, à la gestion des affaires. Ils ne reculèrent devant aucun obstacle, même l'intérêt supérieur de la BEAC leur semblait d'une moindre importance en comparaison de leurs objectifs immédiats.

Surpris par la configuration du cabinet du gouverneur, nous n'y vîmes qu'un dispositif provisoire. Face à l'évidence, nous avons émis des critiques qui parurent excessives aux yeux de ceux qui avaient des positions à défendre. Le silence du gouverneur, en dépit des tentatives pour attirer son attention n'arrangea rien. Nos critiques radicales et son indécision confirmaient une divergence d'approches sur la gouvernance de la banque centrale. Nous étions en attente de clarification mais le silence confirmé du gouverneur signifiait la fin de toute évolution. Ce constat conduisit à une rupture. Nous nous sommes interrogés. Nous avons réfléchi moins dans l'espoir d'un renversement d'alliance que pour nous préparer à une adversité frontale. Comment faire du neuf sans se départir des mêmes mauvaises habitudes ? Comment gouverner une banque centrale avec un cabinet de bras cassés ? Telles furent les principales questions que nous ne formulâmes pas mais que chacun comprit à travers nos critiques.

Au lieu d'une réaction réfléchie et argumentée, nous avons reçu, pour toute réponse, une dénégation du besoin de bonne gouvernance. On nous intima de nous occuper de ce dont nous avions la charge. Le discours dominant ou plutôt l'injonction était : *fermez-la et arrêtez d'emmerder le monde.* L'intention du gouverneur ne faisant plus aucun doute. L'éventail des choix était mince. Nous nous sommes trouvés face à une alternance qui se résumait à s'aligner sur ses positions ou se résigner au silence. S'aligner ou se résigner signifiait baisser les bras et rentrer dans les rangs. Le refus nous condamnait à la marginalisation. Comment mener le combat pour la rénovation de la gouvernance de la banque centrale sans troupes, sans ressources et surtout sans l'écoute du gouverneur ? En dépit de cette situation qui semblait nous prendre en tenailles, nous n'avons pas dérogé à notre règle de conduite. Nous avons décidé d'avancer. Nous nous y tînmes envers et contre tous. Rien ne nous démontrait la fatalité de se résigner à la mal-gouvernance. Rien, non plus, ne la rendait inéluctable. Même nos adversaires qui voulaient nous marginaliser ne pouvaient nier la justesse de notre engagement. Cela était une maigre consolation ! Vu notre posture, épiloguer sur le combat du pot de terre contre le pot de fer, n'était aucunement une gageure. En effet, la foi paraissait peu de choses en comparaison de la puissance de la fonction et des ressources d'une banque centrale. Nos adversaires s'en servaient sans égard contre nous et contre la CEMAC qui escomptait de la banque centrale davantage d'efficacité dans sa gestion. Cela ne nous priva pas de nous nous projeter dans le futur. Nous nous sommes préparés à quitter la BEAC. Nous fîmes cette offre au gouverneur par le biais du secrétaire général de la COBAC. Nous n'avons pas su ce que le gouverneur en pensa. Nous avons deviné ses intentions à la réception de la première demande d'explications, datée du 16 avril 2010. Cette déclaration d'hostilité nous surprit car elle nous est parvenue tandis que nous proposions une séparation amiable. Elle nous étonna par sa tonalité agressive parce que nous espérions une solution de conciliation.

Lorsque nous ouvrîmes le pli contenant la demande d'explications, nous attendions d'être interpellés sur le manifeste paru dans la presse, publié dans *Le Monde* daté du 8 avril 2010. Dans une sorte de décalage dont sont capables les technocrates, monsieur Auguste Bodeman, directeur des ressources humaines, se référa à l'audit qui eut lieu entre avril et juin 2009. Nous y répondîmes aussi sèchement que le méritait cette attitude discourtoise et veule. Naturellement, l'essentiel de ce qui tenait lieu d'argument pour objectiver la demande d'explications était mensonger. Le prétexte était évident ! Au lieu d'évoquer une probable transgression de l'obligation de réserve, les autorités de la BEAC nous ont accusés de concussions. Ce fut grossier et nous répondîmes à leur missive sans la moindre intention de compromis. A travers la demande d'explications, le gouverneur tenta de nous salir. Comme dans un duel, il voulut nous porter un coup fatal, sans la moindre intention de laisser l'adversaire demander grâce. En retour, nous fîmes part de notre mépris pour des pratiques si inappropriées. Le gouverneur et ceux qui lui ont prêté la main pour rédiger l'accusation méritaient le dédain exprimé à travers notre rejet du procédé mensonger usité. La réponse à la demande d'explications est reprise en document 13 (pages 166 à 177). Face aux menaces qui étaient une déclaration de guerre, nous nous devions de réagir. Nous le fîmes sans reculer, sans concession et sans regret.

**Document 13. Réponse à la demande d'explications du 16 avril 2010**

"Monsieur le directeur des ressources humaines,

Ce jour, vendredi 16 avril 2010, à 9 heures 15 minutes, j'ai reçu une lettre portant les inscriptions *PSC/146/YA* et *demande d'explications*. N'eût été la gravité de la situation, le contenu de votre missive m'aurait fait sourire. Connaissant les habitudes et les mauvaises manières au sein de la Banque des Etats de l'Afrique centrale, cela ne m'a guère surpris. Je connais, par ailleurs, votre rigueur personnelle et votre esprit non-partisan pour ne pas vous incriminer dans cette démarche qui n'a pas pour motivation les points relevés dans votre lettre. Je vais vous en faire une démonstration éclatante.

Avant d'entrer dans le vif du sujet, je voudrais d'abord relever le retard, presque une année, avant que vous daigniez m'envoyer une demande d'explications. En effet, selon vos propres termes, les faits incriminés remonteraient au 11 mai 2009. Ce simple constat peut vous donner une idée du manque de rigueur et de sérieux avec lequel les affaires de la banque centrale ont pour habitude d'être traitées. Est-ce une manière de faire payer la liberté, chèrement conquise de ne pas plier face aux puissants ? Est-ce une attaque préventive contre la publication prochaine d'un ouvrage sur les heurs et les malheurs de la BEAC ? Est-ce la manière des dirigeants de notre institution de sanctionner la parution, dans le journal *Le Monde,* de l'article intitulé est : *La Banque des Etats de l'Afrique Centrale, une dérive prévisible* ? Comprenne qui pourra !

En cette période où les chefs d'Etat de la Communauté Economique et Monétaire de l'Afrique Centrale s'évertuent à sortir la BEAC de ses égarements, il y a bien d'autres priorités que les règlements de comptes. Aussi, il me semble nécessaire de rappeler un leitmotiv : tant que des cabinets-conseils compétents n'auront pas en charge de désigner les meilleurs parmi les cadres de la CEMAC pour diriger les institutions sous-régionales, nous aurons encore à déplorer les pratiques et les comportements inqualifiables dont votre lettre s'est faite l'expression la plus aboutie.

Je voudrais que vous notiez que deux catégories parmi les dirigeants peuvent m'en vouloir au point d'être les mandants de ce simulacre d'accusation. Il y a d'une part, les avides, décidés, coûte que coûte, à prendre leur part du butin en passant outre les règles et les procédures de la BEAC. Ils n'ont pas accepté d'être freinés ou contrariés dans leur entreprise malfaisante. Je dis *freinés* car, en dépit du combat que j'ai mené, rien ne put les empêcher de sévir. Certains utilisaient leur stature hiérarchique pour passer outre les exigences de prévention. Il y a d'autre part, ceux qui se sont sentis obligés de se rétracter. Au lieu de faire contre mauvaise fortune bon cœur, ils ont décidé de m'en faire payer le prix. Ils ont monté un stratagème pour me prendre en chasse ou pire pour me tenir à porter de fusil. Vous venez de donner un visage, à travers votre demande d'explications, aux partisans de ce dernier groupe. C'est aussi ce qui explique qu'un beau matin du 11 mai 2009, une mission de la direction générale du contrôle général (DGCG), comprenant trois inspecteurs, se présenta à mon bureau. Je ne fus pas surpris par cette irruption. Le vice-gouverneur Oger Rigobert Andely m'en avait tenu informé. Ce qui justifiait la mission corroborait une lettre les allégations d'une anonyme transmise mise en circulation avec la complicité de hauts responsables de la BEAC. Elle fut écrite de la main d'un cadre travaillant sous mes ordres. On lui fit moult promesses qu'il ne put décliner. Vu la cherté des places au Panthéon de la BEAC, cela peut se comprendre. Ce collaborateur qui s'avéra traite ou Juda reçut, en récompense de son dévouement calomniateur, deux échelons. On lui promit beaucoup et, ainsi que je l'ai rappelé supra, la tentation ne pouvait être que grande.

Ce qui me chagrine le plus dans ce montage honteux c'est que mes propres compatriotes se sont mis à la danse de qui trahira le mieux. Je reconnais qu'il s'agit de prétendus patriotes. Ils sont, comme d'autres, pressés de prétendre à la succession du chef du *département de la prévision des moyens budgétaires et du contrôle de gestion*. Certains ont agi, mus par un esprit clanique. D'autres convoitent des postes pour lesquels ils n'ont ni la qualité ni les prédispositions minimales. Profitant de l'audience de la présente lettre réponse, je leur dis : n'eût été le refus des dirigeants, je n'aurais pas servi pendant plus de dix années à un même poste, quel qu'il soit. Peuvent-ils comprendre cela ? Préoccupés par leurs calculs mesquins et l'envie de se faire une place au soleil, à tout prix, ils ont foncé sans se douter que demain sera un autre jour.

Pour éclairer la lecture de l'histoire et de la véritable motivation de votre lettre, je serai aussi précis et objectif que possible. Au préalable, je voudrais vous rappeler quelques informations. Vous ne le savez sans doute pas, vous pouvez prendre connaissance de la suite réservée par le gouverneur Jean Félix Mamalépot à ma note du 14 juin 2000. Dans son exaspération, il y griffonna quelques mots : *Monsieur MASSOUD veut réformer la Banque, qu'il aille faire ses réformes ailleurs !* Cette phrase illustre que je ne suis pas prêt à tout pour conserver une fonction. Avant cette lettre, j'avais écrit plusieurs notes. La plupart prônaient une mise aux normes des procédures de la prévention de risques. En effet, en raison de la non-application ou de l'inexistence des procédures, la voie fut ouverte aux dérives dénoncées dans l'ouvrage à paraître qui me vaut votre demande d'explications. Enfin, je rappelle, vous ne pouvez l'ignorer, mon constant engagement pour l'intégration de la CEMAC et pour la défense du patrimoine de la Banque. Cela me valut un passage devant un conseil de discipline dont la seule motivation était de me faire taire.

Ainsi que vous le constatez, les promoteurs de si basses et indignes œuvres n'ont pas réussi leur pari. Ils sont, pour la plupart, hors de la BEAC pour des faits que je n'ai eu cesse de dénoncer. Hier comme au moment où je vous écris, j'affirme : tout le monde n'est pas achetable ou intimidable. Parmi les agents de la BEAC, il y a aussi des hommes dignes.

Après ces quelques rappels, revenons à ce qui fait le menu de votre lettre qui se veut imparable. Je vais vous démontrer que l'esprit BEAC, tel que légué par nos *anciens,* ne se retrouve pas dans ce ramassis d'accusations sans fondement. Vous avez érigé la diffamation en règle contre ma personne, un des rares cadres qui ose dire ses quatre vérités aux autorités. Puisque votre lettre me concerne, vous voudrez bien noter que mon nom est MAHAMAT MASSOUD. Je ne suis pas un agent Lambda au sein de la BEAC. Avec le respect dû à vos fonctions, je vous présente dans les pages suivantes une démonstration et une annihilation de votre demande d'explications. Elle n'est rien moins qu'une tentative d'intimidation.

### *1°) L'objet de la mission de la direction générale du contrôle général (DCGC)*

Contrairement à ce qu'affirme votre lettre, l'objet de la mission de contrôle ne visait pas une vérification des dépenses exceptionnelles. L'intitulé exact était : *Mission de vérification du Secrétariat Général (Département de la Planification des Moyens Budgétaires et du Contrôle de Gestion).* Je rappelle, par ailleurs, que la date portée sur les ordres de mission des trois inspecteurs mentionnait la période du 11 au 21 mai 2009 tandis que vous indiquez *du 11 mai au 19 juin 2009*, dans votre lettre. Certes, il s'agit d'erreurs de forme mais, puisqu'il s'agit d'un dossier qui pourrait impliquer des considérations juridiques, tous les vices peuvent avoir leur importance.

### *2°) Votre lettre fait référence aux malversations et à une collusion avec les entreprises*

Si vous aviez pris un moment pour examiner mon dossier, vous auriez constaté que je fais partie des effectifs de la Banque depuis le 1er novembre 1984. Le cabinet Bailly qui procéda à mon recrutement a dû laisser un descriptif objectif de mon profil psychologique. Vous n'y trouverez nulle trace du comportement de voyou que m'attribue votre lettre. Les deux entreprises que vous citez n'ont pas besoin de mon intercession. Elles ont pignon sur rue et régulièrement sollicitées par les services de la banque centrale. S'agissant de prestataires dont le volume d'affaires est d'une dizaine de millions de FCFA par an, vous auriez dû être mesuré dans vos propos. Je rappelle que les budgets élaborés et répartis aux services utilisateurs, par les soins du département dont j'assure la direction, rapprochent annuellement 100 milliards de FCFA. A tout le moins, la formulation de vos accusations devrait être retenue et circonspecte. Si j'avais eu la tentation de détourner ou de m'engager dans les malversations, des marchés de plusieurs milliards me tendaient les bras. Mieux, on m'y incitait vivement ! Je me suis tenu à l'écart. Qui peut objectivement dire le contraire ? Vous pouvez vous référer aux notes et aux documents publiés dans *La Banque des Etats de l'Afrique*

*Centrale, Une dérive prévisible* pour procéder à un rapprochement utile avec vos affirmations péremptoires et à l'emporte-pièce.

### *3°) Votre lettre se réfère à l'obligation d'informer le Gouverneur*

Je vous rappelle que mon supérieur hiérarchique est le secrétaire général et non le gouverneur. Cependant, lorsque la réponse que j'attendais du secrétaire général n'arrivait pas ou lorsqu'elle n'était pas à la hauteur de mes attentes, je tenais le gouverneur informé. J'en veux pour preuve les notes et les lettres en dates du :

- 18 novembre 1999 ;
- 14 juin 2000 ;
- 25 novembre 2000 ;
- 6 décembre 2000 ;
- 1er mars 2001 ;
- 4 avril 2001 ;
- 14 décembre 2001 ;
- 21 janvier 2002 ;
- 12 février 2002 ;
- 11 septembre 2002 ;
- 7 juillet 2002 ;
- 26 janvier 2007 ;
- 10 juillet 2007 ;
- 17 juillet 2007 ;
- 18 juillet 2007 ;
- 2 août 2007 ;
- 3 août 2007 ;
- 21 août 2007 ;
- 2 septembre 2007 ;
- 19 décembre 2007 ;
- 21 février 2008 ;
- 4 septembre 2008 ;
- 7 avril 2009 ;
- 17 avril 2009.

Je vous signale les plus significatives. Une simple consultation des dossiers vous aurait évité de laisser apparaître de manière si évidente votre acharnement contre ma personne.

***4°) Votre lettre signale une collusion avec messieurs Aladji Aroga et Amadou Alim***

En citant ces deux noms qui comptent parmi mes amis, vous avez voulu faire de mes relations privées un motif pour donner un semblant de vérité à vos affirmations gratuites. Celles-ci n'engagent que ceux qui veulent bien y prêter attention. Je sais, par ailleurs que vos propres services et ceux de l'inspection ont fait pression sur des chefs de famille. Les commandes de la banque centrale auprès de leurs entrepreneurs individuels représentent l'essentiel de leurs chiffres d'affaires. Vous n'avez pas hésité à autoriser vos agents à extorquer des informations sous la menace, en brandissant la suspension de toute transaction avec la BEAC. Ces procédés ne grandissent ni leurs auteurs ni ceux qui espèrent en tirer avantage. Une banque centrale doit être au-dessus de ces pratiques d'un autre âge.

***5°) Votre lettre signale des reports de crédits exceptionnels***

Une simple lecture des décisions du conseil d'administration vous aurait renseigné sur la mise en application de la prohibition du report des crédits relatifs aux dépenses exceptionnelles. Manifestement, tout vous semble bon pour enfoncer le clou. Encore aurait-il fallu qu'il y eût matière à clouter ? Sauf à faire preuve de mauvaise foi, il vous est impossible de démontrer que mes services ont procédé à un report de crédits depuis la décision du conseil d'administration qui est devenue applicable à compter de l'exercice 2008.

***6°) Votre lettre fait cas de trafic d'influence***

Monsieur le directeur, vous utilisez là de bien gros mots ! Sans doute, les utilisez-vous sans en prendre toutes les implications. Nous sommes une banque centrale. La fonction banque centrale est régentée par la Banque des Règlements Internationaux (BRI) et le Fonds Monétaire International (FMI). L'indépendance, la transparence et la responsabilité en sont les trois piliers. A moins que vous n'avouiez votre ignorance, où avez-vous lu que les dirigeants sont au-dessus des lois ? Vous formulez des accusations fausses et procédez en diffamant votre interlocuteur que je suis. Vous voudrez bien noter qu'elles peuvent être retenues contre vous et contre la BEAC. Au juste, qu'avez-vous voulu dire ? Des trafics d'influence avec ou au sein de la banque centrale ? Des trafics d'influence avec ou par les dirigeants de la banque centrale ?

### *7°) Votre lettre indique une modification des crédits alloués*

Cela prêterait à sourire n'eût été votre rôle de représentant de la crédibilité de la BEAC. Vous semblez reprocher au chef du département en charge du budget d'allouer les budgets en les adaptant aux besoins réellement exprimés par les services. Je vous en cite quelques exemples. Que faire lorsque le carburant alimentant les groupes électrogènes est épuisé ? Que faire lorsque les consommables pour le fonctionnement des services sont épuisés ? Que faire lorsqu'il faut évacuer d'urgence un malade et que les crédits alloués sont insuffisants ? Apprenez, monsieur le directeur que venir en aide à un *centre* à court de crédits budgétaires est, par essence, dans les attributions du responsable du budget. La gestion budgétaire a ses procédures que vous aurez voulu complètement ignorer dans cette vision simpliste. Tout ne peut être bon pour étayer une accusation. Non, d'autant plus que le procès que vous me faites est assis sur du vide, de l'amalgame et de la diffamation. Je vous en laisse l'entière responsabilité. L'incongruité de la situation ne mérite pas que l'on s'y attarde fut-il un instant de plus.

### *8°) Votre lettre signale un blocage inconsidéré des crédits*

Je voudrais juste vous rappeler que, grâce aux mesures que j'ai réussi à mettre en place, pendant onze ans, la BEAC a économisé plusieurs milliards de FCFA. D'autres ont fait perdre (détournements et mauvaise gestion) plusieurs dizaines de milliards. Vous pouvez vérifier les comptes. Vous remarquerez que, des rémunérations aux fournitures, de bureau, de l'acquisition d'équipements à l'édification d'immeubles, des formations aux missions, la tentation de la surfacturation et les collusions étaient permanentes. Autant que les limites des pouvoirs qui me sont délégués le permettaient, j'ai colmaté les brèches. Ainsi que vous le savez, ces pratiques ne se sont pas envolées comme par enchantement. Plus grave, avec le changement de l'équipe dirigeante, elles persistent encore.

### *9°) Votre lettre signale une récurrence d'engagements non urgents*

L'adage dit : *lorsqu'on veut noyer son chien, on l'accuse de rage.* Fort heureusement, je ne suis ni un chien ni enragé. La grossièreté de vos reproches est si flagrante et vos arguties paraissent si risibles. Mais, rien ni personne ne semble en mesure de stopper votre déchainement ! Qu'avez-vous voulu dire au juste ? Est-ce à dire que je me suis accordé des crédits ? Est-ce à dire que je fais de la discrimination ? Au profit de qui ou de quels services ? Est-ce à dire que j'invente des besoins inexistants ? Dans ce cas, n'aurait-il pas fallu incriminer d'abord les services destinataires ? Je ne vous demande rien de plus qu'un peu de considération et de respect. Vous êtes-vous demandé l'interprétation que pourraient faire des tiers à la lecture de votre demande d'explications ? Est-ce l'image que vous souhaitez donner d'un courrier professionnel et interne rédigé par le directeur des ressources humaines d'une banque centrale ? Au-delà du rôle que vous semblez jouer avec délectation, ne pouvez-vous faire preuve de bon sens ?

### *10°) Votre lettre signale des divergences entre certains chiffres des budgets*

Je vous présente succinctement quelques éléments du budget pour illustrer les contraintes auxquelles le responsable du budget fait face. Par exemple, au titre de l'exercice 2009 :

- les demandes globales de crédits exprimées par l'ensemble des services de la BEAC ont totalisé environ 88 milliards ;
- le montant soumis à l'arbitrage de la commission budgétaire, avec l'accord du gouvernement de la banque centrale, a été de 78 milliards ;
- le budget pour lequel la commission budgétaire a marqué son accord de principe a été de 84 milliards ;
- le budget retenu par le gouvernement de la banque centrale, présenté au conseil d'administration et adopté a été de 74 milliards ;
- les lignes budgétaires affectées aux services de la BEAC ont totalisé 71 milliards ;

- la réserve budgétaire, conservée au siège, d'une part, afin de contraindre les services à réaliser des économies, d'autre part, pour dénouer les situations d'épuisement prématuré des budgets pour des raisons imprévisibles ou exceptionnelles ont été de 3 milliards.

Sans doute qualifiez-vous ces chiffres de divergences ! Il s'agit d'une procédure normale d'arbitrage budgétaire et de contrôle des budgets afin de contenir une hausse exagérée et continue des dépenses. Pour l'essentiel, l'exercice consiste à ajuster les demandes aux ressources. La limite des moyens est fixée par le gouvernement de la banque centrale et adoptée par le conseil d'administration. Votre humble serviteur tente, tant bien que mal, de veiller à une gestion *en bon père de famille* des ressources. Sur ce point comme sur les autres, votre demande d'explications, basée sur des affirmations fantaisistes et malintentionnée, mérite, de votre part, une relecture. C'est le moins que je puis vous suggérer.

Quant à ce qui concerne ce que vous appelez des divergences sur les montants des crédits et sur les autorisations de paiement de factures relatives à la fourniture de biens et des services surfacturés, vous devez savoir qu'aucune autorisation ou paiement ne se fait sans l'accord du secrétaire général ou, dans la limite de leurs délégations, la signature conjointe de deux chefs de département. Il est tout de même surprenant que vous m'imputiez une responsabilité univoque tout en ayant pris soin :

- d'enjamber le secrétaire général, comme si ses compétences ne figuraient pas dans l'organigramme ;
- d'omettre de signaler que le chef du département de la prévision des moyens budgétaires et du contrôle de gestion n'est pas autorisé à signer, seul, des dossiers, y compris ceux qui sont directement de la compétence de son département ;
- de passer outre l'implication d'autres acteurs dans le processus de la gestion budgétaire.

En tout état de cause, même si je puis mettre vos allégations sur une méconnaissance des arcanes budgétaires, il eut été sage que le rédacteur ne restât à ces approximations peu crédibles. Puisque vous prîtes la liberté d'accuser, à défaut d'équité, il eut été de bon conseil de maîtriser techniquement le dossier.

### *11°) En conclusion*

De manière générale, une lecture attentive de *La Banque des Etats de l'Afrique centrale, une dérive prévisible* vous apportera davantage d'indications. Elle vous fournira une mesure exacte du combat que j'ai mené contre les malversations et pour le respect des procédures de la banque centrale. En la matière, je peux affirmer sans craindre la contradiction que je n'ai pas de leçons à recevoir. Ceux qui s'abaissent plus bas que terre et recourent à l'abjecte devraient se rappeler que nous, vous comme moi, sommes rétribués pour donner sens à la fonction banque centrale. Cela commence par la proscription des pratiques ineptes. Devrais-je rappeler qu'une banque centrale est, de par sa fonction, le lieu où la rigueur et l'efficacité devraient régner en références absolues. Avec cette architecture bancale de votre demande d'explications, je crains que vous n'ayez contribué à l'en éloigner un peu plus. Vous venez de décerner un certificat de conformité à ceux qui prétendent que la BEAC est un repaire de filous et de voyous. Que Dieu nous préserve !

Pour terminer, je voudrais vous rappeler une évidence que vous avez écartée de votre analyse de la situation. L'emploi des termes aussi lourds de sens que *trafic d'influence, blocage inconsidéré, collusion, malversations* doit obéir à un minimum de circonspection et d'égard pour le vis-à-vis. Du moins, c'est l'enseignement que nous, vous et moi, avons reçu de nos *anciens*. Il est pour le moins navrant de constater que les considérations d'ordre éthique, dont la banque centrale, plus encore sa direction des ressources humaines, devrait être la propagatrice, soient à ce point perdues de vue.

Sans doute, dussé-je gêner quelques personnalités dans cette belle bâtisse qu'est la Banque des Etats de l'Afrique Centrale ? Il ne reste pas moins que je n'ai vraiment rien contre les individus en tant que personnes humaines. Comme vous, je suis payé pour faire mon travail, celui, ingrat, de contrôleur de gestion et de pourvoyeur de ressources. Je crois l'avoir fait bien et en conscience. Dans votre rôle de procureur, représentant les intérêts de ceux se sont sentis gênés par mes entreprises, la sagesse aurait dû vous enseigner de m'écouter avant de sévir. Même si, d'avance, vous déduisîtes que ma vision s'opposait à celle de vos commanditaires, entendre ma version des faits eut été une précaution utile.

Vous avez procédé à une présentation des faits à charge. Vous vous êtes positionné de manière partisane au lieu d'être équitable. Quel mauvais rôle vous a-t-on fait jouer ? Vous voilà tombé dans cet excès qui nous ramène à l'image de la BEAC malmenée par la presse et honnie par le public. Vous vous êtes situé en accusateur sur un sujet dont vous n'avez pas la maîtrise et pour lequel d'autres ont voulu s'appuyer sur votre marteau-pilon de directeur des ressources humaines. Ce faisant, vous disqualifiez votre autorité. Ne soyez donc pas surpris de la perte de confiance des agents à votre égard. Il en faut beaucoup moins pour que la confiance en votre aptitude à vous conduire, avec rectitude, objectivité et rigueur, soit remise en cause.

Enfin, pour quelqu'un que vous accusez, sans précaution, de tant de méfaits, je vous signale que :

- j'habite la même villa depuis juillet 1989, bien avant mes fonctions de responsable du budget et du contrôle de gestion ;
- mon cadre de vie est à mille lieues des comportements dont vous me chargez, sans sourciller, à dessein ;
- je suis très loin de la description ahurissante que vous avez voulu donner de moi, à travers cette demande d'explications.

Monsieur le directeur des ressources humaines, osez regarder d'où vient le mal de la BEAC ! Je suis davantage l'empêcheur de piller en rond que l'affairiste que vous décrivez si grossièrement. Aristote disait *que nul n'entre ici s'il n'est géomètre* ! En le paraphrasant, je vous dirai : vous vous êtes trompé ou on vous a trompé. Dans les deux cas, le sérieux et la rigueur attendues des dirigeants d'une banque centrale se trouve malmenée. Sachez que bien gouverner exige de la rigueur, du pragmatisme, du courage et du bon sens. A l'évidence ces critères sont très éloignés du montage et des arguties utilisés dans votre demande d'explications.

En espérant avoir répondu à votre lettre, je vous prie de trouver, à travers la présente, l'essentiel de mes inspirations du moment et veuillez croire, monsieur le directeur, en l'assurance de mon total dévouement pour le rayonnement de la BEAC et l'aboutissement de l'intégration en Afrique Centrale."

Quatre jours plus tard, nous avons reçu une nouvelle lettre dont la réponse est reprise, ci-après, dans le document 14. Jugeant l'angle d'attaque inapproprié, la direction des ressources humaines préféra se saisir de la vraie raison de sa première lettre : le non-respect d'une prétendue *obligation de réserve*. Nous laissons le lecteur en apprécier le contenu.

**Document 14. Réponse à la demande d'explications du 20 avril 2010**

"Monsieur le Directeur,

Ce mardi 20 avril 2010, à 12 heures 05 minutes, j'ai reçu la lettre sous enveloppe *PSC/175/YA* portant en objet *demande d'explications*. Elle m'est parvenue dans les mêmes conditions que celle du 16 avril 2010, portant le même objet. C'est à se demander s'il n'y a pas une conjonction d'augures défavorables à mon égard. A moins qu'il ne s'agisse d'une coïncidence ou d'une volonté délibérée de contrer je ne sais quel destin.

En lisant votre lettre, je relève que vous vous appuyez, enfin, sur la publication, dans le quotidien *Le Monde* du 8 avril 2010, d'un article intitulé *Banque des Etats de l'Afrique centrale, une dérive prévisible*. Vous précisez : *Par cette publication, vous avez délibérément enfreint les dispositions en vigueur à la Banque, notamment le droit de réserve auquel sont soumis tous les cadres de l'institut d'émission ainsi que l'obtention de l'accord préalable du Gouverneur pour s'exprimer dans les médias sur les activités de la BEAC. Un tel comportement qui va à l'encontre du code de déontologie et de l'esprit de notre institution est inadmissible. Je vous demande par conséquent de me fournir, dans les 48 heures, des explications sur cet article.*

Je relève les termes : *délibérément, enfreint, accord préalable, code de déontologie, esprit de notre institution, inadmissible*. Je pourrais y répondre point par point mais l'esprit de coopération et la recherche d'une issue rapide imposent de faire simple. En effet, vu la succession des demandes d'explications, nous devons nous entendre. Soyons brefs, à défaut d'être constructifs. Il me semble que tout excès est nuisible. En conséquence, je considère que les termes précités ont dépassé le ton général plutôt conciliant de votre lettre. C'est dans ce même sens que je situe ma réponse.

Je me dois de vous informer que j'ai sollicité et obtenu l'accord, tacite, de Monsieur le gouverneur à travers :

- ma correspondance du 5 février 2010, intitulée *Note à l'attention du gouverneur : présentation d'un ouvrage à paraître sur la BEAC* ;
- ma correspondance du 10 février 2010, intitulée *Note à l'attention de Monsieur le gouverneur : présentation d'un ouvrage sur la BEAC* ;
- ma correspondance du 16 mars 2010, intitulée *Note à l'attention de Monsieur le gouverneur : exposé succinct des points à évoquer en audience* ;
- ma correspondance du 8 avril 2010, intitulée *Note à l'attention de Monsieur le gouverneur : reprise du travail et passation de service.*

Certes, cette dernière note n'avait pas pour objet la publication de l'ouvrage ou l'obtention de l'accord du gouverneur. A travers, elle, je manifestais ma présence à Yaoundé et rappelais que j'étais en attente d'une réponse à mes correspondances précédentes. Ainsi que vous pouvez le comprendre, je n'ai pas cru utile insister. Ma note du 10 février 2010 était particulièrement explicite.

En espérant avoir répondu à votre demande d'explications, je me tiens à votre disposition pour toute information complémentaire et vous prie de croire, Monsieur le directeur, en l'assurance de mon total dévouement pour le rayonnement de la BEAC et l'aboutissement de l'intégration en Afrique Centrale."

---

Une fois encore non satisfait, mais vraisemblablement en obéissant aux spécifications du règlement intérieur de la BEAC, le directeur des ressources humaines nous fit parvenir une troisième et ultime demande d'explications qu'il qualifia de *complémentaire*. Notre réponse est reproduite infra, en document 15. Une fois de plus, nous laissons le lecteur juger de la teneur de notre réponse.

**Document 15. Réponse à la demande d'explications complémentaire du 3 mai 2010**

"Monsieur le Directeur des Ressources Humaines

J'ai l'honneur de vous transmettre ci-après la réponse à votre demande d'explications complémentaire. Ainsi que précisé dans ma réponse du 20 avril 2010, j'ai écrit à trois reprises au Gouverneur pour le tenir informé du livre en préparation. J'ai explicitement sollicité son accord avant publication. Mieux, je lui ai suggéré de signer la préface. Le livre est le témoignage vivant du combat que j'ai mené, de l'intérieur, pour inverser une gouvernance qui, au fil du temps, s'est située à l'opposé de la fonction banque centrale.

En l'absence d'une volonté de changement, acté par des choix en mesure de remettre la BEAC sur les rails, j'ai pris mes responsabilités. La publication du livre en fait partie. Je reconnais que tout le monde ne peut exprimer son point de vue à travers une publication. Je peux même comprendre qu'on ne veuille pas s'exprimer. Pour certains, la sagesse semble : *Pour vivre mieux, vivons cachés*. Tel n'est ni ma conception de la conduite d'un cadre ni l'idée que je me fais de ses responsabilités.

Je comprends d'autant moins cette demande d'explications que les arguments que vous évoquez sont largement couverts par mes réponses précédentes. Si vous souhaitiez me voir refuser de donner suite à vos injonctions, vous ne vous seriez pas pris autrement. Ainsi que vous pouvez le constater, je ne m'inscris pas non plus dans cette vision dont l'intérêt me paraît improbable. En revanche la motivation de votre lettre ressort plus claire. Je vous prie donc de relire ma réponse du 20 avril 2010. Elle vous fournit amplement les éléments de réponse. J'y disais en substance : les 5 et 10 février 2010 puis le 16 mars 2010, j'ai écrit au Gouverneur pour solliciter son accord pour la publication du livre incriminé. Mieux, dans ma correspondance du 10 février 2010, je disais qu'une absence de réponse serait considérée comme un tacite acquiescement. Aussi, au lieu d'insister sur le respect de *l'obligation de réserve* dont vous avez peu fait cas dans vos accusations, vous auriez dû trouver un argumentaire plus crédible. Je déduis de votre insistance que vous êtes dans une quête effrénée d'éléments étayant votre plaidoirie. Non, monsieur le directeur des ressources humaines, tous les moyens ne sont pas bons. Tous les moyens ne sont pas acceptables, y compris dans les moments les plus critiques. Telle est ma vision des choses. Je vous suggère de faire de même.

L'outrance dont vous vous êtes servie ne grandit ni la banque centrale ni ses dirigeants. Elle confine à une rhétorique indigne, faite de mensonges et d'amalgames. Que n'avez-vous simplifié le règlement de ce dossier au lieu de recourir aux arguties qui ne donnent qu'une apparence de satisfecit. Vous et moi savons que cette vision particulière des relations en société n'est qu'une tentative d'intimidation. Je ne suis pas enclin à donner le moindre crédit à une approche si critiquable.

Vous disiez : *vous avez récidivé les 28 et 29 avril 2010 par des interventions sur des médias internationaux, AFRICA 24 et RFI, portant sur les activités de la Banque dont vous n'ignorez pas l'extrême sensibilité*. Je vous prie de revoir mes interventions. Vous n'y trouverez aucune allusion aux activités de la BEAC. J'ai critiqué, à juste titre, des comportements inadaptés s'agissant de la fonction banque centrale. Ainsi que vous le savez, je le referai.

Au moment où je vous écris, j'ai tenu à tourner une page triste de la vie de notre institution. Nous devons, tous ensemble, nous engager résolument dans la voie d'une reconstruction. Cela doit être, me semble-t-il, une approche consensuelle et constructive. Je suis d'autant plus étonné de votre sur-réaction que cet ouvrage peut être considéré comme un soutien explicite à la nouvelle gouvernance placée sous la direction de monsieur Lucas Abaga Nchama.

Veuillez croire, monsieur le Directeur, en l'assurance de mon dévouement pour le rayonnement de la BEAC et la réussite de l'intégration en Afrique Centrale."

## *Section 3*
## *Lettre ouverte à Abaga Nchama*

La faiblesse des *purs* est dans leur obstination à faire de la sagesse une règle de vie. En toute circonstance, ils voient le monde en couleurs. Ainsi que le lecteur a pu en avoir une idée, les arcanes de la BEAC sont codes. Ils se dessinent en noir et blanc. On s'y exprime pour ou contre le choix de tel dirigeant. Il n'y a ni nuance ni opinion personnelle. Mamalépot en avait donné la meilleure définition. Entre 1999 et 2000, lorsque sa gestion et celle de son secrétaire général, Gata Ngoulou, furent rudement critiquées, devant ses collaborateurs, il lâcha sans sourciller : *La banque centrale est une maison de verre, transparente de l'intérieur et opaque de l'extérieur*. Peu lui importait la brutalité ou l'inanité de cette déclaration. Il voulut couper court à la contestation qui avait failli l'emporter. Dans son esprit, il fixait ainsi une règle de conduite, une loi : le personnel d'encadrement doit faire corps avec le gouverneur. Il doit obéir sans rechigner. Ceux qui ne souscrivaient pas à cette définition sommaire de la collaboration étaient priés d'aller voir ailleurs. C'était clair et net !

La rudesse habituelle du bonhomme s'était exprimée avec encore plus de rigidité. En effet, ils étaient, lui et son secrétaire général, donnés partants. Ceux qui devaient les remplacer étaient connus. Après avoir pris quelques assurances auprès de ses soutiens, essentiellement du côté du Tchad, et conforté par les autorités gabonaises, il décida de sévir, sans faux-semblant et à la mesure de la menace. Une fois confortés, ses lieutenants se mirent en situation de chercher des coupables. On se tourna d'abord vers les habituels supposés contestataires. Ils avaient pour noms Mahamat Massoud, Djimadoum Mandekor et Aboubacar Salao. Les recherches ne débouchèrent sur rien sérieux, en tout cas rien de concret qui put servir de motif pour sévir. En général, les incriminés s'exprimaient en écrivant, jamais à travers une lettre anonyme. Puis, les investigateurs s'intéressèrent à un autre groupe, composé de personnes attendant de prendre leur revanche. Ils se voyaient, en particulier, dans le confortable fauteuil de Gata Ngoulou. Ils avaient pour noms Rufin Maliko, Assiga Ahanda et quelques autres.

Plus tard, le directeur des ressources, Grégoire Bodeman, reconnut nous avoir particulièrement visés et épiés. Des sanctions étaient sur la table. On souhaitait nous éloigner du siège et des lieux de décisions. En dépit de sa colère, Mamalépot sut se maîtriser. Il demanda des preuves. Au vu de leur faiblesse, il émit la sentence citée supra relative à la transparence de la BEAC. L'affaire fut classée sans suite mais ne s'arrêta pas à la simple menace. Le second groupe visé, celui des Maliko, Assiga et consorts, furent associés à la gestion, autant dire à la prédation. Les plus influents obtinrent plus que des maroquins. Ils se sont tus, jusqu'à la retraite, pour l'un, jusqu'à la bourrasque qui a emporté les impliqués dans les malversations, pour l'autre.

De manière générale, les détenteurs du pouvoir cherchent à séduire ou à soumettre ceux qui les approchent. Jean Félix Mamalépot avait usé d'admonestations et de séduction pour faire régner le calme. Ses successeurs, n'ayant pas eu son charisme, son ardeur au travail et encore sa gestion des rapports humains, se sont montrés susceptibles, brutaux et directs. Empruntant la terminologie de Pierre Bourdieu, nous les avons appelés *les demi-malins*. La lettre ouverte au gouverneur de la BEAC, reprise en document 16 (pages 182 à 222), illustre leur victoire. Ils ne voyaient d'intérêts que les leurs. Ils ne s'arrêtaient que contraints et forcés. Ils ne comprenaient que les rapports de forces. Ils étaient prêts à tout pour arriver à leurs fins. Ils n'étaient pas disposés à admettre que la liberté est consubstantielle à la nature humaine. Elle est ce qu'il y a de plus pur et de plus important. Face à l'oukase des *demi-malins*, nous avons choisi d'*ouvrir notre gueule et rester sans aller voir ailleurs.* Ce fut un choix clair, définitif, irrévocable. Nous en avons relaté un aperçu à Abaga Nchama à travers la lettre ouverte.

**Document 16. Lettre ouverte au gouverneur Lucas Abaga Nchama du 22 juin 2010**

"Monsieur le gouverneur,

En relisant votre lettre du 16 juin 2010 *PSC/311/YA*[31], indiquant en objet *Licenciement*, je me suis rappelé un après-midi de mars 2008. C'était une fin de journée de travail ordinaire. Vous avez été convoqué par le vice-gouverneur Roger Rigobert Andely qui vous somma de vous expliquer en votre qualité de directeur général de l'exploitation. Je vous revois assis à deux ou trois rangs sur ma droite : tassé, craintif, incertain, malhabile, abattu, démuni, esseulé, désarmé face aux accusations qui n'étaient pas toutes dénuées de sens. Il y avait autour de la table, outre le vice-gouverneur qui présidait la séance, les directeurs centraux de l'émission monétaire (Maliko), des ressources humaines (Bodeman) et

[31] Voir annexe 9, pages 276 à 277.

de l'investissement, du patrimoine et de la gestion (Dzombala). Assistaient également à la réunion quelques cadres dont votre serviteur, dans le rôle de chef de département de la prévision des moyens budgétaires et du contrôle de gestion. Ce jour, vous vous êtes senti seul. Je lus de la résignation sur votre visage défait. Vous aviez perdu jusqu'à l'envie d'élaborer une stratégie défensive et de sortie du traquenard.

Le vice-gouverneur vous demanda de vous expliquer sur la gestion des ressources de la BEAC dont plus de 80% étaient confiées aux directions centrales sous votre autorité. Selon ces mêmes directeurs, vous leur auriez renié toute autonomie dans les décisions. Plus grave, vous les auriez relégués au rôle de faire-valoir. Le réquisitoire fut terrible mais correct. Cela ne devait pas vous étonner car Andely se comportait en homme courtois et de bonne compagnie. En revanche, votre plaidoirie et vos tentatives de justification parurent gauches, empruntées et insuffisantes. Vous ne fûtes pas en mesure de contrer la charge frontale qui vous a assailli. Pour tout dire, vous étiez dans une posture qui ne vous valorisait pas.

Je ressentis de la compassion pour vous même si je comprenais mal votre résignation. Incontestablement, vous étiez acculé. Au vu de vos balbutiements, le vice-gouverneur crut sage de ne pas vous accabler davantage. Il entreprit de vous éviter une plus grande humiliation en présence de vos collaborateurs. Parmi les présents, tous n'eurent pas la même retenue. Les œillades et les ricanements indiquaient combien ils étaient satisfaits de votre situation incongrue. Sur ces entrefaites, je me permis d'intervenir. J'expliquai pourquoi vous dûtes prendre certaines mesures restrictives, contre l'avis de vos collaborateurs. A dire vrai, rien ne m'obligeait à cette intervention. Je fis le choix de prendre votre parti. J'avais pesé l'adversité à laquelle vous vous trouviez confronté. Vos fonctions et même votre personne méritaient mieux qu'une humiliation publique.

Dépassé par les événements, au moment des faits comme plus tard, vous n'eûtes le moindre mot de reconnaissance pour mon intervention que l'assistance qualifia de courageux et même de suicidaire. En effet, du point de vue de certains, mon soutien et mon intervention déplurent au *grand chef*. J'intervins parce que les circonstances suggéraient une voie autre que celles des deux camps en confrontation. Il me sembla normal d'apporter mon assistance à une personne qui se trouvait dans une posture délicate. Le déséquilibre entre vous et vos contradicteurs était flagrant. Vous n'auriez pas su vous défendre honorablement. Comme en d'autres circonstances, je fis ce que je crus être mon devoir. Mon ingérence vous permit de vous tirer de l'impasse. Pour dire clairement les choses, elle vous sauva. Le plus surprenant fut que, lorsque les mêmes contradicteurs entreprirent de me faire payer le prix de mon intrusion, vous restâtes enfermé, à double tour, dans vos bureaux. Une fois de plus, vous vous êtes résigné à ne rien faire !

Je suis revenu sur cet épisode à titre d'illustration de ce qu'auraient pu être nos rapports. Vous et moi avions agi en fonction de nos principes respectifs. Je ne juge pas votre silence d'hier même votre manque de reconnaissance. Retenez, cependant que, dans un monde où l'argent semble s'ériger en baromètre à l'aune de laquelle s'apprécient les actes des uns et des autres, de temps en temps un peu d'altruisme peut être une valeur honorable.

Afin de permettre au lecteur de suivre le contenu de la lettre ouverte, je vais présenter, ci-après, mon itinéraire au sein de la BEAC depuis 1984. Vous souvient-il qu'hier encore, j'étais cité en exemple. On disait à ceux qui ambitionnaient de faire carrière de s'inspirer de ma pugnacité et de mon ardeur au travail. Qui sait, plus tard, des biographes auront à se pencher sur nos cas respectifs ! Ils écriront nos portraits avec plus ou moins de magnificence et plus ou moins de justesse. De ceux qui nous feront cet honneur de rappeler ce que nous avons été, j'attends qu'ils n'omettent point de signaler : l'éthique et la rigueur sont essentielles à l'homme, autant que l'eau et l'air.

Le 16 juin 2010, vous avez rompu un contrat qui me liait à la Banque des Etats de l'Afrique Centrale depuis le 1er novembre 1984. Aviez-vous jamais réfléchi au sens que vous donniez à ce geste ? Le parcours de celui dont votre annonçâtes le licenciement, avec brutalité, peut être résumé ainsi qu'il suit.

Je suis né le 3 avril 1956 à Mao, dans la préfecture du Kanem, au Tchad. J'ai été recruté à Paris, par le cabinet Bailly, en avril 1984. J'ai reçu une lettre annonçant mon admission au centre de formation de la BEAC le 24 septembre 1984. J'étais alors en période d'essai de pré-emploi auprès d'une multinationale dont le siège était à Montrouge, en banlieue parisienne sud. En dépit de l'opposition de mon épouse, je décidai de tenter l'aventure. J'acceptai l'offre de la BEAC.

Mon choix était fondé sur l'image de la Banque des Etats de l'Afrique Centrale, institut d'émission et principal pôle d'intégration en Afrique Centrale. Outre le plaisir de servir la coopération entre pays africains, travailler à la banque centrale me permettait de réaliser mon obligation décennale. J'avais bénéficié d'une bourse d'études dont la contrepartie était une obligation de travailler dix ans dans une structure étatique.

Je suis arrivé à Yaoundé le 29 octobre 1984, en compagnie d'autres camarades de promotion. L'atmosphère était amicale. Seul un protocole désuet rebutait ma sensibilité d'étudiant fraîchement débarqué des facultés. J'eus du mal à accepter la pesanteur, le cérémonial et tout le mystère fait autour du centre de formation. Les formateurs et les anciens insistaient sur le respect du protocolaire et de la hiérarchie. C'était des aspects que je considérais comme secondaires. J'appris plus tard que le passage par la formation était une forme d'initiation. Le plus cocasse fut que je m'inscrivis, plus tard, dans cette parenté de comportement. Le respect et le protocole ne se limitaient pas à leur forme désuète, ils étaient le canal de transmission de témoin. Nous construisions une chaîne de solidarité. J'acceptai de transmettre, spontanément, la même règle aux futurs cadres. Je me familiarisais d'autant plus aisément avec la rigueur vestimentaire et le respect des anciens que la célérité dans l'exécution des tâches donnait une méticulosité quasi militaire au réseau et à l'organisation interne de la banque centrale. De fait, je fis contre mauvaise fortune bon cœur. J'épousai sans rechigner les us et coutumes de la BEAC.

De cette époque, aujourd'hui révolue, j'ai conservé le goût du travail bien fait, l'émulation, la solidarité dans l'accomplissement des tâches ainsi que la quête de performance et d'efficacité. Tout cela n'excluait ni la compétition ni une juste appréciation des mérites. En dépit de la lourdeur hiérarchique, la taille de la BEAC, qui comptait alors environ quatre cents personnes, permettait une réelle proximité entre les générations. Les relations étaient directes entre la hiérarchie et le personnel. Il y avait, entre les uns et les autres un esprit de famille et une réelle solidarité. Cette connivence et cette proximité n'excluaient pas les ambitions personnelles et la concurrence qui donnait du piquant à l'émulation. Les principaux dirigeants étaient, alors, Casimir Oyé Mba, Jean Edouard Sathoud et Boukar Bélingar.

Après une année de formation, je fus retenu au siège. J'ai travaillé sous la direction de Raymond Prioux. Il occupait les fonctions de conseiller du gouverneur. Il souhaita m'avoir à ses côtés. Le service du conseiller avait aussi en charge les questions relatives à la balance des paiements.

Dès juillet 1985, Prioux m'informa de son choix : *à la fin de la formation, vous travaillerez avec moi. Vous serez maintenu au siège. Je vous conseille de rester avec nous. Qu'allez-vous faire à N'djaména ?* Ces paroles ont été confirmées le 1er novembre 1985, à la réception de ma lettre de titularisation. Entre temps, j'avais passé la fin du stage de pré-emploi à Libreville, au Gabon. Je regagnai le siège fin octobre 1985. Les services de la direction de l'administration générale me remirent une lettre dont je devinais le contenu. En effet, *le directeur national,* le représentant résident de la BEAC au Gabon, Jean Paul Leyimangoye, eut l'amabilité de m'en informer, lors d'un déjeuner en présence de Michael Adandé et Jacques Minané.

Quelques mois après ma prise des fonctions, Antoine Nkodia vint se rejoindre à Prioux et moi. Le service des conseillers comprenait alors le conseiller, deux cadres et une secrétaire, madame Mba Gisèle. L'élan naturel de Prioux le portait à la familiarité. Son ouverture d'esprit facilita à la fois mon intégration dans l'équipe et mes apprentissages. En dépit d'une première année paraissant pesante, en raison de mon intérêt pour la macroéconomie, je ne ressentais pas les pesanteurs inhérentes aux frictions d'une cohabitation à construire. En particulier, tout ne fut pas aisé avec Antoine Nkodia. Il se comportait en mentor et en grand-frère. Il était très à cheval sur les règles régentant la hiérarchie. Il était prudent et méticuleux. Cette méticulosité me paraissait suspecte.

Je poursuivis mon apprentissage et devins quasi autonome dans l'organisation de mes missions au bout d'environ dix-huit mois. Nkodia et moi avions convenu d'une répartition du suivi des travaux de balance des paiements. Raymond Prioux fit valoir ses droits à la retraite en juin 1994. Le service des conseillers a été dissout. La balance des paiements a été rattachée à la direction des opérations financières extérieures

(DRFE). Quelques mois plus tard, Nkodia rejoignit la direction du crédit. J'ai assumé les responsabilités du service balance des paiements où j'ai passé au total plus de dix années. Après avoir formé d'autres cadres, je sollicitai du gouverneur de nouvelles attributions. J'avais une préférence pour la direction des études ou la direction de la formation. Le gouverneur vit les choses autrement. Il chargea le directeur de l'administration générale de me détacher auprès de la Commission Bancaire de l'Afrique Centrale (COBAC) qui était en restructuration. *Il va leur apporter son esprit rebelle. Adam Madji saura lui trouver quelque chose à se mesure*, argumenta-t-il.

Après à peine vingt mois, le gouverneur me fit revenir à la BEAC pour aider à la mise en place les services du secrétariat général nouvellement créé. Je reçus, le 20 juillet 1998, la décision d'affectation qui me mettait à la disposition du secrétariat général, organisé en trois départements :

- *Affaires administratives*, sous la supervision de Téné Koizoa;
- *Investissement*, confié à Maurice Ama ;
- *Budget et gestion* dont je devins le responsable.

Les responsabilités du budget et de la gestion étaient confondues. Je les jugeais beaucoup trop importantes pour qu'une même entité pût les cumuler. Je fis part de ce point de vue au secrétaire général. Sans que je m'en rendisse compte, une friction naquit de mon insistance à vouloir faire évoluer la structure du secrétariat général. En effet, j'insistais à suggérer de faire passer les départements de trois à cinq.

J'estimais que le département en charge du budget ne devait pas être le principal gestionnaire des crédits de fonctionnement. Cette double casquette, lui confiait le rôle de juge et parti qui me semblaient incompatibles avec la transparence et la bonne gouvernance. J'avais proposé au secrétaire général de regrouper les activités d'élaboration du budget pour en faire un pôle en charge du budget et du contrôle de gestion. En conséquence, la gestion des crédits devait être assurée par les deux autres départements, à savoir, ceux de la gestion et de l'investissement. Il fallut attendre deux longues années et l'arbitrage du gouverneur pour que cette simplification fût entérinée. La résistance et l'opposition du secrétaire général ont été constantes. Il ne voulait pas de la réforme. Il y résista si fort que je ne réussis jamais à mettre en place la totalité de la réforme. Il ne restait pas moins que, formellement, le secrétariat général comptait cinq départements :

- budget et contrôle de gestion ;
- affaires administratives ;
- gestion et sécurité ;
- affaires juridiques et contrats ;
- Investissement et patrimoine.

Cette réorganisation, faite à marche forcée et sous l'injonction du gouverneur, ne fut pas du goût de tous. Il s'en était suivi une réforme bancale, limitée à la scission de l'ancien département du budget et gestion en deux entités : budget et contrôle de gestion, d'une part, gestion et sécurité, d'autre part. En revanche, contrairement à nos souhaits, le département de l'investissement et du patrimoine continuait à cumuler deux attributions incompatibles en considération des prescriptions de la transparence. La réforme fut ainsi vidée de son sens.

Je continuais de batailler pour une meilleure gouvernance. Mon insistance irritait les tenants du statu quo. Le secrétaire général demeura muet en dépit de mes multiples propositions ou suggestions. Je fis comprendre que je n'avais d'autres objectifs que d'unir sous une même responsabilité l'élaboration du budget et son contrôle. Ce fut une bataille féroce, sans merci. Je préconisais un cadre normal de séparation des rôles et des fonctions pour les rendre plus transparents. Je visais une plus grande clarification dans la prise de décisions. Mais, on tint à présenter cette rationalisation des tâches comme une quête de position hégémonique.

Monsieur le gouverneur, ainsi que vous dûtes le constater en 2008, au moment de votre accession aux fonctions de directeur général, le contexte conflictuel était latent. Pour permettre au lecteur de disposer d'informations utiles pour la compréhension de mon propos, il importe de préciser quelques points de repère. Parmi les dix-sept membres de la promotion 1984/1985, j'ai été le cadre qui obtenait les meilleures évaluations. J'étais aussi le mieux rémunéré. Les choses se gâtèrent à partir de 1998 et mon affectation au secrétariat général. Le cadre de travail et la qualité des relations professionnelles ont souffert de la détérioration de mes relations avec le secrétaire général.

Je me suis permis d'introduire ma réponse à votre lettre de licenciement susmentionnée par ces quelques éléments d'information. C'est un éclairage utile pour donner un aperçu de mon itinéraire. Cela permet au lecteur mais aussi à vous-même, monsieur le gouverneur, de disposer d'une vue globale de mon parcours. Il s'inscrit dans mon combat pour plus de rigueur et d'éthique. Sans ces précisions, la pertinence de certaines informations pourrait vous paraître suspecte.

Outre la réorganisation du secrétariat général à laquelle j'ai apporté une contribution non négligeable, je voudrais vous fournir quelques informations supplémentaires afin que la lecture de la lettre réponse soit plus aisée.

En août 1998, au moment de ma prise de fonction, en qualité de chef de département, le budget de la BEAC était d'environ 45 milliards de FCFA (30 pour les dépenses de fonctionnement et 15 pour les crédits d'investissement). Au moment de quitter mes responsabilités, en septembre 2009, le budget global dépassait 100 milliards de FCFA dont 70 pour le fonctionnement et 30 pour l'investissement. Au cours de ces onze années, un seul budget a été déficitaire. Cette exception n'était pas le résultat d'une mauvaise exécution des budgets. Elle résultait de la prise en compte des charges indûment incorporées à l'exercice 2003. Le secrétaire général et le directeur de la comptabilité, Maurice Moutsinga, avaient omis de comptabiliser aux dates correspondantes certaines dépenses. Ils ont été obligés de les faire figurer dans les comptes budgétaires, après les injonctions répétées des commissaires aux comptes. Ils ne durent que, contraints et forcés, se résoudre à la correction de leurs errements. Vous pourrez, à loisir, reconstituer les comptes de l'époque et vérifier les raisons d'un tel choix.

Les principaux points de discorde portaient sur la transparence et la maîtrise du budget. J'étais partisan d'une stricte limitation de la progression des budgets. Le secrétaire général militait pour *répondre à la hausse des demandes de crédits budgétaires exprimés par les services de la banque centrale.* La hausse de plus 122% du budget, en l'espace de dix ans, n'est pas en tant que telle critiquable. C'est en comparaison de l'évolution des effectifs et surtout de la contribution de la banque centrale aux projets d'intégration et de développement qu'il convient de l'évaluer. Vues sous cet angle, les autorités de la BEAC se sont montrées plutôt *cigale que fourmi.* Je n'eus cesse de dénoncer cette forme de fuite en avant. Je tentais de changer une perception qui voulait que le budget fut systématiquement reconduit dans toutes ses lignes, après une majoration substantielle. Seules, les prévisions d'une baisse drastique des recettes budgétaires suspendaient, provisoirement, cet appétit haussier.

Le premier moment frontal d'opposition avec le secrétaire général survint à l'occasion d'un changement de l'exercice budgétaire. On décida de basculer d'un budget débutant le 1er juillet et s'achevant le 30 juin à un nouveau aligné sur l'année civile. Comme le ver dans le fruit qui accélère le pourrissement, les hausses des dépenses s'enchaînaient. Une surenchère s'enclencha. Profitant de cette modification de la période budgétaire, le secrétaire général parvint à convaincre le gouverneur de présenter au conseil d'administration un budget 2001 avec des taux de hausse jamais vus auparavant :

- + 16,71% pour *les dépenses des organes de décisions et de contrôle* (comité ministériel, conseil d'administration, comités monétaires et financiers nationaux) ;
- + 33,20% pour *les dépenses de personnel* ;
- + 29,87% pour *les dépenses de gestion générale* ;
- + 87,91% pour *les frais de formation professionnelle.*

J'ai fait mes observations à travers une note au secrétaire général. Mes explications se révélèrent vaines. Il se tint à sa ligne de conduite qui était de ne jamais répondre en cas de désaccord. Je fis part de ma perplexité au gouverneur. Il transmit ma note assortie d'annotations au secrétaire général. Ce dernier conserva les consignes par-devers lui. Comme de coutume, il resta muet. Le climat n'était pas à la coopération. Il en résulta une incompréhension puis un antagonisme. Le conflit cachait une véritable divergence d'opinions sur le management de la banque centrale. Au fil du temps, mais particulièrement à partir de 2000, le laxisme budgétaire, qui cachait une entreprise malveillante, s'est transformé en système de gestion. Certains en tiraient bénéfice, d'où le silence complice du secrétaire général.

La banque centrale fut découpée en zones d'influence, au bon plaisir de ses dirigeants. Il découla de ce dépeçage budgétaire une surenchère de demandes, une envolée des lignes de crédits et un contournement systématique des procédures d'engagement des dépenses. Je dénonçais ces pratiques et appelais à lutter contre la mal-gouvernance. Pour les prédateurs budgétaires, je suis devenu l'incarnation de l'ennemi public. Voyant la levée frontale de bouclier, j'arrondis les angles et tentais de sauver ce qui pouvait l'être. Rien ne freina l'appétit des prédateurs. J'en conclus que leurs comportements ne changeraient jamais. Je multipliais les notes critiques. Elles furent d'abord l'objet d'une condescendance lors des réunions matinales. On se moqua de *Zorro* voulant donner des leçons à tout le monde. *Laissez-le faire si cela l'amuse*, affirmait-on. Puis, au vu de la multiplication des rappels à l'ordre du gouverneur, certains devinrent agressifs.

Le vice-gouverneur me conseilla d'arrêter d'écrire au gouverneur. Il suggéra une approche plus coopérative et dit : *arrête tes critiques et sois plus conciliant.* Je souscrivis à ces conseils. J'attendais que l'on fît preuve de retenue du côté adverse. Il n'en fut rien. Mon engagement à renoncer à la critique ne tint pas plus longtemps. La gabegie repartait de plus belle dès que le gouverneur avait le dos tourné. Je me vis dans l'obligation de lui en faire observer les conséquences pour la banque centrale. Comme je m'y attendais, on décida de me combattre de plus belle. On me vilipendait. On me surveillait. Je devins un paria dans une banque centrale dirigée par des groupes d'influence au comportement de voyou. Je fus suivi et épié par des amis ; ils me trahirent pour quelques maigres avantages.

Monsieur le gouverneur, tel était le contexte dans lequel vous avez prix votre décision de licenciement. Vous avez ainsi mis un point final à un acharnement vieux de douze années. L'inspection des services du département que je dirigeais, ordonnée par votre prédécesseur, pouvait s'analyser comme un pas de plus dans cet exercice de règlement de comptes. Cependant, vous avez fait plus fort. Vous ne vous êtes pas satisfait de demi-mesure. Vous avez frappé de toute la puissance que vous conféraient vos fonctions. Permettez-moi de dire que vous ne vous êtes pas seulement distingué par votre violence. Vous avez dépassé vos prédécesseurs par les moyens utilisés : le faux et la diffamation. Vous avez habillé vos arguments de fausses parures pour les rendre crédibles. Vos prédécesseurs disaient : *Si Massoud n'est pas content qu'il aille se faire voir ailleurs !* Pour vous, la consigne a été : *On va lui régler son compte, coûte que coûte !* Ne vous êtes-vous pas senti démasqué ? Vous êtes-vous demandé qu'il ne fût d'aucune utilité de dévoiler vos faiblesses ?

Le futur de la CEMAC, son intégration et une politique monétaire adaptée à son contexte ont été mes préoccupations. Ainsi que vous et moi en avions débattu, ma quête principale reste l'avènement de la bonne gouvernance. Votre sort personnel, si cher à vos yeux, ne peut être qu'un outil pour servir ces causes. Vos fonctions vous y obligent, même si vous vous en êtes allègrement éloigné.

C'est le moment de rappeler que l'audit sur lequel vous avez basé vos arguments aurait été crédible s'il avait aussi visé les départements ou directions gestionnaires de crédits budgétaires. Même en suivant vos arguments cousus de fil blanc, *le département de la prévision des moyens budgétaires et du contrôle de gestion*, ainsi que l'indique sa dénomination, ne serait que complice des utilisateurs de crédits. Avant d'incriminer le pourvoyeur de budget, vous auriez dû vous intéresser aux gestionnaires. Alors seulement, de mauvaise foi, vous auriez pu dire : *Puisque le département des moyens budgétaires et du contrôle de gestion a laissé faire, il n'a pas fait son travail donc il est coupable au même titre que les autres*. Pour que ma responsabilité fût appelée, il eût fallu confondre les gestionnaires. Seuls ces derniers pourraient alléguer l'hypothèse d'une responsabilité partagée. Vous avez eu recours à un exercice de falsification. Ce faisant, vous avez fui vos responsabilités qui intimaient d'appliquer les textes. Les services que vous avez diligentés eurent recours aux distorsions et aux amalgames indignes d'une banque centrale.

La BEAC est une institution supranationale, régie par le code de bonnes pratiques édicté par le Fonds Monétaire International (FMI) qui vous impose d'en être le garant. Manifestement vous n'avez pas fait de ces prescriptions la base de votre gestion. En vous attaquant à moi, parce que j'ai dénoncé les faiblesses de la gouvernance de la BEAC, vous avez voulu faire diversion. Vous avez cru couper la parole à l'une des voix qui osaient dire non. Ainsi que vous l'avez rappelé dans votre lettre de licenciement, j'ai été responsable du budget pendant onze années. Vous souvenez-vous de notre première rencontre ? Ce fut, en 2008, juste après votre prise de fonction. Je vous dis, en substance : *La Banque des Etats de l'Afrique Centrale est malade de mauvaise gestion.* Je vous remis des documents relatant mes suggestions. Les solutions proposées visaient une amélioration de la gouvernance. Elle n'était guère meilleure que celles, décriées, des fonctions publiques nationales. En ces temps pas si lointains, vous et moi semblions partager la même vision. Vous m'aviez assuré de votre engagement à instaurer la bonne gouvernance dans la gestion de la banque centrale. J'attends encore !

Par un concours de circonstances, vous voilà aujourd'hui le seul survivant à la purge prescrite par les chefs d'Etat en novembre 2009. Paradoxe ou hasard, vous avez achevé la besogne dont l'initiative fut prise par vos prédécesseurs. Vous n'avez pas eu le scrupule, la patience ou l'élégance de ceux qui vous ont devancé. Mamalépot reconnaissait la qualité de l'adversaire. Andzembé prenait des précautions mais pesait le pour et le contre et réfléchissait. Il tergiversait certes mais évitait l'irréparable. Pour vous, le monde se dessine en blanc ou noir. Il n'y a guère de place pour le gris. Vous avez foncé. Il ne vous vint pas à l'esprit de peser les implications et les conséquences. Ce sont ces détails qui différencient la société humaine du monde des animaux. Tout homme souscrit aux us et coutumes hérités des *anciens*. Il obéit aux règles et lois élaborées collectivement. Monsieur le gouverneur, de quelle règle vous inspirez-vous ? Vous n'êtes pas moins concerné que vos devanciers par la dérive de la BEAC. Vous pouvez être considéré comme l'un des principaux responsables de la débâcle. Vous l'êtes au même titre que le gouverneur Andzembé et le vice-gouverneur Andely qui furent brutalement remerciés. Vous avez eu sous votre contrôle plus de 80% des budgets de la banque centrale. Vous étiez donc le premier concerné par la gabegie, notamment, au cours des années 2008/2010. Vous avez fait fi des règles de prudence. Vous n'avez pas réagi alors que les malversations se poursuivaient.

Les missions d'audit diligentées vous tenaient informé tout au long de leurs enquêtes. Les pertes liées aux malversations, pour la seule période 2008/2009, dépassèrent plus de 2 milliards. Tout compte fait, en ayant échappé à toute mise en cause, vous avez prouvé votre aptitude à la prestidigitation ? Pour montrer que la gestion, peu économe en ressources, ne s'est pas estompée avec votre arrivée aux affaires, je voudrais citer quelques exemples :

- vous avez autorisé une opération de 800 millions de FCFA, aux contours douteux, avec la société gestionnaire du VSAT ;

- vous avez attribué le marché pour la construction de l'immeuble abritant la direction nationale de Malabo sans une véritable mise en concurrence, en dépit d'un budget initial de 50 milliards ;
- vous n'avez pas observé les conditions de transparence et de concurrence pour l'ameublement des bureaux et de la résidence ainsi que pour la réalisation d'un circuit d'évacuation des eaux de pluie pour l'agence de Moundou dont les coûts étaient estimés à plusieurs centaines de millions.

Contrairement au prétexte évoqué pour justifier mon licenciement, l'assainissement de la gestion de la BEAC, ces éléments prouvent que vous vous en êtes fort éloigné. Plus grave, dans votre hâte de faire table rase, vous avez écarté toute possibilité de discussion, de collaboration et de conciliation. De ce fait, vous avez accrédité l'idée que j'aurais été en mesure de dénoncer toute nouvelle tentative de gestion hasardeuse. Vos appréhensions étaient justifiées. Mais, vos intentions ne restaient pas moins pernicieuses.

La fonction banque centrale vous impose de montrer l'exemple. De plus, en souscrivant aux recommandations des chefs d'Etat, vous auriez rassuré les citoyens de la CEMAC et les partenaires extérieurs. Or, vous avez tourné le dos à la rigueur et à la rectitude. Nombre de vos pratiques, en matière de management des hommes comme pour la gestion des autres ressources, n'ont pas conforté la quête d'exemplarité. En cette période trouble, vous auriez dû adresser un message d'espoir à ceux qui vous observaient. En effet, que dire des dirigeants, aux conditions de travail et de rémunération comparables à celles des responsables de grandes banques centrales, s'adonnant sans retenue à la luxure, au vol et aux malversations ?

Je ne doute pas que vous eûtes des précurseurs voraces. Je ne doute pas non plus que vous ferez des émules. Tout compte fait, votre arrivée au poste de gouverneur s'avéra extrêmement dommageable. Pourtant, en vous voyant atteindre le sommet de la direction de la BEAC, j'avais espéré un changement positif. J'avais eu foi en vos promesses. Le constat est que nos deux perceptions des responsabilités d'une banque centrale se sont éloignées. Cependant, cela ne doit pas nous dédouaner de savoir garder raison. Vous gagnerez à modérer votre propension à l'impulsion tandis que je me garderai de vous faire la leçon. D'ici là, je voudrais vous rappeler une information qui a dû vous échapper.

En juin 2007, bien avant le dévoilement du scandale du bureau extérieur de Paris (BEP), je remis un rapport au vice-gouverneur Roger Rigobert Andely. J'y mentionnais une divergence de solde entre la Société Générale et les services de la BEAC. L'écart inexpliqué était de plus de 24 milliards de FCFA. Les avoirs de la BEAC auprès de la Société Générale, inscrits dans ses livres, étaient de 25 986 millions de FCFA alors que ceux reconnus par la Société Générale n'étaient que de 855 millions de FCFA. Il vous souviendra aussi que le vice-gouverneur reconnut, publiquement, avoir reçu une alerte sur le sujet. Pourtant, vous n'avez manifesté aucune réaction. En votre qualité de directeur général en charge des comptes de la BEAC, vous auriez dû chercher à en savoir davantage. Il a fallu l'arrivée d'une mission du FMI pour que, ce que je supposais être une simple *différence de caisse*, apparut comme un nid de détournements, opérés depuis les services centraux de la BEAC, par un réseau impliquant de hauts dirigeants. En la circonstance, l'institution de Bretton Woods assuma le rôle qui aurait dû être le vôtre. Vous étiez le premier responsable de la gestion de la banque centrale.

Au vu de la gravité des soupçons, le FMI exigea que toutes les implications fussent clarifiées. Un audit conduit par la direction générale du contrôle général fut chargé de faire un point complet sur les points d'ombre. L'enquête portait, dans un premier temps, sur les implications du placement des 500 millions d'euros auprès de la Société Générale. Cette opération inquiéta le FMI qui y vit une faille dans la gestion des ressources prêtées aux Etats et logées dans les comptes de la BEAC. En effet, ce fut une erreur grossière, un précompte d'intérêts échus mais non encaissés, qui motiva l'enquête. De fil en aiguille, on mit à nu un système de détournements savamment entretenu depuis plus de dix années.

La mission du FMI avait d'autant plus raison d'être inquiète que, pour ce qui concernait les placements, le conseil d'administration de la BEAC avait strictement défini les conditions des placements des ressources de la CEMAC gérées par la banque centrale. Or, l'opération avec la Société Générale, le dépôt à terme indexé, le DATI ainsi qu'il est convenu d'appeler, dérogeait à ces conditions. En particulier, le FMI parvint à établir que, contrairement aux informations communiquées par les services de la BEAC, le DATI incluait bel et bien une prise de risques. Il enfreignait les prescriptions du conseil d'administration. A ce manquement initial s'est ajoutée une comptabilisation erronée des intérêts échus mais non perçus. Cette faille suffit aux experts du FMI pour douter de la bonne gouvernance de la BEAC. La mission de la direction générale du contrôle général s'attela à tirer au clair toutes ramifications de l'opération. Elle examina l'ensemble des avoirs de la banque centrale placés auprès des institutions financières, notamment des banques privées. En poursuivant les investigations, la mission buta sur les détournements dont elle réussit à dénouer les trames. Tel a été le processus qui permit de dévoiler *le scandale du Bureau Extérieur de Paris*.

Si le rapport que j'avais produit en juin 2007 avait été lu avec toute l'attention requise, la banque centrale aurait économisé des milliards de FCFA. Nombreux étaient ceux qui avaient intérêt à ce que l'affaire ne fût pas ébruitée. Plus grave, pour veiller sur *la poule aux œufs d'or*, je fus éloigné du suivi des comptes. L'occasion faisant le larron, on profita de cet embrouillamini pour scinder *le département du budget et de la gestion* en deux entités. L'une eut en charge le budget et du contrôle de gestion, l'autre, la gestion des crédits budgétaires. Certes à quelque chose malheur est bon mais ce fut pour la pire des raisons.

Plus près de nous, en mars 2010, sous votre gouvernance, constatant que je n'étais pas dans les bonnes grâces du gouvernement de la BEAC, un membre éminent de la direction des ressources me fit une confidence : *Massoud, dans la maison, beaucoup veulent ta peau ; si tu peux te passer des services de la Banque, débrouille-toi autrement.* Des histoires semblables sont légion tout au long d'une vie professionnelle. Chaque cadre peut vous conter sa version des faits et méfaits dans la BEAC. A mon grand regret, vous vous êtes inscrit dans la lignée des persécuteurs. Votre lettre de licenciement, qui gagne à être argumentée, en est une preuve incontestable. Vous avez avancé des affirmations puis justifié leurs contraires. Vous m'avez accusé notamment d'avoir :

- reporté des crédits exceptionnels sur d'autres exercices, malgré les prescriptions du conseil d'administration de la BEAC ;
- usé de trafic d'influence et procédé à des modifications des crédits exceptionnels accordés à certaines succursales ;
- bloqué inconsidérément des crédits exceptionnels ;
- autorisé de manière récurrente des dépenses exceptionnelles non urgentes ;

- présenté des chiffres qui diffèrent de ceux validés par la commission budgétaire et des lignes de crédits accordés.

Dans votre hâte de vous débarrasser de moi, vous avez perdu toute mesure. Votre manque de tact et de considération est mon meilleur allié. Vous avez voulu me nuire sans cause. Par votre conduite, vous avez nui à l'image de la BEAC déjà si mal en point en raison d'une succession de scandales. Ne serait-il pas temps que vous consacriez votre énergie à maîtriser le métier de banquier central ? Ne pas vous en rendre compte ne prouve-t-il pas votre manque de sensibilité face à la déliquescence de la BEAC ?

J'ai espéré l'avènement de la bonne gouvernance. Cependant, je me serais satisfait d'une simple remise dans le sens de la marche de la gouvernance de la banque centrale. Pour situer la différence entre votre vision manichéenne et mon combat pour l'intérêt général, je vous invite à partager la réflexion d'un sage. Ce fut en février 2001, à une place mortuaire. Un prédicateur parla des détournements de deniers publics en ces termes : *Oh fidèles, vous êtes pour la plupart des dirigeants et de hauts fonctionnaires. Nous apprenons çà et là que certains détournent les ressources du Trésor public. Or, détourner c'est voler. Mais, voler les biens publics est beaucoup plus qu'un vol. A cause des détournements : des fonctionnaires ne toucheront pas leurs salaires ; des enfants n'iront pas à l'école ; des personnes âgées ne seront pas soignées ; des veuves ne pourront pas percevoir leurs pensions, etc. Les voleurs de l'argent du Trésor public ne volent pas que quelques individus. Ils spolient l'ensemble de la communauté nationale. Vous le savez ! Dieu pardonne tout sauf le crime, la diffamation et la spoliation de la veuve et de l'orphelin. Le complice, celui qui laisse faire tout comme l'indifférent sont autant condamnables que les coupables. Lors de chaque prière, méditez ce sermon.*

La Banque des Etats de l'Afrique Centrale ne vit pas en vase clos et ne limite pas à ses 2500 salariés. Elle représente 42 millions de citoyens de la CEMAC. Ces derniers attendent de leur institution phare et de ses dirigeants une conduite exemplaire. Pour ma part, m'adressant à vous, en tant que gouverneur, je me serais satisfait d'engagement à œuvrer pour l'intérêt général. Pour donner forme à cet engagement, vous devez faire preuve de rectitude, de retenue et d'expertise ; ils en indiquent le commencement.

Demain ou un peu plus tard, le réveil des consciences au sein de la banque centrale exigera que l'on prévoie une instance efficace de contrôle. Certes, la Cour régionale de justice existe mais a-t-elle su prévenir les dérives ? Les Etats se sont dotés des Cours des comptes mais leur efficacité n'est-elle pas douteuse ? Au vu des machinations orchestrées pour spolier la BEAC, le contrôle doit être spécialisé. Pour être efficace, il doit s'appuyer sur des techniciens intègres, compétents et impartiaux. Cependant, la première condition d'efficacité pour un contrôle réside dans son indépendance et son autonomie à conduire ses missions. La spécialisation et l'indépendance sont essentielles à la qualité d'un contrôle. Outre la BEAC, qui est notre préoccupation principale, il doit voir son champ s'étendre à l'ensemble des institutions de la CEMAC. Au besoin, il pourra apporter son expertise aux instances nationales. De manière fondamentale, il doit veiller à la transparence des informations, aux performances des outils de gestion et à la mise en pratique des préceptes de bonne gouvernance.

La BEAC, confortée par son indépendance, par le soutien des institutions de Bretton Woods et par la coopération française, s'est sentie dispensée de tout contrôle indépendant. Cette anomalie dont les conséquences peuvent être extrêmement néfastes doit être rapidement corrigée. La création d'un organe de contrôle indépendant, compétent et efficace, avec un champ d'action étendu à l'ensemble des institutions sous-régionales, en sera une étape décisive.

La banque centrale doit rester indépendante dans son mode d'action, son fonctionnement et la gestion de ses ressources. Cependant, la prudence enseigne de ne pas se contenter de son seul autocontrôle. La période d'impunité et de laxisme doit être close. Le silence complice qui entourait le fonctionnement de la BEAC doit laisser place à la transparence et à la responsabilité, c'est-à-dire, à l'obligation de rendre compte.

Monsieur le gouverneur, le service public est un sacerdoce. Si vous n'en approuvez pas les obligations, votre maintien à la tête de la banque centrale se révélera problématique. Vous semblez négliger ou écarter les trois critères indispensables à l'exercice d'un ministère dédié à l'intérêt général, à savoir, l'efficacité, l'éthique et l'expertise.

Vous et les autres membres du gouvernement de la banque centrale êtes particulièrement choyés. Le contrat tacite est que vous vous en montriez dignes. Ce rappel me paraît d'autant plus utile que vos rémunérations sont confortables. Pour permettre au lecteur de disposer des éléments d'appréciation, permettez-moi de présenter une estimation de vos principaux avantages et revenus professionnels :

- 5 millions pour le loyer de votre logement ;
- 2,5 millions pour les charges d'eau, d'électricité, de téléphone et d'entretien de vos logements ;
- 1 million pour l'utilisation de vos véhicules ;
- 3,5 millions pour vos frais de mission ;
- 5 millions pour vos déplacements ;
- 20 millions pour vos éléments de salaire.

Au total, en moyenne, en votre qualité de gouverneur de la BEAC, vous coûtez environ 37 millions de FCFA par mois à la CEMAC. Il importe de préciser que cette estimation tient compte des éléments ne portant pas à controverses. Elle exclut les jetons de présence ainsi que les dépenses des réceptions, des réunions et des manifestations festives, par exemple. Ce niveau de rémunération devrait vous inciter, monsieur le gouverneur, à donner l'exemple. Vous devez promouvoir la rigueur et l'efficacité. Vous devez surtout les appliquer à votre management de la BEAC.

J'aurais souhaité reconnaître des qualités aux dirigeants de la BEAC mais mon expérience ne me laisse bercer d'aucune illusion. A la question : avez-vous fait preuve d'efficacité, d'éthique ou d'expertise ? Je ne suis pas certain que vous auriez répondu par un oui franc et sans réserve. Comme je ne peux me résoudre à ce constat d'échec, je vous invite à mieux faire. Je vous invite surtout à méditer les propos du prédicateur suscité. L'avenir des citoyens de la CEMAC devrait vous galvaniser. Si vous acceptiez cette invitation, au-delà de mon amitié, je vous conserverais mon respect.

Je reviens sur le 16 avril 2010. Six jours après la publication d'un article dans le journal *Le Monde*, le directeur des ressources humaines me fit parvenir une demande d'explications. Elle fut suivie de deux autres, les 20 avril et 3 mai 2010. Je me permets de remettre les choses dans leur contexte, en cinq points.

1. L'audit du département de la prévision des moyens budgétaires et du contrôle de gestion dont j'étais le responsable, sur lequel vous avez fondé votre argumentation, a eu lieu entre avril et juin 2009.

2. Mon point de vue sur le management de la BEAC, une synthèse de l'ouvrage à apparaître, a été publié dans *Le Monde* du 9 avril 2010.

3. Votre première demande d'explications m'est parvenue le 16 avril 2010. Vous référant à l'audit qui eut lieu un an plus tôt, vous m'avez enjoint d'apporter des réponses sur des points relatifs à la gestion des crédits budgétaires. Je rappelle que *le département des moyens budgétaires et du contrôle de gestion* ne gérait pas des crédits budgétaires. Son rôle était d'élaborer et répartir le budget entre les utilisateurs. Son rôle consistait aussi, concurremment avec la direction de la comptabilité, de veiller à sa bonne exécution du budget.

4. Votre deuxième demande d'explications m'est parvenue le 20 avril 2010. Vous m'avez demandé d'expliquer les raisons qui justifiaient la publication d'un point de vue dans *Le Monde,* sans l'accord préalable du gouverneur. Vous avez souligné que je n'ai pas tenu compte de l'obligation de réserve inscrite dans le règlement intérieur. Je rappelle que je vous ai envoyé trois notes sollicitant votre accord. Je vous ai même proposé de signer la préface de l'ouvrage. J'en ai déduit que votre silence valait consentement.

5. Votre dernière demande d'explications m'est parvenue le 3 mai 2010. Vous m'y avez reproché d'avoir donné des interviews aux organes de presse, notamment Radio France Internationale et Africa N°1. Vous m'avez aussi reproché d'avoir évoqué dans ces interviews des points relatifs à l'activité de la BEAC sans votre accord.

Dans chacune des trois demandes d'explications, vous avez évoqué un motif différent. Ces changements d'angle et ces tergiversations prouvent que vous étiez à la recherche des prétextes pour me *coincer.* Ainsi, dans votre première demande d'explications, qui me parvint moins d'une semaine après la publication de l'article dans *Le Monde*, au lieu d'incriminer cette publication, vous fîtes semblant de remonter une année en arrière. Vous avez exhumé un audit clos. D'ailleurs, si vous aviez des reproches à me faire, pourquoi n'en avoir pas tenu compte en fin d'année, au moment des notations ? Je fus promu fondé de pouvoir principal, avec une appréciation annuelle de 19,5/20 et un taux de gratification de 120% en décembre 2009[32] ?

Dans votre deuxième missive, constatant que la ficelle était *un peu trop grosse*, vous avez changé votre fusil d'épaule. Au lieu de ce que vous avez prétendu être ma gestion passée, vous êtes revenu à la publication de l'article dans la presse. Enfin, dans votre dernière demande d'explications, vous avez tenté de tout embrasser. En tout état de cause, ni l'exhumation d'un rapport rédigé un an plus tôt ni mes interventions dans les médias ne pouvaient vous permettre, en toute objectivité, de me reprocher une enfreinte au règlement intérieur de la banque centrale. Ainsi que l'Inspection du travail l'a relevé dans ses entendus, vous, en tant que gouverneur de la BEAC, avez enfreint les lois régissant le contrat du travail au Cameroun. L'inspection transmit le dossier au ministère des relations extérieures, autorité de tutelle de la BEAC, pour faire valoir mes droits bafoués. L'Inspection du travail vous somma de payer environ 300 millions de FCFA pour rupture abusive du contrat de travail[33].

Vous avez espéré me voir rendre les armes et me confondre en plates excuses. Dans ma conduite, je n'ai rien fait qui ne sied à la rectitude. Je n'avais pas soupçonné à quel point la vérité pouvait écorner votre amour-propre. Au lieu de chercher à comprendre, vous avez recouru à la vengeance et aux mensonges. En tant que personne humaine, je pardonne vos faiblesses. En tant que gouverneur, je déplore votre incapacité à vous élever.

En répondant à votre licenciement, à travers cette lettre ouverte, mon souhait est d'établir la vérité de manière contradictoire et publique. Vous avez travesti les faits pour donner un semblant de fondement à votre décision inique. Je me suis défendu en présentant des éléments

---

[32] Voir annexe 3, pages 232 à 241.
[33] Voir annexe 8, pages 270 à 275.

objectifs (voir chapitre des annexes, pages 227 à 280). De mon point de vue, telle doit être la réponse adaptée à votre charge frontale et brutale.

Avec un peu de bon sens, vous et moi, pouvons convenir qu'une accusation n'est même pas un début de preuve. Elle exprime un sentiment de préjudice. La justice, au vu de l'acte d'accusation, de la confrontation des faits et des arguments de la défense, pourrait en démontrer le fondement ou condamner le plaignant aux dépens. En choisissant un angle d'attaque fait de falsifications, en nommant un juré lors du conseil de discipline acquis à votre cause et en vous dispensant de débats contradictoires, vous vous êtes substitué à la justice. Il ne suffit pas d'agencer des insinuations odieuses, vicieuses et incongrues. Il aurait fallu argumenter pour établir la preuve de ce que vous me reprochez. Il aurait fallu accepter un débat contradictoire, pour établir les faits. Que me reprochiez-vous ? La publication du livre ? Mes communications dans la presse ? Mon refus de me soumettre ? Ma préférence pour *le parler vrai* ? Mon refus de la compromission ?

La différence entre vous et moi se reflète dans nos deux attitudes. Vous esquivez et tergiversez. Je vous dis, sans détour, le fond de ma pensée. Ainsi, vous avez accepté de me rencontrer le 23 février 2010 puis vous avez usé de subterfuges pour éviter cette entrevue. Vous êtes-vous jamais demandé si nous n'aurions pas pu entrevoir, ensemble, un accord ? Au lieu de privilégier l'entente, vous vous êtes laissé prendre au travers des conseils mal avisés.

Je conviens que, dans l'affaire qui nous oppose, j'ai moins à perdre. Il me suffit d'être constant dans ma conduite. Vous, vous avez à diriger une banque centrale et à favoriser l'intégration de la CEMAC. N'ayant pas d'idées qui vous sont propres, vous avez écouté des individus incapables de concevoir le monde autrement qu'en opposition ou en confrontation. Ils vous ont recommandé de *frapper sans faiblesse*. Sans hésitation et sans en mesurer les contrecoups, vous avez usé de la force.

Pour motiver le licenciement, vous avez tenté de ratisser large. En effet, vous sembliez me reprocher à la fois : le report des crédits budgétaires d'un exercice à l'autre, l'usage de mon influence pour aider certaines entreprises, un arbitrage favorable à quelques succursales de la BEAC et un comportement de récidiviste. Ces arguments auraient pu s'avérer accablants s'ils n'étaient incohérents et infondés. De plus, vous avez montré un incroyable mépris pour la législation du travail et pour les procédures de la BEAC.

Je passe outre votre absence de maîtrise des procédures budgétaires. J'observe de plus près le fond de votre argumentaire. Sans grande précaution, vous avez évoqué un contournement des décisions du conseil d'administration. Si tel était le cas, que ne m'aviez-vous pas rappelé au respect des procédures ? Vous en aviez et l'autorité et le devoir ! Que n'aviez-vous pas procédé à ma mutation du *département de la prévision des moyens budgétaires et du contrôle de gestion* ? Vous auriez pu me muter ou procéder à mon affectation d'un seul trait de signature ! Vous avez préféré l'escalade. Vous vous êtes engagé dans une vaine véhémence au lieu d'expliquer, convaincre et démontrer les torts éventuels. Vous avez fait fi de la plus élémentaire retenue et recouru à un usage immodéré de propos vexatoires et mensongers. Vous vous êtes situé à l'exact opposé de ce que l'on est en droit d'attendre d'un gouverneur d'une banque centrale. Le contraste entre ce que vous avez fait et les obligations qu'imposent vos fonctions est simplement inadmissible. Vous êtes un diplomate. Cela suppose beaucoup de modération et une dose de prudence. Cela suppose surtout que vous vous conformiez aux lois et aux conventions en vigueur dont vous semblez apprécier les avantages mais pas les astreintes.

Revenons aux faits. J'ai assuré, dix années durant, l'élaboration des budgets. Le montant global annuel est passé de 45 milliards en 1999 à près de 100 milliards de FCFA en 2009. Dans vos trois demandes d'explications comme dans votre lettre de licenciement, vous avez employé des termes d'une charge assassine : *malversations, collusion avec des prestataires de service, autorisations de paiement des factures relatives à la fourniture de biens et services surfacturés*.

Si vos griefs étaient un tant soit peu fondés, je pouvais encourir une condamnation pénale sévère. Que n'avez-vous pas jugé utile de porter l'affaire devant la justice ? Mais, pour l'amour de Dieu, pourquoi aurais-je surfacturé l'acquisition des rideaux ? N'avais-je pas à disposition des marchés plus importants ? Pourquoi me serais-je contenté de menus fretins alors qu'il m'aurait suffi d'accepter les offres des grandes entreprises ? N'étaient-elles pas disposées à offrir beaucoup mieux pour se voir attribuer des marchés ? Enfin, il m'aurait été plus profitable de faire partie d'un réseau, pour tirer profit, comme d'autres, des prébendes[34].

Vous sembliez méconnaître que le département que j'avais dirigé n'était plus impliqué dans la gestion des budgets depuis 2000. Son rôle se limitait à élaborer les budgets et à exercer le contrôle de gestion, concurremment avec la direction de la comptabilité. Une fois de plus, pourquoi cet acharnement et cet usage sans retenue de la falsification ? Si vous aviez par-devers vous quelque élément étayant vos accusations, que n'aviez-vous exigé une réparation ? Au lieu de cette évidence, vous vous êtes hâté d'établir le solde tout compte[35]. N'était-ce pas une manière de reconnaître que la BEAC m'était redevable ? En effet, soit vous étiez certain de vos accusations et vous reteniez mes droits en compensation, soit vous aviez proféré des accusations calomnieuses ainsi que j'en fais la démonstration. Le solde de tout compte en ma faveur prouve que rien de sérieux ou de fondé ne pouvait être retenu contre moi. Sur ce point comme sur les autres, le lecteur fera sa propre religion de cet imbroglio.

Je vous rappelle encore des faits. Les économies réalisées grâce aux efforts que j'avais déployés, en tant que responsable du contrôle de gestion, au titre du seul exercice 2008, se sont chiffrées à plus de 6 milliards. Ce chiffre suffit à démontrer la vacuité de vos propos et à démonter vos accusations fallacieuses. La satisfaction des intérêts personnels n'est pas ma première préoccupation. Pour preuve, vous ne me verrez pas réclamer les dommages et intérêts pour licenciement abusif auxquels vous a obligé l'inspection du travail. Le montant est de 314 724 211 FCFA[36].

Votre décision de licenciement a été non seulement entachée de fautes mais elle s'était appuyée sur un tissu de calomnies, de mensonges

---

[34] La première action de corruption fut tentée à mon égard en 1998 par le directeur commercial d'un concessionnaire automobile. Il présenta son offre en espèces sonnantes. *C'est pour vous souhaiter la bienvenue dans vos nouvelles fonctions,* prétexta-t-il. Je le reçus courtoisement. Au moment de partir, dissimulant sa gêne sous un sourire hypocrite, il posa sur mon bureau une enveloppe. Dès son départ, je demandai à voir le secrétaire général, Gata Ngoulou. Je lui remis le présent laissé par mon visiteur. Je le priai de transmettre à notre partenaire commercial que son geste contrevenait aux pratiques d'une banque centrale.

[35] Voir annexe 4, pages 242 à 243.

[36] Voir annexe 8, pages 270 à 275.

et d'accusations gratuites. Vous avez fait du faux et de la calomnie le support de votre furie vengeresse. N'en déplaise à votre excellence, je demeure un esprit libre. Votre acharnement à salir l'honneur d'un honnête homme n'est que plus abject. Si votre malveillance et votre outrecuidance n'avaient pas été si évidentes, je me serais tu. J'aurais opposé le silence à vos allégations. Je vous aurais ignoré. Je vous aurais laissé en tête en tête avec vos outrances et vos excès. Après la présente lettre ouverte, je continue la réflexion pour contribuer à un meilleur avenir pour la CEMAC. Cela suffit à mon bonheur. Puisque vous avez prétendu que je visais à m'enrichir, je vous fais grâce des indemnités[37] pour licenciement abusif que l'inspection du travail vous enjoint de payer.

Puisque vous avez évoqué mon comportement récidiviste dans votre lettre de licenciement, je me permets de vous rappeler ma première altercation avec le gouverneur Jean Félix Mamalépot. C'était en 1994, au lendemain de la dévaluation du franc de la coopération monétaire en Afrique Centrale (FCFA). Le gouverneur avait réuni tout le personnel présent à Yaoundé afin d'exposer sa décision d'accorder une compensation salariale de 5%. L'explication était d'autant plus attendue que les expatriés et les dirigeants de la BEAC devaient bénéficier d'un ajustement de 45%. Cette discrimination agitait les esprits depuis l'annonce de la décision.

Dans sa tentative de justification, le gouverneur évoqua la situation particulière des expatriés. Sans cet ajustement (45%), ils perdaient une part substantielle de leur pouvoir d'achat, argua-t-il. L'explication ne me convainquit pas. Elle ne put apporter d'éléments percutants pour justifier l'écart entre les deux taux. Je ne pouvais rester sans réaction. Je décidai de prendre la parole. L'affrontement fut frontal. L'assistance se sut, ne sachant comment réagir. Elle était prise en étau entre mes invectives et les vociférations du gouverneur.

Je me dois de dire que mon voisin, assis à ma gauche, le directeur national et ancien Premier ministre, Saddou Hayatou, tenta de me dissuader de prendre la parole. En dépit du respect que je lui devais, je crus passer outre sa mise en garde. Je laissai éclater mon incompréhension quant à la cohérence du choix du gouverneur. Je prétendis que le taux de 45% devait bénéficier en priorité aux agents subalternes et aux petits

---

[37] Voir annexe 8, pages 270 à 275.

salaires. J'affirmai, de plus, que rien ne justifiait une différence de traitement entre les cadres originaires de la CEMAC et les expatriés.

Le gouverneur fulmina. Il me rudoya devant un amphithéâtre plein à craquer. L'ordre du jour justifiait la présence de l'ensemble des effectifs du siège et de la direction nationale, soit environ six cents personnes. L'atmosphère était tendue. Echaudés, ceux qui s'apprêtaient à prendre la parole restèrent la bouche bée. Beaucoup me prédisaient un sort peu enviable. Je conservais mon calme. Seule me chagrinait mon outrecuidance d'avoir désobéi à un ainé, le directeur national. Le climat que le gouverneur souhaitait serein tourna au vinaigre. Il devint morose. La tension était palpable. Pendant quelques instants, il n'y eut aucun bruit, pas un mouvement ni le moindre toussotement. L'assistance s'apprêtait à regagner, la queue entre les jambes, les bureaux. Elle était loin d'être assurée de conserver la mesure de faveur annoncée. Fort heureusement et comme par enchantement, une brise rafraîchissante circula. Prenant la mesure de la tension, en concluant son allocution, Mamalépot sut trouver l'énergie nécessaire. Il laissa échapper un rire mi-grognement mi de satisfaction. Etait-ce une confession ou un subit attendrissement, il ajouta : *tout compte fait, je préfère l'attitude de Massoud. Il a le courage d'exprimer son opinion. D'autres agissent sournoisement ; ce sont les spécialistes des critiques improductives dans les bureaux.* L'assistance repartit plus sereine. Elle me voyait voué aux gémonies, me voilà soudain congratulé ! Le gouverneur avait su trouver les mots justes pour relativiser nos deux postures antagoniques. Cela ne l'empêcha pas de m'écouter et même de prendre mon parti. N'est-ce pas ce qu'on attend d'un dirigeant ?

Monsieur le gouverneur, ce premier accrochage avec Mamalépot ne fut ni le dernier ni le plus frontal. Depuis lors, je pris conscience de la portée que pouvaient avoir mes propos. Retenez que je n'ai rien contre votre personne. Je m'élève contre votre propension à user du faux et contre votre incapacité à justifier vos choix. Gouverner une banque centrale est une lourde tâche !

En avril 2010, je me suis trouvé face à vous. Ce fut au pire moment et face à un contradicteur imprévisible. Vous n'eûtes ni le recul ni la grandeur d'âme de Mamalépot. Pourtant, en dépit de ce que je pourrais vous reprocher, je vous aurais apporté mon soutien. Mais, vous n'avez pas su inscrire votre action dans le sens d'un management performant.

Le rappel de votre mise en cause par le vice-gouverneur Roger Rigobert Andely n'est pas pour me glorifier. Ce que je fis face à Mamalépot et à Andely, je le répétai devant vous. Seuls m'importaient l'intégration de la CEMAC et l'intérêt de la banque centrale. Je n'ai pas changé d'avis.

Dans le montage du dossier de licenciement, vous avez ignoré des informations essentielles pour ma défense. Vous avez persisté à me présenter sous les traits d'une crapule. A l'appui des annexes (pages 227 à 280), le lecteur aura toute latitude de faire son jugement quant à la véracité de nos prétentions respectives.

Que retenir de cette affaire malheureuse ? Quelques leçons et des conseils pour les générations futures :

- tous les moyens ne sont pas forcément bons ;
- la fin ne justifie pas toujours les moyens ;
- en toute circonstance, il faut savoir raison garder ;
- le respect des lois approche de la sagesse *des Anciens* ;
- l'éthique et la rigueur forment à la vie en société ;
- la liberté c'est penser, croire et exprimer son ressenti ;
- l'objectivité et l'impartialité fondent l'opinion ;
- l'intérêt général est une cause sacrée ;
- si l'équité fonde le mérite, la solidarité le renforce ;
- l'autre est un égal, un complément de nous-même.

Monsieur le gouverneur, tant que nous respirions le même air, rien ne devait nous opposer définitivement. Les divergences font partie de la vie, soyez en capacité de les dépasser. C'est possible. En tant que personnes humaines, les divergences comme les différends sont des parties de nous. Elles devraient nous inciter au rapprochement, acceptons-nous et comportons-nous en citoyens. Ainsi que vous le savez, je n'ai jamais trempé dans des magouilles ou des malversations. J'ai choisi de ne pas être un partisan zélé. Je défends l'intérêt général, ce qui exclut de prendre parti. Dans votre lettre de demandes d'explications, vous m'avez reproché de passer outre l'obligation de réserve. Je vous aurais suivi sur ce point si vous aviez su faire preuve d'exemplarité et de rectitude. En effet, je vous ai tenu informé, par écrit et à trois reprises, de l'imminente publication du livre qui vous a tant déplu. Vous n'avez pas daigné donner votre opinion. Vous n'avez pas manifesté le simple geste d'élégance, en répondant à votre interlocuteur. Vous avez fait de votre mutisme une illusoire commodité. Visiblement, dans votre esprit, le monde se divise en deux catégories d'individus : ceux qui vous suivent et vous obéissent et les autres, les opposants. J'ai choisi la liberté de parler et agir en conscience. Je ne pouvais faire partie de votre entourage complaisant. Cependant, je ne regrette pas de vous avoir tendu la main. En la rejetant, vous avez fait la preuve que l'éthique n'est pas soluble dans l'approximation. Je vous en sais gré !

Permettez-moi de présenter votre cercle de camaraderie. Il vous a fourni une aide incontestable pour transformer un dossier vierge en cas pendable. Vous avez désigné un quarteron de fidèles pour ériger une cour martiale, abusivement dénommée *conseil de discipline*. Vous avez cru sacrifier une victime expiatoire. A votre insu, vous m'avez permis de prendre du recul. Ce ne fut pas la moindre des leçons tirées. Puisque vous avez fondé votre décision de licenciement sur le rapport du conseil de discipline, souffrez que je passe en revue les animateurs de ce conseil qui a tout l'air d'un cercle de malfaisants. Vous vous êtes abrité derrière l'avis du conseil de discipline. Je relève, à l'attention du lecteur, que cet avis est purement consultatif, ainsi que précisé à l'article 20.4 des statuts des cadres.

J'évoque les noms de vos principaux soutiens parce qu'ils méritent d'être connus. Ils ont aliéné leur liberté pour vous complaire. J'utilise la mienne pour exposer ma vision de cette triste affaire. Vous en avez fixé les codes et les règles. Vous avez nommé les chasseurs et désigné la victime. Souffrez que je me charge de ma défense. Je n'ai pas l'intention de me laisser abattre sans combattre. Les membres de votre tribunal de circonstance, dressé pour étouffer une voix indomptée, ne se sont distingués ni par leur courage ni par leur objectivité.

1. **Lucas Abaga Nchama, gouverneur de la Banque des Etats de l'Afrique Centrale**

Vous avez tenté, sans succès, d'intégrer l'encadrement de la BEAC. Lors des tests, vos résultats se sont révélés médiocres. Par dérogation, vous fûtes admis au centre de formation, au vu du niveau général, en dessous de la moyenne, des candidats équato-guinéens. Vous avez suivi une année de formation qui fut non concluante pour prétendre intégrer l'encadrement supérieur. Vous avez gardé de cet échec une tenace rancœur. La direction des ressources humaines vous proposa un poste de cadre moyen. Vous avez eu le bon sens de ne pas accepter l'offre. Vous avez préféré intégrer la fonction publique, moins regardante ou moins exigeante.

Quelques années plus tard, quelle ne fut la surprise de vos anciens promotionnaires de vous voir siéger au conseil d'administration. Ils furent encore plus étonnés avec votre promotion aux fonctions de directeur général puis de gouverneur de la BEAC. Vous avez été nommé par la Guinée Equatoriale à qui revint le tour de désigner son candidat à la plus haute fonction de la banque centrale commune. En effet, les Etats souverains nomment qui bon leur semble. Ceux qui se sont étonnés de votre subite promotion estimaient que les fonctions de gouverneur requéraient au moins deux aptitudes ou compétences : la maîtrise de la politique monétaire et une bonne culture économique. Si ces qualités avaient été retenues comme des préalables, probablement, vous n'auriez pas été gouverneur et le destin de la banque centrale aurait peut être changé.

Vous devez aussi votre nomination à la mise à plat du consensus de Fort-Lamy. A l'issue des tractations, il revint à la Guinée Equatoriale de désigner son candidat aux fonctions de gouverneur de la BEAC. Le sort vous a ouvert les portes d'une grande responsabilité. Certains de vos camarades de promotion n'auraient pas parié le moindre FCFA sur votre chance d'accéder aux fonctions de gouverneur. Ils vous auraient avancé que vous n'en aviez pas l'étoffe. Pour ma part, je crois que tout individu est susceptible de s'améliorer. D'une certaine manière, une fois dans le fauteuil, vous avez su vous faire entendre. Pour vous avoir observé, je me garde de juger la sagacité des ministres et des chefs d'Etat qui entérinèrent votre nomination. J'évoque la miséricorde et prie : *Seigneur, pardonnez-leur, ils ne savent pas ce qu'ils font.* Comme tout homme, vous avez des qualités. Il vous reste à les utiliser à bon escient. Vous avez six années pour apprendre le métier de banquier central. Retenez cependant que l'expertise n'est rien sans l'éthique.

### 2. Le président du conseil de discipline, Antoine Nkodia

Un portrait ressemblant de Nkodia a été tiré dans *La Banque des Etats de l'Afrique Centrale, une dérive prévisible*. C'est un excellent cadre. Il a exercé, notamment, ses responsabilités de directeur central des *études* avec compétence et efficacité. Sous l'angle comportemental, c'est un homme prudent. On peut dire qu'il a tendance à suivre les vœux et les choix du *chef*. Pour lui, l'opinion personnelle importe moins que le respect de la hiérarchie et des instructions. Il est sans doute un honnête homme mais il ne fera rien qui contrarierait la hiérarchie.

Pour présider un conseil de discipline dont la tenue s'est révélée déterminante, il aurait fallu une personne à l'esprit indépendant et libre dans la formulation de ses opinions. En choisissant Nkodia, vous avez désigné un collaborateur discipliné. Sachant où allaient vos préférences, il les suivit sans état d'âme. Le sort en fut dès lors jeté. Le reste n'était que de la poudre aux yeux.

Pour amoindrir ce qui pourrait être perçu comme une critique, je précise qu'Antoine Nkodia souffrait d'une affection de longue durée. Légitimement, il ne pouvait risquer une interruption de ses soins. Il pesa les aléas. Il suivit vos instructions plutôt que de rester fidèle à sa morale chrétienne. Je retiens de lui l'image d'un homme sérieux et prudent.

### 3. Le représentant du gouverneur au conseil de discipline, Kalixte Tabangoli.

A cours d'un conseil de discipline, le membre le plus influent, le président, est désigné par le gouverneur. Il fait office de procureur. Tabangoli a exercé l'essentiel de ses activités à l'inspection. Quoi donc de plus normal que de voir un inspecteur représenter le gouverneur. Ne dit-on pas que l'inspection est l'ouïe et la vue du gouverneur. Le président fut un soldat en service commandé. De plus, outre son rôle de procureur qui lui impose de suivre et même d'anticiper les souhaits des autorités, le représentant du gouverneur défend le rapport établi par ses collègues du contrôle général. Il importe de dire, à la décharge du chef de mission d'audit du *département des moyens budgétaires et du contrôle de gestion* que son rapport était globalement objectif. Les seules faiblesses que j'avais relevées se rapportaient à son instruction qui fut totalement à charge. Tout s'était passé comme si la mission avait pour unique objectif de collecter des informations commandées d'avance. Les inspecteurs devaient trouver des éléments servant à étayer le dossier d'accusation. Or, en principe, une mission d'audit devrait avoir pour objectif d'observer la mise en application des procédures et suggérer des améliorations. Elle ne devait en aucune manière prendre parti, au risque de perdre toute crédibilité.

Le rapport brandi devant le conseil de discipline était un maquillage de celui que j'avais paraphé conjointement avec le chef de la mission d'audit. Ce fut un montage réalisé par des personnes sans scrupule ni éthique. On exhiba une caricature grossière et infamante qui n'avait rien de commun avec le rapport dont je transmis une copie au gouverneur Philibert Andzembé. Je mesure l'intérêt et l'utilité de cette précaution sans laquelle je serais perçu comme un mégalomane ou un affabulateur. Je salue la réaction pondérée de votre prédécesseur. Il ne prit aucune sanction au risque de mécontenter le secrétaire général. Ce dernier entendait faire du rapport de l'inspection le support des sanctions qu'il souhaitait voir adoptées par le gouverneur. Andzembé lui fit remarquer que le dossier était vide. Plus tard, à Libreville, Philibert Andzembé avoua sa surprise de me savoir hors de la BEAC. Il dit ne rien comprendre de la décision de son successeur. Je crois d'autant plus volontiers à la sincérité de ses propos que je n'ai jamais été tendre à son égard. Cette pondération ne fut pas du goût du secrétaire général, Abbas Mahamat Tolli. Mal conseillé et peu au fait des arcanes, il fonça tête baissée. Il se fit coopter par le clan favorable au vice-gouverneur. Sa méconnaissance des hommes et des habitudes de la BEAC pourrait expliquer sa précipitation et son recours aux solutions extrêmes.

Au conseil de discipline, Kalixte Tabangoli qui représentait le gouverneur, agissait aussi en sa qualité de membre du groupe fédéré par le vice-gouverneur Andely, allié d'Abbas Mahamat Tolli. Sans doute, à son corps défendant, il choisit l'allégeance aux autorités plutôt que la fidélité à notre camaraderie. Au vu des rapports des forces en présence, j'attendais de sa part un peu d'objectivité. Il ne fit preuve ni de retenue ni de neutralité. Le code de déontologie et les liens de camaraderie se révélèrent inopérants compte tenu des instructions qu'il reçut de la hiérarchie.

### 4. Les deux représentants du personnel

Les deux représentants du personnel, Éric Goro et Joseph Pamen, assistaient au conseil de discipline, en principe, pour contribuer à la défense de leur collègue mis en cause. Cependant, ils ne se donnaient pas suffisamment de liberté pour se soustraire à la surveillance des dirigeants. Pour les plus frileux, ce fut la volonté qui fit défaut. Ils ne surent opposer un discours apaisant à la déclaration de guerre du représentant du gouverneur. Enfin, les deux représentants ont été choisis parce que la hiérarchie s'était assurée de leur fidélité à la ligne d'accusation officielle.

Éric Goro avait été relevé de ses fonctions de directeur intérimaire de l'agence de Bata, en guinée Equatoriale. Menacé de sanctions les plus extrêmes, il sauva sa tête grâce à l'entremise du secrétaire général, Gata Ngoulou. Celui-ci intercéda auprès de Mamalépot qui accepta de réduire la sanction. Goro perdit son poste et fut muté aux services centraux. Le secrétaire général en fit un homme à son service. Bien que déçu, Goro sut trouver une protection à travers cette relation spéciale. Après le départ inattendu de son mentor, il passa, avec armes et bagages, du côté d'Abbas Mahamat Tolli, nouveau secrétaire général et nouveau parrain. Vu les intentions de son nouveau protecteur, je doute de la capacité à l'objectivité d'Éric Goro.

Joseph Pamen, menacé des feux de l'enfer sur la base d'allégations infondées, trouva refuge dans le mutisme. Je ne veux ni souhaite l'incriminer. Des quatre membres du tribunal bancal que fut le conseil de discipline, Pamen était le seul que je ne pouvais, objectivement, taxer de parti pris.

Monsieur le gouverneur, tel a été la composition de votre conseil de discipline. Ce fut un conclave de comploteurs et non une instance de conciliation. Ainsi que vous le savez, au sein du conseil de discipline, la décision se prend à la majorité simple. Il n'est pas besoin d'être grand clerc pour en déduire l'issue. La sentence était écrite d'avance : d'une peccadille vous fîtes un cas pendable !

Il importe de compléter le conseil de discipline par des personnes ayant partie liée avec votre décision de licenciement.

### 5. Le cas Issa Allam-Ndoul

Votre conseiller spécial, Issa Allam-ndoul, homme des besognes secrètes s'il en est, a été de toutes les manigances. Il servait de point de ralliement à toutes les âmes en peine. A quelques mois de faire valoir ses droits à la retraite, je me demande ce qu'il a produit pendant une si longue carrière à la BEAC. Il s'était spécialisé dans les diatribes et les intrigues. Dans la conception et la mise en exécution de votre projet de licenciement, il vous a été fidèle d'un bout à l'autre. Mieux, il avait fait preuve de zèle. De manière tout à fait prévisible, il prit le parti de coller aux desiderata de son patron.

On ne connaît à Allam-Ndoul ni opinion personnelle ni aptitude au discernement. Il savait suivre le sens du vent et anticiper le souhait et les désirs de ses patrons successifs. Enclin à la délation, n'ayant pas d'attache ou d'amitié remarquée, il destinait ses services aux plus offrants. Cela eût été lui faire trop d'honneur de lui imputer une responsabilité dans l'instruction du dossier. Une fois chaperonné, il exécutait les ordres avec assiduité et beaucoup de sadisme. Il se comportait en *chien de garde fidèle.*

Pour donner une idée du personnage dont vous avez fait votre conseiller spécial, je relate une anecdote représentative de sa perception du monde. Lorsque je lui fis part de la publication de mon premier livre[38], benoîtement, il eut cette réflexion : *Quelle idée d'écrire quand on est cadre à la banque centrale* ! Autant dire qu'en comparaison du roman, l'essai sur la gouvernance de la BEAC[39] lui parut un brûlot. Je ne fus donc nullement surpris de le voir en belle compagnie pour pousser au meurtre. Il s'est fait le porte-voix de ceux qui pensaient qu'*un cadre réfléchit quand cela est nécessaire, c'est à dire, à la commande de la hiérarchie.*

### 6. Le vice-gouverneur Roger Rigobert Andely

Curieux destin que celui de devoir affronter tous les torts. Andely que nous avions qualifié d'ami s'est révélé aussi vindicatif que les autres. Il exerça deux années durant les fonctions de ministre des Finances du Congo. Il en revint aigri. Il était prêt à en découdre avec tout le monde. Il retrouva son poste de vice-gouverneur et espérait y faire bonifier son titre de ministre. Mamalépot ne l'entendit pas ainsi et tint à le remettre à sa place de second. Cette marginalisation le contraria

---

[38] *Fragments de vie d'une enfance au Kanem*, Edilivre.com.

[39] *La Banque des Etats de l'Afrique Centrale, une dérive prévisible*, L'Harmattan.

mais ne freina nullement son désir de prendre une place à sa mesure dans la gabegie qu'il dénonçait tant auparavant.

A l'égard d'Andely, comme vis-à-vis des autres, je crois avoir fait mon devoir. Je prescrivais un peu de retenue et une stricte observance des procédures. Cette insistance lui déplut au point de me considérer opposant à ses intérêts. Abbas Mahamat Tolli prit appui sur cette atmosphère de tension. Il en fit le vecteur de son courroux pour me *casser les reins*, disait-il, sans en mesurer toutes les implications. Je tentai de lui faire comprendre qu'un différend professionnel peut trouver une issue après une franche explication. Il ne vit pas les choses sous cet angle. Je lui fis même observer qu'il avait tout loisir de me garder ou non au secrétariat général. Il se retrancha dans un mutisme peu constructif.

L'audit d'avril 2009 fut inspiré par Abbas Mahamat Tolli. Il crut, sans raison, que je le traitai d'incompétent. Que Dieu m'en préserve ! Je peux émettre des critiques certes mais loin de moi une telle méprise. Il venait d'arriver à la BEAC, cela valait immunité. A la rigueur, j'aurais pu relever son manque d'expérience dans la fonction banque centrale mais je me retins. Je souhaitais qu'il fît preuve davantage d'engagement pour redresser une gouvernance engluée dans des calculs mesquins. Etait-ce trop ?

Monsieur le gouverneur, voilà résumée l'équipe qui vous a aidé à monter le dossier de licenciement. Avec son assistance, vous avez fait d'un conseil de discipline, lieu d'échange et d'argumentation, un antre où vous avez voulu voir tomber une tête. Si nos chemins arrivaient à se croiser, je vous accorderais un sourire gracieux. Il se pourrait que vous changiez de trottoir, moi, je vous aurais donné la main.

Prenant à cœur votre rôle de persécuteur, dans votre réquisitoire sans concession vous avez affirmé sans précaution : *Par ailleurs, vous ne semblez pas avoir tiré toutes les leçons de votre passage devant le conseil de discipline en 2006, qui vous a conduit à une rétrogradation de six échelons*. Je souris non par dépit mais parce que cette citation situe exactement toute la différence entre votre monde et ma lecture des rapports humains. Qu'est-ce perdre quelques échelons ? La vie, la santé, la reconnaissance, le respect, la joie, le bonheur, l'amitié, le service public ne sont-ils pas plus importants ? Certains échecs peuvent être surmontés et vaincus. D'autres ont un impact vital ; ils sont essentiels et retiennent l'attention. La sagesse nous enseigne : *Ce qui ne tue pas conforte*. Je fais de cette maxime une leçon de vie.

Je crois avoir donné tout son sens à la liberté d'expression. Sur les grands sujets comme pour la vie au jour le jour, je me suis obligé à garder un cap : l'éthique. Bien entendu, l'ambiance de la BEAC a permis de mettre en lumière ce qui nous distingue, vous et moi. Si vous aviez su écouter, vous auriez appris assez sur ma détermination à ne pas transiger avec l'éthique. Je sais que ma quête effrénée du juste, du clair et de l'intérêt général dérange plus d'un. Vous vous êtes situé dans la lignée des allergiques à la bonne gouvernance. Mon devoir est de vous encourager à ne pas y renoncer définitivement.

Je voudrais apporter quelques informations pour que le lecteur ne soit pas pris au dépourvu par votre tentative hasardeuse de donner un sens à l'ignominie. Le prétexte du conseil de discipline de 2006, évoqué dans votre lettre de licenciement, était un prêt immobilier. En 2006, mes relations avec Mamalépot étaient tendues. Je décidai quand même de solliciter un crédit pour l'acquisition d'une villa. Je déposai le dossier en juillet 2005. L'acquisition visait un immeuble, saisie hypothécaire, mis en vente par la Société Générale de Banque au Cameroun (SGBT) pour 115 millions de FCFA. Je sollicitai un crédit de 95 millions auprès de la BEAC. Je reçus l'accord du gouverneur en février 2006, pour 60 millions au lieu des 92 millions sollicités. Entre-temps, la villa avait trouvé un autre acquéreur. Je décidai d'utiliser les 60 millions pour acheter deux terrains de 940 et 1 200 mètres carrés. Telle est la stricte vérité. Vous l'avez déformée pour en faire une *récidive*.

Nul ne vous aurait fait reproche de vous séparer d'un collaborateur aux idées opposées aux vôtres. Compte tenu des liens de subordination juridique entre employé et l'employeur, vous auriez pu plaider la divergence d'opinions pour justifier une séparation. Vous auriez alors exercé votre autorité de dirigeant de manière saine et franche. Je vous en aurais su gré. La séparation est dans l'ordre des choses. Il aurait suffi que vous évoquiez une incompatibilité entre vos humeurs et mon entêtement à mettre de l'ordre dans la pagaille. Au pire, la banque centrale aurait payé des dommages et la cause serait entendue. Mieux, il aurait suffi d'un peu de transparence et de responsabilité pour que je souscrivisse à vos choix. Peut-être auriez-vous fait l'économie d'une séparation d'avec un collaborateur critique ? Sans doute aurais-je eu le plaisir de constater que la patience finit toujours par payer ?

En juillet 2005, au moment du dépôt de la demande du crédit, il m'était loisible de rencontrer Mamalépot. Cette démarche aurait suffi à marquer son accord pour les 95 millions sollicités. Je ne le fis pas. J'ai préféré rester cohérent avec mon engagement d'indépendance. Les rapports professionnels restent cordiaux tant que le respect est mutuel. J'avais estimé que le gouverneur s'était montré désobligeant à mon endroit. Il avait attendu sept mois pour accorder l'équivalent des 2/3 de ma demande. J'aurais préféré un refus pur et simple plutôt que cette côte mal taillée. Pour dire ma désapprobation, j'utilisai les 60 millions à ma guise. Je refusai ainsi le contrat d'allégeance qu'on me proposait.

Lorsque le conseil de discipline de 2006 se réunit, je proposai de rembourser par anticipation le prêt. Une fin de non-recevoir fut opposée à ma proposition par la voix de Maurice Moutsinga, représentant le gouverneur. La consigne était : *Vous rembourser ou pas, le gouverneur a dit de vous appliquer une sanction de second degré ; alors arrêtez de gesticuler*. Je lui répliquai avec force conviction. Il demeura inerte, bouche bée, sans réaction. A mes yeux, son attitude figée, incapable de réaction, compensait largement la perte de *six échelons*.

Monsieur le gouverneur, comme vous, vos prédécesseurs eurent recours aux mêmes stratagèmes pour salir un honnête citoyen. Je ne conteste pas vos fonctions. Je vous reproche de ne pas assumer vos actes et de ne pas être à la hauteur de la fonction banque centrale. Depuis 1998, je n'ai eu cesse de rappeler les dirigeants de la BEAC à moins de gabegie et de gaspillage. Je suggérais de faire de l'intérêt général un combat de tous les instants. Dans ma quête d'un monde meilleur, je voulais convaincre les distraits à faire amende honorable. J'ai échoué puisque vous êtes gouverneur et je suis hors de la BEAC.

Je n'éprouve aucune satisfaction de vous voir empêtré dans les mêmes problèmes que vos devanciers. A dire vrai, j'aurais souhaité me tromper. Je voudrais tant vous voir transfiguré en un dirigeant rigoureux et compétent. Pour montrer combien vous vous êtes éloigné du dirigeant modèle, je voudrais rappeler un de vos faits d'armes le plus surprenant. Vous avez ordonné la saisie, manu militari, de mes effets personnels ci-après :

- un badge ;
- une carte d'organisme (carte diplomatique personnelle) ;
- des cartes de visite professionnelles ;
- 2 clés USB personnelles ;
- la copie d'une note au gouverneur rendant compte de la dernière tournée budgétaire ;
- un listing servant de répertoire téléphonique ;
- la copie d'une note au directeur des ressources humaines en réponse à la demande d'explications du 20 avril 2010 ;
- 3 ordres de mission portant les numéros 038, 039 et 041 ;
- la lettre reçue du gouverneur me traduisant en conseil de discipline ;
- un billet d'avion ;
- une copie de la note au gouverneur relative à la présentation de l'ouvrage *La Banque des Etats de l'Afrique Centrale, une dérive prévisible* du 5 avril 2010 ;
- une copie de la note au gouverneur relative à la présentation de l'ouvrage *La Banque des Etats de l'Afrique Centrale, une dérive prévisible* du 10 avril 2010 ;
- une attestation d'assurance médico-sociale délivrée par la direction des ressources humaines ;
- un ordre de mission daté du 21 avril 2010 ;
- la décision du gouverneur N°14 du 08 avril 2010 ;
- une copie de la note au gouverneur du 16 avril 2010 relative à un exposé succinct des points à évoquer en audience ;
- un ordre de mission à remettre à René Mbappou ;
- une copie de la réponse à la demande d'explications de la direction des ressources humaines du 16 avril 2010 ;
- la demande d'explications du 16 avril 2010 ;
- la demande d'explications du 20 avril 2010 ;
- une copie de la réponse à la demande d'explications de la direction des ressources humaines du 20 avril 2010 ;
- l'annexe à la note au gouverneur du 17 avril 2009 relative à la tournée budgétaire ;
- le procès-verbal de l'audition par la mission d'inspection du 19 juin 2009 ;

- des messages échangés par Groupe Wise avec le secrétaire général et impliquant un cadre du département de la prévision des moyens budgétaires et du contrôle de gestion ;
- la totalité de mes courriels gérés par l'intranet de la banque centrale.

Ainsi que vous le craigniez, certains de ces documents étaient des éléments de preuve pour ma défense devant le conseil de discipline. En ordonnant leur confiscation, vous avez cru empêcher l'élaboration d'une défense argumentée. Votre attitude ne prouvait-elle pas combien vous étiez craintif ? S'agissant de documents qui n'avaient aucun caractère confidentiel et ne présentant pas de secret professionnel, vous avez été d'une incroyable fébrilité. Plus grave, les services que vous avez diligentés ont utilisé la coercition physique pour confisquer ces documents. Tant de précautions présument que vous aviez beaucoup à cacher. Plaise au lecteur d'en apprécier les raisons et vous trouver des circonstances atténuantes ! La BEAC dut tomber bien bas pour que son gouverneur fût réduit à user de tels expédients. Ces quelques éléments donnent une idée du management de la banque centrale.

Par ailleurs, quel plaisir avez-vous éprouvé à la suspension sine die du virement mensuel pour le paiement de la pension de mes enfants ? Quels hommes sommes-nous ? Quelle vie menons-nous ? Après avoir rudoyé et renvoyé sans ménagement le conseiller de votre prédécesseur, ancien secrétaire général de la COBAC, Mustapha Mahamat, vous voilà en prise avec un de ses compatriotes et amis. Décidément, certaines personnes ne trouvent guère grâce à vos yeux !

Vous aurez tout à gagner à regarder au-delà des clivages et des partis pris. Conduisez-vous en homme responsable. Ne laissez pas votre âme se consumer futilement. Je vous souhaite de trouver le chemin de la concorde et de l'apaisement. Que Dieu fasse que votre cœur recouvre le calme et la pondération nécessaire pour assumer les charges que vous imposent vos fonctions. Elles sont lourdes certes mais vous devez vous persuader qu'elles sont dans les cordes de tout homme réfléchi. D'ici l'avènement d'une vision prometteuse de l'intégration, soyez humble. N'en doutez pas, la CEMAC attend beaucoup de vous. Les citoyens espèrent un changement, même de vous.

Tels sont les points que j'ai crus utiles de proposer à votre réflexion et à celle du lecteur. Ils vous parviendront sous la forme d'une lettre ouverte. C'est un moyen d'expression utile lorsque les autres canaux se sont révélés inopérants ou ont été censurés. Je vous ai relaté les faits sans les dénaturer. Parfois, je me suis retenu. Je n'ai pas souhaité exposer des informations qui auraient nui à la banque centrale. Puisse Dieu nous aider et guider chacun de nos actes pour en faire un bénéfice pour la communauté de la sous-région. L'histoire situera votre place et la mienne. Vous grandirez à tirer leçon de votre parcours. Depuis votre échec pour intégrer l'encadrement de la BEAC jusqu'aux fonctions de gouverneur, beaucoup d'impondérables ont trouvé une issue. Sans doute pensez-vous avoir triomphé ? Ayez la victoire modeste et la satisfaction contenue. Ce sera votre confession. En dépit d'une tonalité parfois sarcastique, cette lettre ouverte vous incite à la sérénité. Vous verrez, en prenant du recul, vous me donnerez raison.

Veuillez accepter, Monsieur le gouverneur, les incitations à mieux faire de la part d'un militant résolu pour l'intégration de la CEMAC et pour l'avènement de la bonne gouvernance à la Banque des Etats de l'Afrique Centrale."

# *Conclusion*

Dans un monde régi par le gain et l'intérêt personnel, peu sont ceux qui résistent à l'exhortation au *toujours plus.* Ainsi que le démontre la déconfiture de la BEAC, l'enrichissement de quelques individus s'est opéré au détriment de l'intérêt général. A ceux qui gardent le cap de l'éthique, les familles ou les amis font le reproche de les tenir à l'écart des ripailles. Ils se sentent spoliés et s'offusquent d'une morale qu'ils tiennent pour désuète. Ils considèrent avec suspicion la moindre résistance à l'air du temps. De leurs points de vue, les promoteurs de l'éthique sont des *atypiques* tandis que la règle consiste à accepter les pratiques communément admises. Pour ceux qui s'estiment spoliés, c'est en souscrivant à la suprématie des *puissants,* qui reconnaissent et récompensent les leurs, que l'on parvient à partager certains avantages.

Pour préserver l'éthique, la ligne de démarcation est étroite. Il suffit d'un pas pour basculer du côté opposé. Ainsi que montré dans cet ouvrage, nous avons choisi de veiller pour que la limite entre la rectitude et la permissivité reste perceptible. Cette constance nous a valu l'opposition et la hargne des bien-pensants. Dans le cas de la BEAC, le système nous a traités en opposant irréductible. Certes, il n'y a guère de gloire à se voir marginalisé mais comment aurions-nous pu aller contre nos convictions ? Il nous est arrivé, comme à toute chair, de réfléchir aux conseils bienveillants. Sommes-nous encore dans le vrai ? Devons-nous continuer, au risque de nuire aux nôtres ? Que serait une société où tout se nivellerait et s'épierait ? Comment convaincre ceux qui refusent viscéralement le simple bon sens ? Autant de questions auxquelles nous avons tenté d'apporter des réponses, en fonction de nos interlocuteurs et des situations. A force d'entendre les bien-pensants conseiller la prudence et la résignation, l'auto-culpabilité traverse l'esprit. Pour tout dire, nous avons réfléchi mais nous n'avons pas fléchi. Le chemin de la rectitude est le seul qui vaut d'être emprunté avec assiduité. Peu importe la calomnie, la méprise ou la mauvaise foi des prétendus *commis de l'Etat,* l'essentiel est de tenir bon.

Nous avons tenté de faire de notre environnement un monde où l'on considère l'autre comme un double de soi-même. Vivre c'est d'abord se montrer utile à sa société, à sa communauté, à sa famille, aux amis, aux voisins, au passant, à l'inconnu. L'intérêt général est tout le contraire d'accepter et, a fortiori, de s'accorder un privilège ou un avantage que l'on refuse à d'autres. Pour prétendre à l'appellation de *pur,* le chemin le plus direct est d'en adopter le comportement. C'est alors seulement que tout dirigeant, dans ses attributs de *commis* de l'Etat, en devient un digne représentant.

Nous incitons les sceptiques à la lecture du document 1 et à la méditation des réflexions du professeur Pierre Bourdieu. Le document présente un aperçu de la réaction des puissants et de leurs suppôts. De la même manière, tandis que nous conseillions l'éthique et la vertu, les dirigeants de la BEAC ne voyaient, dans notre combat, qu'une déviance et un refus de l'autorité. Ils focalisaient leur regard sur l'écume contestatrice de nos critiques au lieu d'écouter nos suggestions. Nous mettions en exergue la primauté de l'intérêt général. Ils se voyaient empêchés de spolier en paix. Nous conseillions la bonne gouvernance. Ils assimilaient notre quête à un refus de l'autorité.

En dénonçant la diffusion d'une culture non-éthique, allant à l'encontre de l'intérêt général, nous agissions en *commis de l'Etat*. C'est cet engagement qui nous valut l'étiquette de contestataire de la part de ceux pour qui rien ne doit changer. A ce niveau de distorsion, la problématique ne se résout pas à un changement de gouvernance. Elle interroge sur la viabilité des institutions mal outillées. Dans le cas de la Communauté Economique et Monétaire de l'Afrique Centrale, les dégâts provoqués par les distorsions requièrent une complète réévaluation des aptitudes des dirigeants à assumer les missions d'intérêt général.

Puisque notre propos est centré sur la banque centrale et sa gouvernance, dont le domaine de compétence est la politique monétaire, la problématique peut être abordée à travers deux questions de fond : comment sortir de l'amateurisme, de la prédation et des complicités coupables ? Comment fixer un nouveau cap dans un contexte si peu propice ? En effet, pour bien gouverner une banque centrale, les textes ne sauraient suffire. Il faut des dirigeants compétents et sobres. Il faut aussi une claire vision de l'avenir. Puisqu'il s'agit de construire l'intégration en Afrique Centrale, afin de s'atteler à son développement, fixer des objectifs précis et anticiper leur réalisation est la contrainte majeure. Cela s'appelle élaborer un projet et le réaliser. Mais, cela ne nous ramène-t-il pas à la problématique de la qualité des dirigeants ?

Au-delà des critiques, nous avons suggéré une sortie du désordre institutionnalisé. Nous avons relaté des faits et des actes aux conséquences incroyablement néfastes. La première cause de mal-gouvernance est l'inéquation entre les profils des dirigeants et leurs fonctions. Si les exemples que nous avons présentés ne constituent pas des preuves au sens juridique du terme, ils ne sont pas moins des indices concordants et accablants. Comment caractériser le comportement de ceux qui se sont servis des réserves de change d'une banque centrale pour assouvir leurs propres intérêts ? Nous avons montré les travers et les conséquences des rapports incestueux entre l'intérêt général et la déviance, entre des banquiers centraux et leurs mandants politiques. Sous d'autres cieux, cette lettre ouverte paraîtrait invraisemblable. Dans une Afrique engoncée sous un magma d'immobilisme et de permissivité, les faits que nous dénonçons se perpétuent de jour en jour. Plongée dans l'exotisme tropical, la réalité de la BEAC est brutale. Elle paraît absurde mais elle n'est que plus vraie.

Il y a une morale dans notre aventure personnelle. Sans être dramatique, elle n'a pas été moins ardue et passionnante. Elle s'est conclue par un licenciement, après 26 années de service à la banque centrale de la CEMAC. Il est vrai que, dans des circonstances similaires, sous des régimes autoritaires, on risque de perdre la vie. On se faisait passer de vie à trépas pour avoir contrarié des *demi-dictateurs* qui se prenaient pour des *demi-dieux*. Dans le cas de la BEAC, comme sous les dictatures, la capacité à la résistance est précieuse. Elle est indispensable pour aérer l'esprit, tenir et espérer des lendemains meilleurs.

La résistance est une bouée. Elle est comparable au geste du naufragé s'accrochant à un serpent pour éviter la noyade. La liberté est indispensable, comme l'air pour la vie. Si elle venait à manquer, on ne vit plus, on survit. La capacité à résister est une parade contre l'inéluctabilité de l'échec. Le combat du pot de terre contre le pot de fer n'est jamais perdu d'avance. Il y a toujours une issue autre que la renonciation ou la capitulation. C'est le combat contre la mal-gouvernance qui ne se limite pas à dénoncer les malversations ou à une posture de témoignage.

En effet, depuis 2011, l'actualité nous offre des exemples dissemblables mais riches en renseignements. De la révolution tunisienne, aux révoltes puis au chaos libyens, de la chute d'une dictature corrompue en Egypte à l'étranglement de son printemps naissant, de la tenace volonté au changement des Yéménites à la survivance des dictatures avec l'assentiment des Puissances, de l'interminable guerre civile en Syrie à l'opposition occidentale à l'Etat islamique, de la énième guerre palestino-israélienne aux boat-peoples laissant des morts à travers la Méditerranée, les actions et les réactions de la Communauté internationale ont été inégales. Les silences, les condamnations, les interventions et les sanctions sont mesurées. Elles sont négociées lorsqu'elles ne sont pas simplement troquées les unes contre les autres. Qui oserait dire qu'il y a d'un côté le camp des *purs* et de l'autre celui des diables ? Comme il n'a pas été question d'unanimité pour intervenir en Irak, n'aurait-il pas été possible d'agir de même en Syrie ou au Yémen ? Les conséquences de l'attentisme et de l'indécision se mesurent en dizaines de milliers de morts que l'on pouvait éviter. Des morts pour rien ! Pire, des morts sans raison. Nonobstant cette cohorte de situations déplorables, les bonnes âmes, celles qui préservent encore une capacité non sélective d'indignation, doivent exiger un peu plus de leurs gouvernants. Par exemple, en Afrique, quelle différence fait-on entre les élections truquées en République Démocratique du Congo (RDC) et le coup d'Etat du capitaine Sanogo au Mali ? D'une part, on demeura *motus et bouche cousue* sur les éclaboussures de la farce électorale au Congo dont les dirigeants ont provoqué ou ont été une des causes d'un nombre incalculable de morts. D'autre part, on condamna, à gorge déployée, l'écroulement d'un régime malien corrompu et moribond qui reçut *le coup de pied de l'âne* des soldats maltraités et humiliés.

Dans les cas des *printemps arabes* comme pour les turpitudes africaines, il est de bon conseil de ne pas évoquer l'incapacité à agir. L'incrédulité et l'ignorance ne suffisent plus à expliquer l'inaction. L'automne burkinabè, avec le départ de Blaise Compaoré, est venu rappeler que même les arrangements entre les mandats occidentaux et leurs mandataires autochtones peuvent connaître une autre fin que celle attendue. Passons ! Pour le reste, il ne suffit pas de dénoncer. Il suffit encore moins d'esquisser la surprise à l'abri d'un rire gras. Fort heureusement, les organisations non gouvernementales (ONG) et de plus en plus de citoyens sacrifient leur bien-être pour défendre l'intérêt général.

Il est temps que *les puissants* fassent mieux que montrer du doigt l'*atavisme comportemental* des dirigeants africains ou leur *inaptitude définitive* à s'adapter aux changements. Ne vivons-nous pas dans le même monde ? Ce qui est bon pour l'Europe, par exemple, ne devrait-il pas l'être aussi pour les plus démunis ? S'il le fallait, ne devrait-on pas condamner, sanctionner puis imposer des voies de solution ? S'il le fallait, ne devrait-on pas obliger les rétifs à respecter les libertés individuelles et collectives, à gérer en bon père de famille les biens publics, à se soumettre aux principes de bonne gouvernance et à se défaire des déviances et des errements coupables ? Contribuer à faire avancer ces exigences morales est du même ordre d'importance que l'aide économique. Pour que cela ne soit pas une simple posture ou un refrain galvaudé, l'effort doit être commun et constant.

A notre modeste échelle, nous nous sommes engagés en rédigeant la lettre ouverte au gouverneur de la BEAC. Nous y avons relaté notre combat pour la bonne gouvernance. Nous avons bousculé des habitudes néfastes. Nous nous sommes opposés à une clique qui s'est mise à l'abri dans les lambris d'une banque centrale pour mieux sévir. Ses membres ont pris les ressources communes de la CEMAC en otage. Ils en ont fait un objet de prédation. Nous avons juste jeté quelques *grains de sable dans leur mangeoire*[40]. Ils ont de bonnes raisons de nous en vouloir. Nous leur souhaitons bonne digestion !

[40] Nous reprenons une expression utilisée par Béhéri Djarani. Il était excédé de se voir congédié en dépit d'un dossier surclassant, techniquement et financièrement, ceux des concurrents. En but à un financeur inflexible, il eut ce cri de cœur : *si vous réserver tous vos financements aux multinationales, nous allons jeter du sable dans la mangeoire.*

# *Annexes*

BANQUE DES ETATS
DE L'AFRIQUE CENTRALE

SERVICES CENTRAUX

Boîte Postale 1917 - Yaoundé
République du Cameroun

TELEX-BANETAC 8343 KN
Tél. 22.25.05

DIRECTION DE L'ADMINISTRATION
GENERALE

SERVICE DU PERSONNEL

Yaoundé, le

Le Gouverneur

à

Monsieur MAHAMAT MASSOUD

IA/GME

PSC/200/YA

Objet : Titularisation.-

Comme suite à ma lettre PSC/84/YA du 31 octobre 1984, j'ai le plaisir de vous informer que vous êtes admis au nombre des agents d'encadrement supérieur de la Banque des Etats de l'Afrique Centrale à compter du 1er novembre 1985.

Vous serez régi par le Statut des agents d'encadrement supérieur en vigueur depuis le 1er juillet 1975 (exemplaire ci-joint) et vous exercerez aux Services Centraux à Yaoundé.

Conformément aux articles 2, 3 et 9 du Statut cité ci-dessus, vous serez classé en qualité de Rédacteur dans la 1ère catégorie, 1er échelon de la 3e classe.

A cet échelon correspond l'indice 172. Votre salaire mensuel de base est fixé à 390 096 francs selon le barème en vigueur au 1er novembre 1985.

En outre, il vous sera alloué les éléments mensuels de rémunération suivants : francs CFA

- Prime d'ancienneté (5% du salaire de base au 01.11.1986)..
- Prime de transport........................................ 45 000 (1
- Allocations familiales...................................... 6 000
- Salaire unique............................................. 37 000
- Indemnité d'éloignement 40 % du salaire de base......... 156 038
- Indemnité de logement.....................................296 945
- Gratifications de fin d'année et primes de vacances à compter du 1er novembre 1985 conformément au Statut.

(1) Cette prime sera de 35 000 francs CFA si vous n'avez pas de voiture.

.../...

En application de l'article 59, le bénéfice du contrat "Gr( sera réservé à compter du 1er novembre 1985. Vous trouverez sous ce ] mulaires que vous voudrez bien retourner au Service du Personnel dûm( tés et signés.

Enfin, j'attire particulièrement votre attention sur l'art: Statut aux termes duquel l'agent ne peut, pendant l'exercice de ses : prendre ni recevoir des participations ou quelque intérêt que ce soi travail ou conseil dans toute entreprise privée.

Il ne peut directement ou par personne interposée avoir au( vité industrielle ou commerciale.

Il lui est interdit d'exercer, en dehors de la Banque une a professionnelle rémunérée ou non sans une autorisation préalable du (

Il doit consacrer pendant les heures normales d'ouverture ( toute son activité à l'exercice des fonctions qui lui sont confiées.

Ces dispositions doivent strictement être observées compte activités spécifiques de la BEAC.

x

x x

Si ces dispositions recueillent votre accord, vous voudrez m'adresser en retour un exemplaire de la présente lettre revêtu de vo ture et de la mention manuscrite "Lu et Approuvé, le...". /-

Le Directeur de l'Administration Générale

B. BELINGAB

## SECRETARIAT GENERAL

--------------

## DEPARTEMENT DU BUDGET

--------------

**NOTE A L'ATTENTION DU SG**
**(le 04 avril 2000)**

------------

### Point de vue

----------

Les travaux d'avant le collectif budgétaire confirment le fonctionnement à vitesse variable des centres utilisateurs de crédits. Il n'est pas question de revenir ici sur la nécessaire application des règles et procédures de la Banque, puisque la preuve a été faite depuis bien longtemps que cette quête est sans issue dans l'état actuel des choses. Il est donc plus modestement question de passer en revue notre organisation interne et de mesurer les degrés de liberté consentis pour apprécier s'il est possible **de gérer en bon père de famille** les ressources que les économies nationales mettent difficilement à notre disposition. A en juger par la pratique, ce comportement de bon sens est de plus en plus perdu de vue et devient une exception. Quelques exemples illustrent amplement ce descriptif :

- absence d'une ligne de conduite clairement définie en matière de dépenses ;
- politique d'investissement et d'équipement hétérogène, sinon complètement incohérente ;
- dépassement permanent des crédits alloués, surtout aux Services Centraux ;
- ingérence excessive dans la gestion des crédits allouées aux Directions Nationales ;
- non respect des procédures usuelles de comptabilisation ;
- multiplicité des centres d'engagement des dépenses ;
- contournement en permanence de l'arbitrage budgétaire ;
- méconnaissance du rôle du département du budget ;
- mauvaise organisation, chevauchement des rôles et absence d'une réelle coordination au niveau du Secrétariat Général ;
- faiblesse des structures de contrôle.

Ces observations qui ne sont pas exhaustives prouvent que la gestion de la Banque a besoin d'une sérieuse reprise en main. Contrairement à la tendance illustrée par la Direction de l'émission monétaire, il ne s'agit pas tant de centraliser que de mieux contrôler. En effet, la centralisation, si elle n'a pas pour principal objet une réduction des coûts, se révèle très vite lourde et inefficace. **La délégation la plus large est plus à même de conférer le recul nécessaire aux Services Centraux pour apprécier l'exécution budgétaire et y apporter éventuellement les**

**d'inhiber le rôle de supervision par une implication permanente dans la gesti au quotidien.**

Peut être devrons-nous commencer par nous demander que valent ces bo principes si leur application est toujours retardée. D'ici leur improbable avèneme je reviens à ce qui fait notre menu quotidien, à savoir, le fonctionnement d services du Secrétariat Général qui n'est pas encore arrivé à s'imposer en exemp bien au contraire, si l'on s'en tient aux diverses réactions.

Revenons donc à l'organisation de nos services. Je rappelle que le découpage fai l'époque, **dans le secret**, ne garantissait ni la cohérence ni la complémentarité c départements. **En dépit du bon sens, un conglomérat de services hétéroclites été hâtivement bâti.** Le résultat est aujourd'hui patent et médiocre : au lieu s'ériger en pôle d'excellence, on est réduit à se cramponner aux sphères compétence ; au lieu de rechercher la synergie, source d'efficacité, on raisonne termes de plate-bande ; au lieu de privilégier la clarté, l'opacité est partout présen

Le rôle du chef du département se limite à s'acquitter au mieux des tâches qui sont confiées et à soumettre au Secrétaire Général des suggestions pour un meill rendement des services. Il vous revient de fixer les directives d'ordre général, t comme vous avez le loisir de sanctionner, noter ou réprimander les délégataires signature. **Ce partage de rôle devrait s'appuyer sur une mutuelle confian sans quoi la suspicion et la méfiance prennent le dessus.**

**Nul n'est parfait, mais je pense mettre à son rang, le premier, l'objectivité** c je tente de me l'appliquer d'abord. Les nombreuses notes que j'ai cru devoir v adresser peuvent paraître agaçantes, voir impertinentes. Mon insistance signifie c les réponses ou l'absence de réponse n'ont pas permis de résoudre les problèn auxquels je me trouve confronté et tant qu'il en sera ainsi, j'espère pouv continuer de vous solliciter.

Vous semble-t-il convenable d'entendre les agents du Secrétariat Général expri leur ressentiment face à ce qu'ils considèrent comme un flottement dans management des services ? Est-il normal d'entendre une critique, émanant de agents, reprochant aux responsables de paraître hésitants et manquer de décisic Est-il acceptable que le Secrétariat Général ne puisse être en mesure de mettre l'ordre dans le fonctionnement de ses propres services ? La réponse est trois f non. **Il revient à chacun de nous, selon son niveau, d'apporter la preuve contraire à ces observations.**

Pour ma part, je n'aurais de cesse à vous solliciter tant qu'un certain équilibre sera trouvé ou tant que le flou actuel ne fera place à une certaine rationalité dan

Permettez moi de revenir sur **le dernier organigramme du département** qui ne semble pas avoir emporté votre assentiment. Est-il besoin de rappeler que l'équilibre et l'objectivité ont prévalu dans l'élaboration de cet organigramme sur toute autre considération. Certes, vous avez une plus grande ancienneté en matière de budget, mais peut être étant plus proche de l'exécution des tâches, je suis plus à même de pouvoir en ressentir le poids pour mieux les pondérer.

Vous conviendrez qu'on aura essayé de tourner dans tous les sens souhaités, les charges revenant au département du budget sont de loin plus lourdes que celles du département du patrimoine. Les tentatives concourant à retirer telle ou telle section au budget pour le rattacher à la DRH ou ailleurs ne changeront rien au fond des choses. De mon point de vue, le partage à égalité des cadres n'a d'autre justification que de ménager les susceptibilités. **Les agents pressentis pour être au DIP, las d'attendre des tâches qui n'arrivent pas, réclament de participer aux travaux du DB.** C'est dire si mon insistance est justifiée.

Je rappelle que **le budget** au même titre que les ressources humaines, après l'émission monétaire qui est l'âme d'une Banque Centrale, **est une composante essentielle de la structure de notre institution.** Que faire ? Aller à l'essentiel, c'est à dire à mettre les moyens et les hommes qu'il faut là où il en faut. Ceci paraît simple et limpide.

Puisqu'il paraît difficile de retenir le critère objectif, contenu dans la définition de la notion du budget, une solution de seconde main consiste à délimiter les choses sur la base des considérations de gestion pure : **le département du budget gérera les lignes budgétaires de fonctionnement (budget de fonctionnement), tandis le département de l'investissement et du patrimoine aura en charge le budget d'investissement.** C'est encore une fois simple, pratique et cohérent.

En guise de conclusion, Monsieur le Secrétaire Général, je souhaite obtenir votre aval pour que cette note fasse l'objet d'un débat contradictoire. Les remarques et points ci-après peuvent s'ajouter aux observations évoquées supra :

- **les procédures comptables de la Banque** doivent être impérativement observées ;
- **les comptes du bilan** et en particulier les provisions ne doivent pas faire l'objet de manipulation ;
- **l'utilisation des comptes de passage** doit être strictement limitée, leur prolifération prouve une dérive à circonscrire très rapidement ;
- **le suivi budgétaire** doit être assuré avec plus de rigueur et le responsable du

- **les centres utilisateurs de crédits** aux Services Centraux et en Agences doivent rendre compte de la gestion des crédits délégués ; ils peuvent être sanctionnés pour leur mauvaise gestion ;
- **le suivi budgétaire** assuré par le DB doit donner lieu à des contrôles sur place débouchant sur des recommandations, des injonctions et des mises en garde ;
- **l'information** étant source d'une meilleure prise de décision, sa circulation doit être favorisée et accélérée ;
- **le Secrétaire Général,** superviseur du budget, devrait interférer le moins possible dans le fonctionnement au jour le jour des services ;
- **la proposition relative au recentrage des départements** sur leurs domaines d'activités respectives (budget de fonctionnement, d'une part, et budget d'investissement, d'autre part) doit trouver rapidement une application concrète ;
- **les prérogatives du contrôle budgétaire et celles du budget** doivent être clairement définies afin d'éviter tout comportement de «juge et partie» ;
- **les consignes incitant à la maîtrise des charges** auront d'autant plus d'impact qu'elles s'appliquent d'abord aux dépenses croissantes relatives aux domiciles (téléphone, eau, électricité, entretiens, réparations, équipement divers, etc.) ;
- **les Directions Centrales** doivent être fermement rappelées à l'ordre afin de limiter leurs missions à la hauteur des crédits qui leur sont alloués ;
- **l'absence d'un véritable contrôle des frais de l'émission monétaire** et leur trop grande centralisation auprès de la DEM engendre dépassement des crédits et une marginalisation des DN dans le fonctionnement des centres ;
- **l'opacité** entourant les investissements ne garantit pas une gestion optimale des ressources ;
- **la gestion en bon père de famille** doit guider chacune de nos actions.

BANQUE DES ETATS
DE L'AFRIQUE CENTRALE

SERVICES CENTRAUX

Boîte Postale 1917 – Yaoundé
République du Cameroun
TELEX-BANETAC 8343 KN
Tél. 22 23 40 30 – 22 23 40 60
Fax 22 23 33 29
E-mail : beac@beac.int

DIRECTION GENERALE
DE L'EXPLOITATION

Direction des Ressources
Humaines

Yaoundé, le 03 FEV. 2010

Monsieur MAHAMAT MASSOUD

PSC/034/YA

**Objet** : Mesures de fin d'année 2009

Votre prestation au cours de l'année 2009 ayant été jugée **excellente**, la note d'appréciation générale qui vous a été attribuée par le Gouvernement est de 19,50/20.

Par ailleurs, j'ai le plaisir de vous informer que par décision discrétionnaire du Gouvernement de la Banque, il vous a également été attribué à compter du 1er janvier 2010, un avancement à titre exceptionnel, pour plus d'application, d'abnégation et de discipline au travail.

En conséquence, à compter du 1er janvier 2010, vous passez de l'échelon 1, classe 2, à l'échelon 1, classe 1 de la deuxième catégorie, en qualité de **Fondé de Pouvoir Principal**. A ce nouveau classement, correspondent l'indice 447 et un salaire de base de Francs CFA 1 463 031, selon le barème en vigueur.

Le Directeur des Ressources Humaines,

**Carlos-Damiàn BACA EBORO**

BANQUE DES ETATS
DE L'AFRIQUE CENTRALE

SERVICES CENTRAUX

Boîte Postale 1917 – Yaoundé
**République du Cameroun**
TELEX-BANETAC 8343 KN
Tél. 22 23.40.30 – 22 23.40 60
Fax 22 23 33 29
E-mail : beac@beac.int

DIRECTION GENERALE
DE L'EXPLOITATION

**Direction des Ressources Humaines**

Yaoundé, le 13 JAN 2009

**Monsieur MAHAMAT MASSOUD**

PSC/025/YA

**Objet** : Note d'appréciation générale 2008 et promotion.-

Votre prestation au cours de l'année 2008 ayant été jugée **Excellente**, la note d'appréciation générale qui vous a été attribuée par le Gouverneur est de **19,5/20.**

Par ailleurs, j'ai le plaisir de vous informer que le Gouverneur a décidé de vous faire bénéficier d'une promotion de l'échelon **3**, classe **3** à l'échelon **1**, classe **2** de la **2**ème catégorie en qualité de **Fondé de Pouvoir Principal.**

A ce nouveau classement correspondent l'indice **347** et un salaire de base de **1 135 731** Francs CFA, selon le barème en vigueur.

Cette décision prend effet à compter du 1er janvier 2009 /-

Le Directeur Général de l'Exploitation,

**Lucas ABAGA NCHAMA**

BANQUE DES ETATS
DE L'AFRIQUE CENTRALE

SERVICES CENTRAUX

Boite Postale 1917 – Yaoundé
République du Cameroun
TELEX-BANETAC 8343 KN
Tél. 22 23.40.30 – 22 23.40 60
Fax 22 23 33 29
E-mail : beac@beac.int

DIRECTION GENERALE
DE L'EXPLOITATION

Direction des Ressources
Humaines

Yaoundé, le 13 JAN 2009

Monsieur MAHAMAT MASSOUD

PSC/025/YA

<u>Objet</u> : Note d'appréciation générale 2008 et promotion.-

Votre prestation au cours de l'année 2008 ayant été jugée **Excellente,** la note d'appréciation générale qui vous a été attribuée par le Gouverneur est de **19,5/20.**

Par ailleurs, j'ai le plaisir de vous informer que le Gouverneur a décidé de vous faire bénéficier d'une promotion de l'échelon **3**, classe **3** à l'échelon **1**, classe **2** de la **2**ème catégorie en qualité de **Fondé de Pouvoir Principal.**

A ce nouveau classement correspondent l'indice **347** et un salaire de base de **1 135 731** Francs CFA, selon le barème en vigueur.

Cette décision prend effet à compter du 1er janvier 2009 /-

Le Directeur Général de l'Exploitation,

**Lucas ABAGA NCHAMA**

BANQUE DES ETATS
DE L'AFRIQUE CENTRALE

SERVICES CENTRAUX

Boîte Postale 1917 – Yaoundé
République du Cameroun
TELEX-BANETAC 8343 KN
Tél. 223 40 30 – 223 40 60
Fax 223 33 29
E-mail : beac@beac.int

DIRECTION GENERALE
DE L'EXPLOITATION

Direction des Ressources
Humaines

Yaoundé, le 10 DEC. 2009

Monsieur MAHAMAT MASSOUD

PSC/ 752 /YA

Objet : Taux de gratification de décembre 2009

Je vous informe que le taux de gratification qui vous a été accordé par le Gouverneur au titre du mois de décembre 2009 est de 120 %./-

Le Directeur des Ressources Humaines,

Carlos-Damián BACA EBORO

BANQUE DES ETATS
DE L'AFRIQUE CENTRALE

SERVICES CENTRAUX

Boîte Postale 1917 – Yaoundé
**République du Cameroun**
TELEX-BANETAC 8343 KN
Tél. 22 23 40 30 – 22 23 40 60
Fax 22 23 33 29
E-mail : beac@beac.int

DIRECTION DES RESSOURCES
HUMAINES

Yaoundé, le 24 MARS 2008

**Monsieur MAHAMAT Massoud**

PSC/ 2410 /YA

**Objet :** Taux de gratification de mars 2008

Je vous informe que le taux de gratification qui vous a été accordé par le Gouverneur au titre du mois de mars 2008 est de **150,0 %**./-

Le Directeur des Ressources Humaines

**Carlos-Damián BACA EBORO**

BANQUE DES ETATS
DE L'AFRIQUE CENTRALE

SERVICES CENTRAUX

Boîte Postale 1917 – Yaoundé
République du Cameroun
TELEX-BANETAC 8343 KN
Tél. 22 23 40 30 – 22 23 40 60
Fax 22 23 33 29
E-mail : beac@beac.int

DIRECTION GENERALE
DE L'EXPLOITATION

Direction des Ressources
Humaines

Yaoundé, le 17 DEC. 2008

Monsieur MAHAMAT MASSOUD

PSC/1172 /YA

**Objet** : Taux de gratification de décembre 2008

Je vous informe que le taux de gratification qui vous a été accordé par le Gouverneur au titre du mois de décembre 2008 est de **120,0 %** ./-

Le Directeur des Ressources Humaines

**Carlos-Damián BACA EBORO**

BANQUE DES ETATS
DE L'AFRIQUE CENTRALE

SERVICES CENTRAUX

Boîte Postale 1917 – Yaoundé
République du Cameroun
TELEX-BANETAC 8343 KN
Tél 22.23.40.30 – 22.23 40 60
Fax 22.23 33 29
E-mail : beac@beac.int

DIRECTION DES RESSOURCES HUMAINES

Yaoundé, le 28 DEC. 2007

**Monsieur MAHAMAT MASSOUD**

PSC/1134/YA

Objet : Votre avancement

J'ai le plaisir de vous informer que j'ai décidé de vous faire bénéficier d'un avancement de 2 échelons.

Vous passez de l'échelon 1 (indice 282) à l'échelon 3 (indice 311) classe 3 de la deuxième catégorie.

Cette décision prend effet à compter du 1er janvier 2008./-

Le Gouverneur

Philibert ANDZEMBE

BANQUE DES ETATS
DE L'AFRIQUE CENTRALE

SERVICES CENTRAUX

Boîte Postale 1917 – Yaoundé
République du Cameroun
TELEX-BANETAC 8343 KN
Tél. 223 40 30 – 223 40 60
Fax 223 33 29
E-mail : beac@beac.int

DIRECTION DES RESSOURCES
HUMAINES

Yaoundé, le 26 DEC. 2007

**Monsieur MAHAMAT MASSOUD**

PSC/1125/YA

**Objet** : Note d'appréciation générale année 2007

Votre prestation au cours de l'année 2007 ayant été jugée **Excellente**, la note d'appréciation générale qui vous a été attribuée par le Gouverneur est de **19/20.**

Le Directeur des Ressources Humaines,

**Justin Grégoire BODEMAN**

BANQUE DES ETATS
DE L'AFRIQUE CENTRALE

SERVICES CENTRAUX

Boite Postale 1917 – Yaoundé
République du Cameroun
TELEX-BANETAC 8343 KN
Tél. 223 40 30 – 223 40 60
Fax 223 33 29
E-mail : beac@beac.int

DIRECTION DES RESSOURCES
HUMAINES

Yaoundé, le 06 DEC. 2007

**Monsieur MAHAMAT MASSOUD**

PSC/1075/YA

**Objet** : Taux de gratification décembre 2007

Je vous informe que le taux de gratification qui vous a été accordé par le Gouverneur au titre du mois de décembre 2007 est de **120 %**./✓

Le Directeur des Ressources Humaines,

Justin Grégoire BODEMAN

**BANQUE DES ETATS
DE L'AFRIQUE CENTRALE**

SERVICES CENTRAUX

Boîte Postale 1917 – Yaoundé
**République du Cameroun**
TELEX-BANETAC 8343 KN
Tél. 223 40 30 – 223 40 60
Fax 223 33 29
E-mail : beac@beac.int

**DIRECTION DES RESSOURCES
HUMAINES**

Yaoundé, le [illegible]

**Monsieur MAHAMAT MASSOUD**

PSC/ 293 /YA

**Objet** : Taux de gratification de mars 2007

Je vous informe que le taux de gratification complémentaire qui vous a été accordé par le Gouverneur au titre du mois de mars 2007 est de **120 %**./-

Le Directeur des Ressources Humaines

**Justin Grégoire BODEMAN**

BANQUE DES ETATS
DE
L'AFRIQUE CENTRALE

**SOLDE DE TOUT COMPTE de**
**Monsieur MAHAMAT MASSOUD**
**au 14 juin 2010 (en FCFA)**

| | | |
|---|---|---|
| Emploi | : | Fondé de Pouvoir Principal |
| Date de naissance | : | 03 avril 1956 |
| Date d'entrée à la Banque | : | 1er novembre 1984 |
| Date de départ | : | 15 juin 2010 |
| Motif | : | Licenciement |
| Ancienneté de service | : | 25 ans et 07 mois 15 jrs |
| Dernier classement | : | 2ème Catégorie Classe 1 Echelon 1 (indice 447) |

**Eléments de salaire :**

| | | |
|---|---|---|
| - salaire de base | : | 1 463 031 |
| - indem d'éloignement | : | 585 212 |
| - prime d'ancienneté | : | 658 364 |
| - ind logement | : | 816 302 |
| - allocation familiale | : | 52 000 |
| - salaire unique | : | 39 000 |
| - suppl salaire unique | : | 25 000 |
| - prime de voiture | : | 110 500 |
| **Total salaire brut** | : | **3 749 409** |

| | | |
|---|---|---|
| **Base gratification décembre et prime de vacance** | : | **2 237 395** |
| **Base gratification de mars** | : | **3 053 697** |
| **Base congés payés** | : | **3 638 909** |

1 – **Salaire du mois de juin 2010**: : **Déjà perçu**
2 – **Indemnité de congés payés** : **11 219 969**

| | | |
|---|---|---|
| Décompte des droits à congés au 30 juin 2010 | : **74** | **jours ouvrables** |
| Reliquats antérieurs | 55 | jours ouvrables |
| Droits, période du 01/01/2010 au 30/06/2010 | 19 | jours ouvrables |
| **Droits à payer** | **74** | **jours ouvrables** |

Indemnité compensatrice de congé à verser au 30 juin 2010 :
(3 638 909 x 74 )/24 = 11 219 969

3 – **Prime de vacances principale** (juin 2011) : **167 805**
Période du 01 Juin 2010 au 30 juin 2010, soit 01 mois
(2 237 395 x 90%) x 1/12 = 167 805

4 – **Prime de vacances complémentaire** (septembre 2010) : **288 000**
Période du 01/06/2009 au 31/05/2010, soit 12 mois
(288 000 x 12)/12 = 288 000

5 – **Prime de vacances complémentaire** (septembre 2011) : **24 000**
Période du 01 Juin 2010 au 30 juin 2010, soit 01 mois
(288 000 x 1)/12 = 24 000

6 – **Indemnité compensatrice de préavis** (03 mois de salaire) : **11 248 227**
3 749 409 x 3 = 11 248 227

7 – **Indemnité de licenciement** : **30 972 300**

| | | |
|---|---|---|
| Salaire de base | : | 1 463 031 |
| Prime d'ancienneté | : | 658 364 |
| Allocation familiale | : | 52 000 |
| Salaire unique | : | 64 000 |
| 1/12 ème de la prime de vacances principale | | |
| (2 237 395 x 90% x 1)/12 | : | 167 805 |
| 1/12 ème de la prime de vacances complémentaire | | |
| (288 000 x 1)/12 | : | 24 000 |
| | | 2 429 200 |

Indemnité : [(2 429 200 x 50% ) x 25] + [(2 429 200 x 50% ) x 6/12] = 30 972 300

A - **Total brut** : (1 + 2 + 3 + 4 + 5 + 6 + 7 ) = **53 920 301**

B - **A déduire** : **49 071 405**

| | | |
|---|---|---|
| - Prêt immobilier | : | 31 795 753 |
| - Frais de téléphone | : | 4 464 968 |
| - Avance exceptionnelle | : | 999 999 |
| - Frais médicaux | : | 5 411 000 |
| - Trop perçu sur salaire de juin 2010<br>3 749 409 x 16 / 30 | : | 1 999 685 |
| - Dotation Ameublement | : | 2 400 000 |
| - Provision pour frais éventuels | : | 2 000 000 |
| | | 49 071 405 |

C – **Solde net** : (A – B) = **4 848 896**

53 920 301 – 49 071 405 = 4 848 896

| | | |
|---|---|---|
| **Montant net à payer** | : | **4 848 896** |

Le Gouverneur

**Lucas ABAGA NCHAMA**

2

Vu
DRFE/DCG/DCCB : Dresser, point par point un contre-rapport en suivant mes annotations et qui sera envoyé au FMI/Départ. de la Trésorerie et Départ. Afrique
14/5/200..

**PROJET**

**FONDS MONETAIRE INTERNATIONAL**

**Banque des Etats de L'Afrique Centrale**

**Evaluation des Mesures de Protection : Deuxième Phase**

**Aide-Mémoire**

## I. INTRODUCTION

La mission du Fonds Monétaire International (FMI) a complété la deuxième phase de la procédure d'évaluation des mesures de protection des ressources du FMI durant sa visite sur place à Yaoundé, Cameroun du, 25 avril au 9 mai 2001. Les membres de la mission tiennent à remercier le personnel de la Banque des États de l'Afrique Centrale (BEAC) pour le concours qui leur a été apporté, tant pendant cette visite sur place que durant la phase initiale d'évaluation sur pièces.

L'objectif du programme d'évaluation des mesures de protection est de fournir au Fonds Monétaire International (FMI) une assurance raisonnable que les systèmes actuels de contrôle, de comptabilité, de communication d'informations financières, et d'audit mis en oeuvre par les Banques Centrales dépositaires de ressources, y compris celles du FMI, sont adaptés à la protection de l'intégrité des opérations.

L'exécution du programme comprend une première phase d'évaluation sur pièces et, si besoin est, une seconde phase d'évaluation sur place. A la requête du Conseil d'Administration du FMI, toutes les Banques Centrales des pays membres débiteurs sont incluses dans ce programme d'évaluation. Ce programme représente une mesure conservatoire à priori de caractère général. Il ne saurait être assimilé à des investigations ponctuelles à posteriori.

## II. LES CONCLUSIONS DE LA MISSION

Les objectifs de la mission étaient de confirmer ou de modifier, après examen sur place, les conclusions préliminaires de la phase initiale d'évaluation sur pièces, et de recommander des mesures destinées à réduire les risques afférents aux ressources déposées par le FMI auprès de la Banque. Le tableau ci-dessous récapitule les conclusions tirées des deux phases successives de cette évaluation.

D'une façon générale, la mission considère que le rôle de conduit joué par la BEAC comme agent financier pour les ressources du Fonds destinées aux pays de la zone fonctionne à un niveau de risque jugé modéré à faible. D'autres risques existent une fois que les fonds quittent les agences de la BEAC pour être confiés aux trésors nationaux. Ce risque, qui va au-delà des termes de référence du programme d'évaluation de protection des ressources du

C:\BEAC Aide Memoire V3.DOC May 4, 2001 (1:55 PM)

delà des termes de référence du programme d'évaluation de protection des ressources du FMI, tombe dans les attributions des revues fiscales conduites par le FMI dans le cadre des revues de programmes de financement des dits pays.

Cependant, la mission estime que les responsabilités fiduciaires de la BEAC pourraient être améliorées de façon significative en ce qui concerne la communication des rapports financiers, en dépit de l'introduction d'une vérification crédible des comptes par le Commissaire aux Comptes, et, de moindre façon, en ce qui concerne certains aspects de l'Administration de la Banque. La mission considère que le renforcement du rôle du Collège des Censeurs (fonctionnant comme un Comité d'Audit) combiné avec celui du Commissaire aux Comptes devrait fournir l'impulsion nécessaire.

| **BEAC: Comparaison des Résultats de l'Evaluation des Risques lors des deux Phases** | | |
|---|---|---|
| | *Phase Initiale (sur pièces)* | *Seconde Phase (sur place)* |
| Audit Externe | Moyen | Moyen |
| Etats Financiers | Elevé | Elevé |
| Systèmes de Contrôle Interne | Moyen | Moyen |
| Audit Interne | Elevé | Moyen |
| Indépendance et Dispositions Statutaires | Moyen | Faible |

La mission a noté les progrès significatifs effectués en matière **d'audit externe** depuis l'an dernier. En effet, la refonte des statuts, entrée en vigueur le 15 décembre1999, requiert que les états financiers annuels soient désormais vérifiés par un Commissaire aux Comptes choisi parmi les cabinets de réputation internationale, en plus de l'avis déjà requis de la part du Collège des Censeurs. La première vérification des états financiers au 30 juin 2000 par le Commissaire aux Comptes de Ernst and Young a donné lieu à une opinion avec réserves. Toutefois, ces réserves ont été levées lors de la seconde vérification effectuée sur les comptes arrêtés au 31 décembre 2000, notamment après que la BEAC eut rectifié les comptabilisations donnant lieu à ces réserves. La mission a également noté que les procédures de vérifications suivies et les contrôles de qualité des méthodes du Commissaire aux Comptes sont adéquats. Toutefois, la mission estime que le Commissaire aux Comptes devrait justifier ses méthodes d'audit par référence expresse aux normes internationales d'audit (International Standards on Auditing), et qu'il devrait se familiariser avec les règles applicables à l'enregistrement des comptes du FMI.

En matière d'**états financiers**, et de méthodes de comptabilisation sous-jacentes, la mission a noté que la publication annuelle des comptes est effectuée en temps opportun. Cependant, la compréhension par les tiers des comptes annuels publiés et la confiance qu'ils inspirent seraient grandement confortées s'ils étaient accompagnés de notes explicatives détaillées sur les méthodes de comptabilité suivies, si les dites méthodes se référaient de façon explicite à un référentiel comptable communément admis, et s'ils étaient accompagnés de l'opinion d'audit du Commissaire aux Comptes. La mission émet également des réserves sur certaines comptabilisations des opérations avec le FMI, notamment en ce qui concerne la réévaluation des comptes du FMI qui a entraîné la création d'un actif incorporel de FCFA 32,5 milliards au lieu de la constatation d'une diminution correspondante des réserves. Enfin la mission exprime l'avis, ainsi que l'ont déjà fait le Collège des Censeurs et le Commissaire aux Comptes, que la perte nette de FCFA 53 milliards provenant de la dévaluation de 1994, et figurant au bilan, soit absorbée au plus tard dans les trois prochaines années par les fonds propres de la Banque, de façon à éviter que ne soient distribués des bénéfices, alors que les pertes antérieures n'ont pas encore été résorbées. Ceci permettrait en outre une meilleure appréciation de la situation nette de la Banque.

Les **systèmes de contrôle interne** représentent, selon la mission, un risque moyen. Les risques de détournement de fonds, toujours présents au niveau de la zone en raison des sommes importantes confiées à la BEAC, sont dans l'ensemble bien cernés, même s'il existe des incertitudes en raison de l'insuffisance des contrôles exercés sur certaines activités du siège. La Banque s'est dotée d'un système de codifications des opérations, effectue une sélection adéquate de ses agents, maintient dans les agences une séparation des pouvoirs, et a récemment renforcé les ressources affectées aux contrôles. Néanmoins, la mission estime que la coordination des organes de contrôle externes et internes devrait être renforcée, que les règles habituelles de séparation des pouvoirs au niveau du siège méritent d' être examinées de façon approfondie et, le cas échéant, modifiées. De même la mission estime souhaitable qu'un système de suivi intégré et plus systématique des recommandations formulées par l'ensemble des organes de contrôle soit mis en œuvre, de façon à exploiter toute opportunité d'amélioration et de permettre au Gouverneur de la Banque et au Conseil d'Administration de porter un jugement d'ensemble sur le bon fonctionnement de l'institution.

**L'audit interne**, effectué par la Direction du Contrôle Général (DCG), apparaît dans l'ensemble bien outillé, atténuant ainsi l'opinion initiale formulée initialement lors du contrôle sur pièces. La qualité des agents, presque tous dotés de solides qualifications académiques en matière financière et de gestion, les méthodes rigoureuses suivies dans l'inspection des agences, les efforts de formation professionnelle entrepris, le respect du principe d'indépendance par la non-immixtion dans les opérations, et le degré d'appréciation des risques sont autant de facteurs que la mission a jugés positifs. Toutefois, trois éléments majeurs conduisent à tempérer ce jugement. Tout d'abord, à une exception près, les services centraux ne font pas l'objet d'audits réguliers. De même, la Direction semble souffrir d'un manque d'effectifs qui ne lui permet de conduire qu'un nombre limité d'inspections chaque année, étant donné les autres missions d'inspection considérées prioritaires (par exemple, destruction des billets). Enfin, la Direction devrait être dotée d'un mandat détaillé qui reconnaisse, notamment, les principes d'indépendance et d'objectivité qui régissent ses activités et qui établisse un rapport fonctionnel avec le Collège des Censeurs et le Commissaire aux Comptes.

Non

En ce qui concerne **l'indépendance de la Banque et les dispositions statutaires** qui la garantissent, la mission a noté que l'équilibre des pouvoirs au sein de la Communauté est en soi une garantie d'indépendance, également renforcée récemment par la modification de la composition de son Conseil d'Administration, désormais constitué de représentants choisis en raison de leur qualifications, davantage que de leur position. La seule réserve, mineure, concerne le maintien dans le portefeuille de la Banque de participations dans des établissements financiers de la Communauté, une pratique qui n'est pas en accord avec l'indépendance requise pour la conduite d'une politique monétaire.

En résumé, la mission a identifié à la fois des éléments positifs et des facteurs de risques dans l'ensemble des domaines soumis à cette évaluation. La mission propose, sous réserves de revue au siège, des recommandations et un calendrier de mise en place pour réduire ces risques. Une analyse plus détaillée est donnée en Annexe I avec un résumé fourni dans le tableau 1 ci-joint.

## III. CALENDRIER DES DEMARCHES DU FMI

De retour à Washington, la mission préparera le Rapport d'Evaluation de la Deuxième Phase qui inclura une brève description de ses conclusions et de ses recommandations, telles qu'énumérées en Annexe I, les conclusions positives de la mission ainsi que les risques identifiés. Ce Rapport sera revu par les départements concernés du Fonds, en particulier par le département Afrique, et sera ensuite adressé au Gouverneur de la BEAC, avec copie aux Censeurs, afin de recueillir ses commentaires et les incorporer, comme il convient, dans la version finale.

Ce rapport sera ensuite présenté à la Direction Générale du Fonds, qui décidera de la suite à donner aux recommandations, soit en sollicitant l'envoi d'une lettre d'engagement de la part du Gouverneur de la Banque, soit, si besoin est, par application de conditions aux programmes d'emprunts auprès du Fonds. Le département Afrique sera responsable du suivi de l'exécution des recommandations approuvées par la Direction Générale du FMI.

Le rapport définitif est un document à caractère confidentiel, qui ne sera pas présenté au Conseil d'Administration du Fonds. Cependant, un résumé de ses conclusions principales, ainsi que des mesures correctrices proposées, sera inclu dans chacun des rapports relatifs aux programmes financiers avec les pays de la zone présenté au Conseil d'Administration du FMI.

Alain Coune
Chef de Mission

Le 7 mai 2001

**Tableau 1. BEAC: Récapitulation des Recommandations au titre de la Deuxième Phase D'Evaluation**

| | Recommandation | Objectif | Degré de Vulnérabilité | Calendrier |
|---|---|---|---|---|
| A. | Confier au Collège des Censeurs l'ensemble des fonctions à un normalement dévolues aux Comité d'Audit: supervision et coordination de l'ensemble des systèmes de contrôle de la BEAC et liaison et coordination entre les Commissaires aux Comptes et le Conseil d'Administration. | Assurer le Conseil d'Administration:<br>- de la revue systématique de la couverture des risques de fonctionnement;<br>- de la mise en oeuvre des mesures correctrices recommandées par les Censeurs, les Commissaires aux comptes, et le Contrôle Général. | Critique | Mise à exécution pour l'arrête des comptes de l'exercice 2001. |
| B. | Modifier le plan et les règles comptables de la BEAC pour assurer une plus grande conformité avec les pratiques internationales communément admises:<br>- adopter une comptabilité d'engagement des dépenses et des intérêts échus;<br>- mettre en application les autres recommandations formulées par le Commissaire aux Comptes (par exemple: indemnités de départ à la retraites). | Améliorer la transparence et faciliter la compréhension par les tiers de la véritable position financière de la BEAC. | Critique | Mise à exécution pour l'arrêté des comptes de l'exercice 2001. |
| C. | Enoncer de façon détaillée dans les notes sur les comptes annuels | Améliorer la transparence et faciliter la compréhension pour les tiers de la | Critique | Mise à exécution pour l'arrêté des comptes de |

**Tableau 1. BEAC: Récapitulation des Recommandations au titre de la Deuxième Phase D'Evaluation**

| | Recommandation | Objectif | Degré de Vulnérabilité | Calendrier |
|---|---|---|---|---|
| | publiés pour l'exercice les principes comptables et méthodes suivis par la BEAC, de préférence par référence à des normes internationales ou nationales reconnues. | véritable position financière de la BEAC. | | l'exercice 2001. |
| D. | Renforcer les contrôles internes à posteriori de la DCG en s'assurant que:<br>- l'évaluation interne des risques de fonctionnement par le Contrôle Général couvre l'ensemble des activités de la BEAC, y compris le siège;<br>- que les programmes annuels d'audit sont basés essentiellement sur les activités perçues comme étant les plus risquées à haut risque,<br>- que les ressources humaines du Contrôle Général permettent qualitativement et quantitativement une couverture annuelle suffisante des activités à haut risque. | Améliorer le fonctionnement interne de la BEAC | Critique | Exécution progressive complétée à fin 2002 |
| E. | Adjoindre à la publication des états financiers annuels l'opinion du Commissaire aux Comptes. Modifier l'opion pour faire référence | Assurer les actionnaires, créditeurs, et les tiers de l'image fidèle présentée par les états financiers et de leur crédibilité. | Important | Mise à exécution dès la publication des prochains états financiers de la BEAC pour l'arrêté des |

**Tableau 1. BEAC: Récapitulation des Recommandations au titre de la Deuxième Phase D'Evaluation**

| | Recommandation | Objectif | Degré de Vulnérabilité | Calendrier |
|---|---|---|---|---|
| | spécifique aux standards d'audit internationaux. | | | comptes de l'exercice 2001. |
| F. | Reformuler le mandat du Contrôle Général par référence à des règles communément admises et le faire approuver par le Gouverneur de la Banque et des Censeurs. | Pour conforter l'indépendance et l'objectivité du Contrôle Général. | Important | Année 2002 |
| G. | Rectifier la comptabilisation erronée de la réévaluation des opérations avec le FMI, en annulant notamment l'actif incorporel de FCFA 32,5 milliards crées dans les comptes de la BEAC au 31 décembre 2000, et se référer désormais aux instructions reçues du FMI pour la comptabilisation de ces opérations. | Comptabiliser des opérations du FMI en accord avec les procédures comptables prescrites par le Département de la Trésorerie du Fonds. | Important | Arrêté des comptes 2001 |
| H. | Etaler sur les trois prochaines années le processus d'absorption des pertes de dévaluation de 1994 (FCFA 53 milliards), en considérant, au besoin, l'imputation des pertes sur les réserves disponibles de la BEAC. | Transparence de la position financière de la BEAC. | Modéré | 2002 à 2004. |
| | Solliciter une revue externe, avec le concours des censeurs, de l'ensemble des procédures et des contrôles opérationnels et | Vérifier que tous les systèmes de contrôle sont adéquats et que leur exécution est conforme. | Modéré | Avant fin 2001 |

Demandons au FMI de proposer cette reformulation

OK

Non :

Les censeurs ont vocation à venir, à tout moment de l'année, ~~vérifier~~ faire des vérifications à la BEAC

**Tableau 1. BEAC: Récapitulation des Recommandations au titre de la Deuxième Phase D'Evaluation**

| | Recommandation | Objectif | Degré de Vulnérabilité | Calendrier |
|---|---|---|---|---|
| | administratifs de la Banque | | | |
| J. | Préparer, au moins une fois par an, un compte-rendu de l'état du suivi de toutes les recommandations formulées par les censeurs, les Commissaires aux Comptes, et le Contrôle Général. Les résultats significatifs de ce compte-rendu, présenté par le Gouverneur de la Banque aux Censeurs et aux Commissaires aux Comptes, devraient être communiqués par les Censeurs au Conseil d'Administration. Oui - Pas de problème | Assurer que le Conseil d'Administration et le Gouverneur de la Banque disposent d'un outil d'information de synthèse sur les travaux en cours visant à améliorer le fonctionnement interne de la Banque. | Modéré | Début 2002 |
| K. | Aider le FMI à recouvrer ponctuellement les échéances dues sur ses prêts:<br>- à la Guinée Equatoriale, en apportant le soutien de la BEAC à d'éventuelles mesures pénalisatrices;<br>- autres pays sur-endettés de la zone, en dégageant progressivement des marges d'emprunts des pays membres auprès de la BEAC suffisantes pour rembourser le FMI. comment? | Assister le FMI, en tant qu'agent fiscal pour les 6 pays membres de la zone. cela n'est pas précisé dans nos textes (statuts) | Faible | En fonction des échéances dues |

### A. Modification du Rôle des Censeurs

**Facteurs de risques**

Ceci s'adresse aux censeurs

- *Les informations obtenues par la mission conduisent à penser que les mécanismes de contrôle, bien que tout récemment renforcés par l'adjonction de Commissaires aux comptes, méritent encore d'être améliorés. Le Conseil d'Administration, qui est chargé de veiller au bon fonctionnement de la Banque, se doit de mettre davantage à profit l'existence du Collège des Censeurs pour s'assurer qu'ils exercent l'ensemble des tâches d'ordinaire dévolues aux Comités d'Audit dans un nombre important de Banques Centrales dans le monde. Une telle structure de contrôle moderne vise à promouvoir la réputation d'intégrité de la BEAC et à protéger les ressources qui lui sont confiées contre toute négligence ou malfaisance.*

**Recommandation**

OK

Le Collège des Censeurs doit s'assurer que les contrôles internes de la BEAC, y compris ceux exercés par le Contrôle Général, jouent leur plein et libre rôle. Il doit également surveiller la mise en oeuvre des recommandations formulées par les Commissaires aux Comptes. Ce changement implique un rôle plus effectif de la part des censeurs, des missions de revue plus fréquentes, une collaboration plus étroite avec les Commissaires aux Comptes et le Contrôle Général, notamment lors de l'élaboration des plannings et des compte-rendus d'activité.

**Calendrier de mise en place**

Ce renforcement devrait être mis en place progressivement en 2001 de façon à ce que les prochains comptes (exercice 2002) soient approuvés au vu d'un rapport intégré des censeurs.

### B. Modification du Plan et Des Règles Comptables

**Facteurs de risques**

*Les états financiers de la BEAC contiennent un certain nombre d'anomalies, spécifiquement identifiées dans le rapport des Commissaires aux Comptes pour l'exercice 2000, qui compromettent la transparence des états financiers vis à vis de leurs utilisateurs et ne représentant pas de manière fidèle la réalité économique de certaines opérations de la BEAC.*

**Recommandation**

Les modifications suivantes devraient être apportées à la préparation des états financiers :

- adopter le principe de comptabilité d'engagement pour la totalité des actifs et des passifs de la Banque, par exemple en comptabilisant dans les actifs de la BEAC les intérêts à recevoir sur les avances consenties aux pays membres (qui figurent

Non, il n'est pas normal de comptabiliser en produits réels les intérêts non payés et encaissés, cela reviendrait à comptabiliser et à [illegible]

actuellement hors bilan), en cas de dépassement du plafonds d'endettement autorisé ou en comptabilisant les intérêts à payer et recevoir sur les comptes en DTS ;
- adopter de nouvelles règles de comptabilisation pour les transactions en monnaies étrangères, à l'occasion du développement de l'activité de gestion des réserves de change de la Banque (pour la partie des réserves hors compte d'opérations) et les formaliser dans un guide de procédures comptables ;
- calculer les obligations de la Banque au titre des indemnités de départ à la retraite à payer, pour l'ensemble de son personnel, et non seulement pour les départs en retraite prévus dans les dix-huit mois ;
- modifier des règles comptables d'enregistrement des charges et produits afin de refléter dans le résultat de l'exercice la totalité des charges, provisions, et produits qui s'y rapportent. Le bénéfice comptable distribuable doit être seulement affecté aux réserves de la Banque ou aux actionnaires, mais non aux dépenses courantes de la Banque.

**Calendrier de mise en place**

Ces modifications devraient être mises en place pour la préparation des états financiers de l'exercice 2001.

## C. Transparence des Etats Financiers

**Facteurs de risques**

*Les états financiers de la BEAC ne contiennent pas d'indication claire des principes et méthodes comptables suivis par la Banque, ce qui réduit leur transparence et leur utilité. Sans énoncé adéquat de ces méthodes, il est difficile de comprendre comment les opérations ont été traduites dans la situation et les résultats de la BEAC. Cette pratique réduit également la validité des comparaisons entre la BEAC et des institutions similaires.*

**Recommandation**

La BEAC devrait inclure une exposition détaillée des principes et méthodes comptables dans des notes explicatives publiées accompagnant les états financiers, de préférence par rapport à un système comptable de référence reconnue internationalement, ou par rapport à un système comptable national codifié et publié (par exemple normes comptables internationales ou plan comptable français).

**Calendrier de mise en place**

Cette modification devrait être mise en place pour la fin de l'exercice financier courant (31 décembre 2001).

NON

### D. Renforcement des Contrôles Internes a Posteriori

**Facteurs de risques**

*L'absence d'une appréciation exhaustive des risques par la DCG ne permet pas d'assurer le Gouvernement de la Banque et les organes de Contrôle que toutes les opérations à haut risque font l'objet d'une revue indépendante et que les trois organes de contrôle coordonnent proprement leur action. De plus, le nombre et l'expertise actuelle des membres de la DCG, bien qu'en cours de renforcement, ne semblent pas permettre une couverture suffisante.*

**Recommandation**

La DCG devrait conduire une évaluation exhaustive de l'ensemble des risques en cours par les activités de la Banque. Cette évaluation devrait permettre d'établir un plan d'audit interne pluriannuel. L'appréciation des risques peut résulter des connaissances de la DCG, des préoccupations du Gouvernement ou du Conseil d'Administration de la Banque ou de ses organes de contrôle. De ce plan pluriannuel, mis à jour périodiquement, devrait découler le programme annuel d'audit approuvé par le Gouvernement. Ce programme pluriannuel, devrait mettre en évidence les besoins quantitatifs et qualitatifs en ressources humaines dont doit disposer la DCG pour assurer une couverture suffisante des activités considérées à haut risque. Une évaluation préliminaire des effectifs de la DCG, basée sur des comparaisons avec des institutions similaires et sur la charge de travail des activités particulières de la DCG (destruction des billets), semble indiquer une insuffisance d'effectifs.

**Calendrier de mise en place**

La mission propose que les modifications de procédures et le renforcement des effectifs et des qualifications, soient mis en place progressivement de façon à être opérationnelles avant la fin 2002.

### E. Publication de l'Opinion du Commissaire aux Comptes

**Facteurs de risques**

*L'absence de publication de l'opinion du Commissaire aux Comptes sur les états financiers prive la BEAC d'une opportunité de renforcer la crédibilité de l'Institution. L'objectif d'une opinion est de fournir une garantie raisonnable aux tiers que les états financiers ont été vérifiés de façon compétente. L'inclusion de cette opinion renforcerait la crédibilité de ces états. Le manque de transparence en ce domaine expose la Banque à des critiques en ce qui concerne la fidèle représentation de la position financière. De plus, l'absence dans l'opinion d'audit de référence spécifique aux standards internationalement admis pose également un problème de crédibilité.*

ANNEXE I

La création du commissariat aux comptes est récent (12-1999) - Celui examine les comptes et établit un rapport qui est adressé au CA et publié -

**Recommandation**

L'opinion du Commissaire aux Comptes devrait être incluse dans le rapport annuel. Cette pratique est commune à grand nombre de banques centrales[1]. De plus, cette opinion devrait faire une référence directe aux normes d'audit reconnues internationalement (International Standards on Auditing).

**Calendrier de mise en place**

Ces risques pourraient être éliminés rapidement en modifiant la dite opinion et en l'incluant dans la publication des prochains et subséquents comptes et résultats financiers annuels.

### F. Le Mandat du Contrôle Général

**Facteurs de risques**

*L'absence d'une charte détaillée du contrôle à posteriori (audit interne), approuvée par le Gouverneur et le Collège des Censeurs représentant le Conseil d'Administration, peuvent porter atteinte à l'indépendance et l'objectivité attendues de la Direction du Contrôle Général. De même l'absence d'une telle directive ne garantie pas la pérennité d'un système objectif d'inspection interne et de communication de résultats au Gouverneur et au Conseil d'Administration.*

**Recommandation**

Le rôle, les responsabilités et les obligations du personnel de la DCG, ainsi que la nature et l'étendue des domaines d'inspection devraient être définis dans une charte du contrôle à posteriori approuvée par le Gouverneur et le Conseil d'Administration ou ses représentants, le Collège des Censeurs. Cette charte devrait préciser, parmi les éléments les plus importants, que:

- Les objectifs de la DCG sont de vérifier le bon fonctionnement des contrôles internes où qu'ils soient, d'évaluer les risques de fonctionnement, et de faire des recommandations pour les réduire ;
- La DCG est placée sous la responsabilité administrative directe du Gouverneur mais qu'elle entretient aussi des rapports fonctionnels avec le Commissaire aux Comptes et le Collège des Censeurs ,
- Les pouvoirs d'inspection de la DCG lui donnent accès à toute documentation, personne, ou système nécessaire pour l'exercice de ses fonctions ;

[1] Comme exemple, la mission suggère de se référer aux rapports annuels de la Banque Centrale Européenne.

Le FMI a-t-il lu quelques rapports d'inspection ?? Conclusions ??
Le contrôle Général doit se doter d'une codific
— Mais, il y a confusion chez le FMI : le contrôle interne ne
se mêle ...

- Les membres de la DCG sont soumis à des règles professionnelles de déontologie;
- Les membres de la DCG ne peuvent assurer de responsabilités opérationnelles sous risque de nuire à leur indépendance.

**Calendrier de mise en place**

Il est recommandé que ce changement intervienne dans le courant de l'année 2002

Il ne peu[t] pas y avo[ir] changem[ent] ici : cependan[t] les rapports du Cont[rôle] Général pourront être [transmis] aux censeurs et au com[ité] au[x] cptes à demand[e].

## G. Comptabilisation des opérations du FMI

**Facteurs de risques**

*Les modalités de comptabilisation des opérations de la Banque Centrale (et par extension des agences nationales) avec le FMI sont prescrites dans les statuts de l'organisation, plus particulièrement dans l'Article 5, sections 11 (a) et (b) pour la maintenance de valeurs des comptes du FMI, et dans les procédures comptables du Département de la Trésorerie du FMI. En l'absence d'une comptabilité adéquate des opérations avec le FMI selon ces normes, il existe un risque de reporting inadéquat des opérations avec le FMI dans les livres de BEAC et des agences nationales et un risque de surévaluation de la situation nette de la Banque. De même, l'audit par le Commissaire aux Comptes ne se réfère pas aux principes comptables du FMI.*

**Recommandations**

Au 31 décembre 2000, la réévaluation des comptes du FMI n'a pas été faite en totale conformité avec les principes comptables applicables :

1. Le traitement adopté actuellement ne garantit pas un traitement cohérent du résultat de réévaluation des comptes actif et passif du FMI : le résultat de réévaluation des comptes 1, 2 et Allocations DTS (comptes de passif) a été comptabilisé par la contrepartie d'un compte d'ajustement (actif incorporel) créé à l'actif du bilan, pour FCFA 32,5 milliards et le résultat de réévaluation du compte de quota (compte d'actif) a été partiellement comptabilisé en réduction du compte de perte lié à la dévaluation du FCFA en 1994. Pour le principe de maintenance de valeurs, la mission recommande de comptabiliser le résultat net de la réévaluation des comptes d'actif (quota) et de passif (comptes numéro 1 et 2 et d'allocations de DTS) du FMI par la contrepartie d'un compte de réserves dans les capitaux propres de la Banque ou du compte de résultat. Elle recommande également que le compte d'actif incorporel créé lors de l'exercice 2000 en contrepartie de l'ajustement des comptes de passif soit annulé, en application du principe de prudence.

2. Pour la comptabilisation des « Bons du Trésor du FMI », la mission recommande de comptabiliser les bons au passif du bilan de la Banque, et non dans le hors-bilan. En effet, en accord avec les textes applicables du FMI, le remboursement des bons du

→ Cette recommandation sera suivi sans problème à la clôture de l'exercice 2001 en cours.

trésor (ou équivalents) peut être exigé à tout moment par le FMI, pour leur valeur nominale.

**Calendrier de mise en place**

La mission recommande d'effectuer les changements préconisés lors de la préparation des états financiers de l'exercice 2001

### II. Absorption des Pertes de Dévaluation

**Facteurs de risques**

*La présence au bilan de la BEAC de la perte de dévaluation constatée en 1994 (FCFA 125 milliards à l'origine) et non-apurée pose un problème de transparence des états financiers de l'institution, surtout en l'absence d'explication des rubriques « écart de dévaluation » telles qu' indiquées sans autre explication dans le rapport d'activité. Cette pratique compromet la compréhension des états financiers et la correcte appréciation de la situation nette de l'institution. En outre, elle peut s'assimiler à une affectation de bénéfices fictifs aux Etats Membres.*

**Recommandation**

Il est recommandé, s'inspirant en cela des commentaires précédemment formulés par le Collège des Censeurs et les Commissaires aux Comptes de Ernst and Young, de procéder à un apurement plus rapide des pertes issues de la dévaluation, par exemple : (i) par prélèvement sur les réserves des états membres, dans la limite des règles contractuelles, ou sur les provisions pour risques généraux et charges ; ou (ii) par affectation de la totalité du bénéfice de l'exercice à l'apurement des pertes et non à des provisions pour charges de natures diverses. En effet, alors que des pertes antérieures demeurent, la BEAC procède néanmoins à des prélèvements sur bénéfices pour gratifications (FCFA 700 millions) ou pour investissement immobiliers (FCFA 2 milliards).

**Calendrier de mise en place**

Compte tenu du solde des pertes à apurer, la mission propose un apurement des pertes sur trois exercices, s'étalent de 2002 à 2004.

### I. Revue Externe de l'Ensemble des Systèmes Opérationnels et Administratifs de la Banque

**Facteurs de risques**

*En dehors de la revue limitée conduite par le Commissaire aux Comptes sur les systèmes comptables et administratifs qui peuvent affecter les états financiers, aucune revue externe n'a été récemment conduite pour s'assurer que les opérations qui échappent de facto aux vérifications de la DCG fonctionnent de façon adéquate, que les principes de séparation des pouvoirs sont respectés, notamment au siège, et que tous les règlements sont effectués de façon régulière. Il est de pratique commune pour des organismes aussi complexes et importants que la BEAC de s'assurer périodiquement que les fonds publics sont entourés de toutes les précautions nécessaires.*

C'est mission des con... leur ad... la remar...

**Recommandation**

Etant donné l'évolution accélérée et sans cesse plus complexe des systèmes opérationnels, une telle revue, qui n'a pas été conduite depuis 1992, permettrait de s'assurer du bon fonctionnement de l'ensemble de la Banque. Elle permettrait également à la DCG de dresser son inventaire de risques (mentionné ci-dessus) plus rapidement et plus complètement. A titre d'exemples d'opérations qui méritent d'être revues figurent les opérations en devises, les achats, et les systèmes informatiques. Plusieurs options existent: soit recourir aux services du Commissaire aux Comptes, qui devra de toute façon revoir sous peu de façon plus approfondie les systèmes de contrôle qui impactent les comptes financiers; soit recourir à un organisme réputé de conseil externe.

Quelle la ... a no... effect... depuis

**Calendrier de mise en place**

La mission recommande que cette revue soit conduite avant la fin de l'année 2001.

**J. Rapport Périodique des Recommandations Formulées par les Organes de Contrôle**

**Facteurs de risques**

*L'absence d'un rapport intégré sur l'ensemble des recommandations faites par la DCG, le Commissaire aux Comptes, et le Collège des Censeurs empêche le Gouvernement de la Banque et le Conseil d'Administration de s'assurer que l'ensemble des risques identifiés par les organes de Contrôle ait été adressé par les services opérationnels.*

**Recommandation**

La DCG devrait préparer, au moins annuellement, un rapport de suivi de toutes les recommandations formulées par les organes de contrôle et qui n'ont pas été adressées à la satisfaction du Gouvernement de la Banque, du Commissaire aux Comptes et du Collège des Censeurs. Ce rapport devrait expliciter les mesures correctrices adoptées ou leur calendrier de mise en oeuvre, ou, le cas échéant, les raisons pour lesquelles aucune suite n'a été donnée. Ce rapport permet au Gouvernement de la Banque et au Collège des Censeurs de rendre compte de façon succincte mais complète au Conseil d'Administration de leur diligence en matière de revue des contrôles effectués.

D'acco... pour ... rapp... du Con... Génér... aux GR avec synthèse au CA et aux organes de controle –

Im

**Calendrier de mise en place**

Il est recommandé que ce rapport périodique soit mis en place au cours de l'exercice 2001 de façon à ce que le Gouvernement de la Banque et le Collège des Censeurs puissent rendre compte d'une appréciation globale lors de la revue des états financiers de 2001.

Oui

### K. Recouvrement Ponctuel des Dettes des Pays Membres

**Facteurs de Risques**

*Ces payements tardifs se sont traduits dans le passé par la matérialisation d'un risque d'immobilisation des ressources du Fonds. Ce non-respect des engagements contractuels tant par les Etats débiteurs que par leur agent fiscal, la BEAC, a été observé pour chaque état aux cours des trois dernières années, et de façon quasi-systématique pour la Guinée Equatoriale. Pour le future, il s'agit au mieux d'un risque d'immobilisation et au pire de non-remboursement des ressources confiées par les pays membres au FMI.*

**Mesure correctrice**

Pour la Guinée équatoriale, apporter son soutient au FMI dans la mise en oeuvre d'éventuelles pénalités de retard. Pour les pays qui atteignent le plafonds d'endettement auprès de la BEAC, dégager progressivement une marge d'emprunts auprès de la BEAC et geler cette marge au profit du FMI pour les échéances dues à six mois ou moins.

**Calendrier**

L'élimination de cette vulnérabilité devrait bénéficier de mesures de soutien de la BEAC à mettre en place au plus tôt de façon a couvrir les échéances prochaines.

La BEAC applique un taux de pénalité aux Etats qui crèvent leur plafond d'avances statutaires, mais pas à ceux qui accusent des retards de paiements envers les créanciers extérieurs. Que le FMI lui-même sanctionne ces Etats.

* Il n'y a pas, au plan statutaire des marges d'emprunts à dégager par la BEAC en faveur des Etats pour payer les échéances dues au FMI.

BEAC : Pourquoi un troisième mandat ?

Voilà bientôt 10 ans que la gestion de cette banque a été inopportunément confiée à M. MAMALEPOT, victime expiatoire - justifiée ou non ! - de la renaissance de ce grand pays pétrolier, parce que symbolisant aux yeux des travailleurs gabonais le modèle extrême des comportements despotiques des dirigeants des sociétés d'état, et surtout présumé excessivement riche, donc forcément ayant le profil idéal d'un des plus grands corrompus du pays.

C'est donc à cet homme, chassé de la direction des entreprises de son pays par des citoyens gabonais longtemps soumis, mais brutalement réveillés par le déferlement du vent démocratique des années 90, que le Chef de l' Etat du Gabon et surtout les Français décident de confier la gestion d'une institution aussi prestigieuse. Curieux, non ? Ainsi va l'Afrique centrale, nous direz-vous, n'est-ce pas ! ! !

Les agents gabonais de la BEAC avaient voulu s'associer aux travailleurs de leur pays pour lui barrer la route, à l'instar de ceux de la BGD et de la SEEG, mais l'attitude attentiste de nombreux agents non gabonais avait aidé au parachutage réussi de ce dernier à la BEAC comme Gouverneur.

Dix ans après, quel bilan peut-on tirer du gouvernorat de cet homme controversé? S'agissant d'un poste à mandat, le bilan mériterait d'être esquissé sous deux aspects, celui des mandants (Chefs d'Etat et France) et celui des administrés, même si leurs voix ne comptent que pour du beurre. Passons donc en revue les différents bilans potentiels qui ressortent des confidences glanées ici et là dans l'entourage des mandants :
I - Les Mandants

La France et les Français : le bilan peut, à première vue, paraître positif en raison de la réforme réussie des statuts de la Banque, de l'assainissement du système bancaire, de l'instauration d'un marché financier, de la non remise en cause des commandes des CFA à la Banque de France.. Encore que son racisme primaire clamé devant plusieurs témoins et son caractère ombrageux peuvent altérer cette vision des choses, malgré l'erreur fondamentale que ces français commettent sur sa prétendue intransigeance et intégrité, ponctué d'un comportement bourru, au service d'une banque centrale indépendante et forte, vis-à-vis soit disant « des dirigeants incompétents et corrompus des états » comme Mamalépot aime persifler.
Il serait donc l'homme le plus compétent du Gabon, et donc de l'Afrique centrale, etc ...
L'expérience montre toutefois que la France n'a jamais lié le sort de la défense de ses intérêts à ceux d'un homme. A ce niveau donc, rien ne pourrait encore être joué, surtout que les traditions démocratiques de ce pays devraient plutôt imposent tout de même une mobilité naturelle à la tête de telles institutions.
Deux mandats, c'est bien, trois ce serait peut-être trop ! A suivre
Le Gabon : en réalité, il n'y a pas de raison qu'il s'en plaigne, en raison de l'antériorité de ses relations avec le Chef d'Etat; toutefois ses dernières sorties médiatiques à Paris et Washington sur une «prétendue gestion désastreuse » des Finances publiques du Gabon l'ont sérieusement ébranlé ; ce qui a conduit le Chef d'Etat à lui rappeler qu'il n'y a pas si longtemps, il était traqué par le tout Gabon politique et social pour s'être illustré comme l'un des personnages le plus représentatif de la corruption, etc ... Déprimé, il était convaincu qu'on devait le démissionner avant la fin de son mandat. Mais les voies du Seigneur, et surtout ceux du doyen sont souvent impénétrables ! En dehors donc de ce couac et d'une stérile tergiversation dans la gestion du dossier de détachement d'un haut cadre gabonais de la BEAC auprès du gouvernement de ce pays, son état de service devrait plutôt être considéré comme positif, notez plutôt :
- engagement personnel auprès de l'état gabonais pour gommer le siège de la future bourse régionale au Cameroun au profit du Gabon ; et pour l'installation du siège de la COBAC au Gabon .

1

- réfection injustifiée de la Direction Nationale de Libreville, puis programmation de la construction d'une nouvelle Direction Nationale, alors que l'actuelle est loin d'être saturée voir inadaptée ;
- respect scrupuleux des instructions du Chef de l'état, allant jusqu'à nommer sans état d'âme, un néophyte comme Directeur National à Libreville, alors que de nombreux anciens cadres méritants et compétents, Directeurs de Service, Directeurs Adjoints, sous-directeurs, etc. aspiraient naturellement à ce poste. Ce qui aurait été inacceptable à ses yeux dans d'autres pays, et l'auraient sans doute conduit à mobiliser les administrateurs français -prompts à ce genre de bagarre, ah ! les pauvres - pour stigmatiser la légèreté des autorités politiques d'un tel état. Les exemples sont légion au Cameroun, RCA, Guinée - Equatoriale où il s'est opposé plus d'une fois à des nominations d'anciens cadres de la maison ou à celles d'illustres personnalités extérieures au nom soit disant d'un profil inadéquat, etc .. Quel sens d'équité ?!!

A notre humble avis, le doyen Bongo, généreux comme il n'y a pas son deux, lui confiera un troisième mandat malgré les états d'âme de nombre de ses conseillers !

Le Congo : l'on peut considérer qu'il y a deux périodes, celle du Professeur Lissouba et celle de Sassou II. Ayant grandi au Congo, Monsieur se sent de fait très proche des régions favorables au Professeur.
C'est ainsi qu'il est allé jusqu'à financer la guerre dans ce pays à hauteur de plus de 10 milliards, en acceptant, à travers son actuel Conseiller Mwamba, à l'époque Directeur Central du Crédit après avoir été Ministre des Finances de Sassou I et Lissouba, le dépassement anti - statutaire du plafond d'avance du Congo. Cette avance aura permis à ce régime en perdition d'acquérir à la va vite les hélicoptères de combat qui ont causé des dégâts considérables dans la population civile des quartiers Nord de Brazzaville.
Autrement, il a sur sa conscience la mort de ces nombreuses victimes civils. Comble des combles, c'est l'actuel régime qui en assure le remboursement. Mais comme Sassou II et son parrain, Bongo, sont très liés, il a dû passer l'éponge, ne s'en prenant qu'à Mwamba, qui est en réalité un lampiste dans cette affaire.
Dans une institution sérieuse et respectable comme la BEAC, le Gouverneur aurait du rendre son tablier pour avoir autorisé un dépassement de ce montant, sans l'avis préalable du Conseil d'Administration. Quel sera donc demain le sort réservé à un autre responsable de la Banque qui l'engagerait au-delà des dispositions statutaires ? Aurait-il pu accepter un tel dépassement aux états centrafricain et tchadien pour éponger 8 à 10 mois d'arriérés de salaires et obtenir ainsi une paix sociale, indispensable à toute la sous-région ?

Par contre sous Sassou II, les actes de défiance font légion, jugez-en plutôt :
- Nomination du Vice - Gouverneur : pour remplacer l'ancien vice-gouverneur, parti à la retraite, il s'est lancé dans une vaine promotion de la candidature provocatrice de Mwamba, déjà impliqué dans l'avance politique de plus de 10 milliards de FCFA consentis au régime défunt du Professeur, qui, plus est, avait déjà trahi Sassou I dont il fut Ministre de Finances ; quelle belle girouette celui-là aussi !
- Nomination d'un Conseiller : ayant subi un échec dans sa tentative de le faire nommer Vice - Gouverneur, il l'a immédiatement promu au rang de Conseiller du Gouverneur en lui préservant tous ses privilèges. Une espèce de pied de nez aux nouvelles autorités congolaises qui avaient décidé de retirer leur agrément au poste de Directeur Central que M. Mwamba occupait. Le pauvre TENE-KOYZOA, de nationalité centrafricaine, qui a occupé des fonctions plus prestigieuses que M. Mwamba, tour à tour Directeur Central, Ministre des Finances, Président du Conseil d'administration, Directeur National, remercié par le Président de son pays pour manque de loyauté politique, n'aura pas droit à un tel traitement malgré les recommandations spéciales du conseil d'administration sur proposition des administrateurs français. Eh, oui, là encore, quel sens d'équité !!?
- Réintégration de M. DZON Mathias : cet agent de la Banque en difficulté de mort sous le régime de Lissouba a du se réfugier à Libreville en abandonnant de fait son poste à Pointe-Noire. Refusant de prendre en compte cette situation particulière, M. Mamalépot l'obligea à aller à la mort en reprenant son poste à Pointe-Noire sous peine de licenciement. Cet agent

choisit naturellement la sauvegarde de sa vie et fut donc abusivement licencié. Grâce à sa vie sauve, le voilà Ministre des Finances de Sassou II, et introduisant immédiatement sa demande légitime de réintégration dans les effectifs des agents en détachement de la banque. Demande appuyée par Sassou II. Pour bien témoigner de son mépris des instructions des nouvelles autorités, il fit attendre sa réponse pendant plus de 24 mois, ne s'exécutant qu'à l'occasion de la réintégration musclée de M. ADANDE, actuel conseiller du ministre des finances du Gabon que Mamalépot a osé rayer des effectifs de la banque, parce que le ministre des finances n'aurait pas au préalable obtenu son accord pour la nomination de cet agent au poste de Conseiller ! Comme après Dieu et Bongo, il ne reçoit d'instructions de personne d'autre, hi, hi, hi.. il aurait donc fallu l'intervention personnelle de Dieu le Père, le président Bongo, pour le voir réintégrer ADANDE, et par la même occasion DZON, sur recommandation de son clan rapproché qui craignait un guet-apens de Sassou II et DZON au moment fatidique du renouvellement du mandat.

Mais que fera Sassou II, très lié à Bongo, si celui-ci lui demandait d'accorder un troisième mandat à Mamalépot, malgré tous ces actes de défiance ? Bien malin qui le dira ? N'oubliez pas que Sassou II est un monstre plus froid encore que Sassou !..

Le Cameroun : quant au pays hôte du siège qui a bien voulu l'accueillir quand ses frères gabonais l'avaient expulsé de Libreville, il n'entretient quasiment pas de rapport avec les autorités camerounaises pour qui il a un grand mépris. Quelle ingratitude ! Son engagement partisan dans le dossier du siège de la Bourse régionale qu'il voudrait voir à Libreville, en dépit du bon sens économique, aurait irrité jusqu'au Chef de l'état. Ses rapports avec l'actuel Ministre d'Etat des Finances sont loin d'être cordiaux, allant jusqu'à oublier de répondre à certains de ses courriers classés « sans objet », au sujet notamment de nominations de Directeur d'agence sans l'avis préalable des autorités politiques, comme le stipule les statuts ; d'ailleurs son application est souvent variable et fonction des circonstances et de ses intérêts. Après le départ de Dakayi Kamga de l'UDEAC -
CEMAC, à l'initiative du Gabon, en raison d'une cohabitation difficile avec son second, originaire de ce pays, et aussi et surtout à cause d'un caractère ombrageux et bourru, il ne serait pas superflu d'envisager des lendemains douloureux pour Mamalépot de la part de ce pays. Pour lui, tous les camerounais, exceptés peut-être les Bamilékés (très proches de son Secrétaire Général pour les affaires, bien-sûr), sont des voleurs dont il convient de se méfier. Ils ne seraient pas du tout fréquentables..

En vérité, le Président Biya devrait naturellement lui retirer sa confiance en raison surtout de l'ingratitude et l'incompétence dont il a fait montre dans son engagement nombriliste dans cette affaire du siège de la Bourse régionale au profit de Libreville,
alors que tous les experts recommandent Douala.. Et bien - entendu pour son caractère irrévérencieux très prononcé Mais comme, ce président non intégrateur joue souvent aux abonnés absents, son avis ne parviendra - t - il jamais aux autres chefs d'etat. Pauvre Cameroun!

Le Centrafrique : pays pour lequel il affiche un grand mépris. Il ne s'y rend que très rarement et l'a inscrit simplement dans la liste de ses suppliciés. La reconstruction d'une Direction Nationale et l'érection de Berbérati en agence, bien que juste économiquement et décidés par les Chefs d'état, ont été purement et simplement torpillées, différées et petitement vidées de leur substance pour devenir un projet d'extension pour la Direction Nationale, et de construction d'une hutte pour Berbérati, sans en référer à l'avis préalable des autorités, comme l'exigent les us et coutumes de la Banque.. Eh oui, une telle démarche pourrait nuire aux affaires de l'intermédiaire, en charge de la collecte des commissions, le Secrétaire Général tchadien, Gata Ngoulou, notamment pour le choix d'un projet architectural et son corollaire, l'attribution garantie des marchés aux entreprises «amies » .. Mais une fois de plus, au nom soit disant de problèmes budgétaires, il entraînera les pauvres administrateurs français - qui, au nom de la répulsion du Président centrafricain, qui n'est pas leur homme - dans une lutte à mort contre la

demande légitime des autorités centrafricaines appuyées par toute la sous-région. Une crise gratuite se profile à l'horizon, alors que les motivations réelles du tandem Mamalépot - Gata sont moins nobles, puisqu'il s'agit simplement de mettre rapidement en œuvre leur projet de reconstruction de la DN, pour lequel les marchés ont déjà été attribués à des entreprises gabonaises, tchadiennes et autres, avec un plan de commissionnement bien arrêté. Pauvres entreprises centrafricaines complètement écartées, alors qu'elles en auraient bien besoin pour relancer les activités post mutineries !
Quant aux autorités, elles savent bien toutes les difficultés auxquelles elles font souvent face dans tous les dossiers de préfinancement du Coton, du Café, etc. et surtout des nominations, où il a coutume de les faire attendre pendant 5 à 6 mois avant de donner suite, et souvent suivi des périodes de stage anormalement longs et exclusivement dans la zone, contrairement aux cas de ressortissants d'autres pays qu'il fait passer par la Banque de France. Là encore, quel sens élevé d'équité, du devoir et d'agent
Indépendant au service de plusieurs états !!!!

« Mais que peut faire le Président Patassé qui doit son fauteuil actuel à Bongo, son parrain », comme Mamalépot aime dire ?!! Attention toutefois, le Président Patassé a toujours été décrit comme un nationaliste, imprévisible, intransigeant, donc capable de tout !!! Il l'a tellement humilié, que l'on ne saurait faire des prédictions fiables ... Mais là encore, il est si dépendant de Bongo et Deby... Pauvre centrafrique de l'intégrateur Boganda!

La Guinée - Equatoriale : il dénie toute humanité aux ressortissants de ce pays qu'il considère comme plus proche des animaux. Il l'a dit plus d'une fois devant des témoins. En général, le traitement de tous leur dossier pâtit de telles préjugés défavorables.
Ils le savent trop bien.

Tout est possible, mais sommes convaincus que le sage président OBIANG NGUEMA s'alignera sur la position majoritaire.

Le Tchad : de relations houleuses sous Hissein Habré, elles sont devenues plus ou moins cordiales en raison d'étroites relations liant les présidents Déby et Bongo, mais surtout en raison de l'engagement financier de son intermédiaire, gestionnaire des commissions sur divers marchés, le Secrétaire Général tchadien, chargé d'arroser l'entourage du Président Déby pour un soutien indéfectible. Le nouveau ministre tchadien doit s'attendre à recevoir son pactole, hi, hi...mais qu'il sache que ce prétendu pactole représentera à peine 1 % de leur juteux revenu, puisqu'ils sont convaincus que le prix à payer pour les pauvres ministres de ces petits pays n'est jamais élevé. Donc, loin d'être pro-tchadien, il s'agit simplement d'un axe construit pour la pérennité du pouvoir à la Banque, synonyme de lendemains financiers toujours meilleurs. Le Secrétaire Général de la COBAC, un brillant économiste, bien que tchadien, ne bénéficie pas des mêmes amours, parce que intègre et franc. Ah, Si le Tchad pouvait confier le secrétariat Général de la banque à un homme de ce calibre !

Toutefois, certaines voies se lèvent déjà au Tchad pour stigmatiser cet affaiblissement de l'état à travers de tels réseaux mafieux. Qui l'emportera ?
L'avenir nous le dira.

Maintenant passons en revue l'état des lieux à la Banque à la veille de la probable reconduction de Mamalépot, en raison de la grande influence du Président Bongo sur les autres chefs d'Etat de la région.

II - Administration de la Banque. En une décennie, l'on est passés d'un système décentralisé et opérationnel à une forte centralisation, avec une atomisation du rôle des Directeurs Nationaux, une forte centralisation de la gestion budgétaire aux mains de quelques individus, dont l'enrichissement subit et inexpliqué laissent perplexes . Ce groupe composé du Secrétaire Général tchadien, du Conseiller congolais M. Mwamba, du Chef de Cabinet congolais M. Zoniaba, du Chef congolais du département des Investissements, et du jeune et affable

14

gabonais chargé des affaires immobilières constitue un véritable gang mafieux avec comme dans le rôle de parrain, le Gouverneur M. MAMALEPOT.

Comme Mamalépot l'a dit aux chefs d'état lors de la nomination du Secrétaire Général, seul ce tchadien, Gata Ngoulou, pouvait occuper ce poste en raison de sa grande compétence. En quelle matière au fait ?
Avait-il auparavant occupé un tel poste avec brio au Tchad ou ailleurs? Non il ne s'agit point de cela, mais bel et bien de sa grande capacité à servir docilement le Gouverneur dans tous les compartiments, surtout en matière d'attribution généreuse de marchés aux entreprises qui lui sont proches, du maquillage des dépassements budgétaires, etc .Notez plutôt que ce Secrétaire Général, diplômé en Statistiques, n'a jamais éprouvé ses connaissances de statisticien ni à la Banque ni ailleurs, cherchant très tôt à se rapprocher des activités de gestion pour lesquelles il n'a aucune référence. C'est ainsi qu'il s'est habilement posé en successeur désigné du Vieux et Intègre BELINGAR, dont il stigmatisait une prétendue gestion calamiteuse. Souvenons-nous, le vieux BELINGAR disait, tout en pouffant de son rire célèbre Ah, Ah, Ah, : « vous le dites compétent, on voit le maçon au pied du mur.. ». Maintenant c'est fait, puisque l'immobilisme dans la gestion des ressources humaines post - Belingar constitue déjà un échec cuisant, quant à la gestion du patrimoine, parlons-en. La liste non exhaustive de ses déviances, sous le contrôle actif et ou passif de Mamalépot, est plutôt longue, jugez-en plutôt :

- locations excessives de vols spéciaux pour le Gouverneur;
- construction à Yaoundé d'une luxueuse villa de fonction du Gouverneur d'un coût de 1 milliards de FCFA, montant non autorisé par le conseil d'administration; cela est-il digne du premier responsable de la banque centrale d'un groupe de pays pauvres ? Mamalépot qui aime citer l'excellence des européens qui dirigeait la Banque pour dénoncer une prétendue «médiocrité africaine », peut-il citer un seul de ces prédécesseurs européens et africains (Oyé
  Mba et Sathoud) qui aurait accepté un tel niveau d'investissement pour un logement de fonction, somme toute ordinaire, et dont le coût prohibitif s'explique naturellement par les ordinaires surfacturations ?
  réfection injustifiée de l'ancienne villa du Vice-Gouverneur Sathoud, dont le goût exquis était connu de tous, pour un coût de 250 millions de FCFA, non autorisé par le conseil d'Administration, aux fins d'abriter le flambant nouveau Secrétaire Générale aux soldes de Mamalépot;
  - réfection onéreuse de l'agence de Douala et Nkongsamba respectivement pour 4 milliards et 1,5 milliards de FCFA, largement au-delà des autorisations du Conseil d'Administration : il en est de même des agences de Moundou, Sarh, et bientôt Franceville annoncé pour plus de 1 milliard de FCFA - marché crapuleux des télécommunications par satellite de l'ordre de 1,5 milliards de FCFA, don't l'attribution s'est faite à la barbe de Alcatel et France-Télécom qui avaient les meilleures offres techniques, et ce sur recommandation du Bureau Yves Houssin, chargé de la récupération des commissions consistantes auprès de STM, via un certain PERRET ;
  - pratiques de droit de cuissage : deux gabonaises dont l'une, Mme WESFLOG, a du quitter la banque, pour avoir refusé de coucher avec le Gouverneur, et l'autre subit actuellement en silence les caprices de ce dernier, sans que le staff complaisant - attention à la perte de son poste - de la Banque s'en émeuve ;
- dérive des mours :

toujours promptes à coucher les épouses de ses proches collaborateurs. L'ancien Directeur National pour le Congo, M. Bokilo, et le chef du Département des Investissements en ont fait les frais. Le premier qui a tenté de s'y opposer s'est fait virer, et le second doit son actuel poste à cette souillure ;
affectation disciplinaire brutale d'un jeune ingénieur informaticien tchadien à N'djaména parce qu'il le soupçonnait fortement de faire la cor à sa petite scur ou cousine ; encore heureux celui-là, puisqu'il avait l'intention de le virer purement et simplement de la Banque pour si peu ;
etc
abus de biens sociaux ; malgré des salaires mirobolants et bien que logés par la Banque, le

5

Gouverneur et le Secrétaire Général se sont attribués des indemnités de logements, comme le Vice -Gouverneur qui habite chez lui ; en europe et surtout en amérique, ils auraient immédiatement rendu leur tablier. Quelle bassesse, alors que dans le même temps l'indice CIAN qui permet de la revalorisation des salaires des agents est bloqué, sous de fallacieux prétextes de bonne gestion ! Quel sens d'équité, là encore ! Même le Vice - Gouverneur, que l'on prétend «intègre », se laisse aussi aller à la réquisition abusive d'une voiture de la banque depuis sa nomination, assimilable d'ailleurs à un abus de biens sociaux, puisqu'il se fait payer là aussi une indemnité de voiture.. Cela doit lui servir peut-être à payer l'essence, hi, hi,hi ! Tel maître, tel élève, dirions-nous puisque le Gouverneur en réquisitionne plus d'une ! ! !

- projet fort avancé de la construction d'un centre de formation non autorisé par le conseil d'Administration, et en dehors de tout programme immobilier approuvé par les Chefs d'Etat et encore moins le Comité Ministériel. C'est peut-être cela l'indépendance de la banque centrale, puisque les marchés sont déjà attribués ! Vive les administrateurs français, champions de cette école

- acquisition de plusieurs villas par le Secrétaire Général dans la seule ville de Yaoundé, où l'architecte conseil, camerounais d'origine tchadienne, M. TONE, imposé à ATAUB et autres prestataires immobiliers, lui sert de gestionnaire de patrimoine, au vu et au su de toute la Banque ; des rumeurs persistantes indiquent aussi de nombreuses acquisitions immobilières en France, Canada et Etats-Unis. Ses modestes revenus en CFA insignifiant ne sauraient expliquer de telles acquisitions, pour un pauvre ancien fonctionnaire tchadien ;

- utilisation d'un certain français dénommé PERRET, comme intermédiaire de nombreuses entreprises françaises. Qui plus est, c'est la Villa de l'ancien Gouverneur que cet homme, peu fréquentable, utilise comme entrepôt avec la bénédiction du Secrétaire Général ;

- réalisation d'un projet fragmenté de sécurité, non autorisé par le Conseil d'administration, dont le coût final avoisinerait 1 milliard de FCFA, via une micro entreprise de la région parisienne, dirigé par un italo-corse, M. VIGLIETTI ; déjà récusé par le contrôle général de la banque pour des pratiques commerciales non recommandables, il y a à peine 3 ans ! Il a été réhabilité par le Secrétaire Générale pour tirer profit justement des ses mauvaises pratiques connues ! Hi, hi,.

- marché de gré à gré de plus de 500 millions de FCFA pour un projet contestable d'archivage à une société française, MMDS, dirigée par le neveu d'un général du Congo-B, proche de Mamalépot, projet là encore non autorisé par le Conseil d'administration : prenant en compte les errements exceptionnels du projet, ce dernier s'est empressé de dénoncer maladroitement le contrat, ce qui va forcément exposer la Banque à des dommages et intérêts consistants. Pauvre banque centrale !

- acquisition de plusieurs voitures luxueuses Mercedes classe S, d'un coût unitaire de 50.000.000 FCFA, pour garantir le standing insolent du gouvernement de la Banque, alors que l'appauvrissement du personnel est assuré sous des prétextes fallacieux de bonne gestion,.par un blocage intempestif et injustifié de l'appication statutaire de l'indice CIAN, seul mécanisme prévu de sauvegarde du pouvoir d'achat des agents...

C'est donc dans une telle ambiance que l'on voit se développer l'effritement des valeurs fondatrices de la réputation d'excellence morale des agents de la Banque. Pour preuves, les nombreux licenciements de cadres supérieurs de toutes nationalités et autres agents intervenus depuis une dizaine d'années. Ils savent de qui tenir. En effet, pourquoi rester passifs dans une telle ambiance, alors que le staff multiplie les déviances ? La tentation des quelques derniers gestionnaires de crédits, loin d'être encouragée, s'explique. Les repères sont désormais brouillés. Une bande de voleurs sert de boussole à une prestigieuse institution. Il n'y en a que pour eux, alors que c'est grâce à l'excellence de ces cadres, qu'ils peuvent faire amende honorable à l'extérieur.

Voilà en gros ce que la création d'un Secrétariat Général voulu par Mamalépot uniquement pour Gata Ngoulou a apporté à la Banque Centrale : des marchés de complaisance, une perversion morale accrue... Quel modèle d'excellence !!!

L'on ne s'étonnent même plus des acquisitions de voitures luxueuses neuves, souvent sans crédit, qui débarquent des cargos de la Camair, pour un coût global de l'ordre de 30 à

40.000.000 FCFA, coût nettement supérieur aux revenus salariaux annuels des propriétaires. C'est le cas de nombreux cadres du Secrétariat Général. Les pauvres directeurs centraux et nationaux sont loin d'égaler ces boy's du Secrétariat.

Ces collegues ont naturellement notre soutien, parce que tout agent intelligent, à leur place, aurait fait pareille. Monsieur Mamalépot, nous condamnons fermement vos agitations stériles uniquement dirigées vers des lampistes que sont les petits cadres et agents de la banque impliqués ici et là dans des légers détournements. Vous êtes le premier responsable de la perversion morale qui s'est emparée de la Banque depuis une dizaine d'années !

Relations désastreuses au sommet de la banque : il est de notoriété publique que le clan Mamalépot n'a jamais digéré la nomination inattendue de tout dirigeant non coopté. Les actuelles crispations au sommet, les éclats de voies devant tout le staff, les notes de service remettant en cause les subdélégations statutaires, etc. en sont la parfaite illustration. D'ailleurs de manière générale, leur souci a toujours été de faire la promotion des cadres acquis à leur cause pour rendre irréversible leurs activités mafieuses, c'est ainsi qu'ils multiplient les chausses trappes à chaque fois qu'il faut nommer un dirigeant de la Banque. Résultat : ce clan brille par un cloisonnement dans le traitement des dossiers de la Banque. En dehors d'eux, les autres dirigeants, notamment tous les directeurs centraux sont complètement lâchés, pire encore s'agissant des Directeurs Nationaux. Cette gestion discriminatoire de la Banque conduit insidieusement de nombreuses compétences à ne plus se sentir concernés. La Banque centrale ressemble de plus en plus à un bateau dirigé par un capitaine despote qui n'inspire plus aucune confiance à son équipage, son autorité morale fondée sur l'intégrité et l'impartialité s'étant complètement effritée. Des clans se sont constitués, et un naufrage à la Titanic est prévisible.

A la CEMAC, dans de telles circonstances, le capitaine du bateau, Dakayi Kamga, a été remercié par les Chefs d'Etat. Pourquoi donc un troisième mandat pour Mamalépot ? Le bilan moral de ses deux mandats étant largement négatif.

Il devient évident que la zone CEMAC va continuer à s'enfoncer dans des querelles intestines, largement amplifiées par les déviances du clan Mamalépot, dont la défiance à l'égard des autorités politiques est plus que notoire, et le dévoilement constant des règles élémentaires de bonne gouvernance prouvé. Pendant ce temps le Gouverneur Konan Banny, mu par sa grande sagesse africaine, s'est de fait érigé en plus grand conseiller économique et financier des autorités politiques de la BCEAO qu'il respecte profondément, et qui le lui rendent bien par un appui constant à toutes ses initiatives, ce qui lui permet aujourd'hui de tirer la BCEAO, donc la CEDEAO, vers des horizons prometteurs.

Le clan Mamalépot constitue donc bien un malheur pour la CEMAC. Nous, Collectifs des cadres de la BEAC, en appelons donc à une réaction vive et juste des organes de décision de la Banque. Peuples d'Afrique centrale, mobilisez-vous pour que, à travers le Doyen Bongo, vous puissiez confier cette prestigieuse institution à des hommes de compromis, profondément épris des idéaux d'intégration et d'intégrité, de la trempe de KONNAN BANNY, pour conduire le tandem CEMAC-BEAC vers une meilleure destinée.

Les mandants du Gouverneur de la Banque lui ont gratifié d'une indépendance qui répond aux exigences de la mondialisation, mais il serait grand temps d'accompagner cette nouvelle indépendance par l'instauration d'une Cnur Régionale des Comptes, pour éviter à la sous-région un pillage similaire à celui dénoncé à la Communauté européenne.

En attendant, les Chefs d'état peuvent solliciter soit le FMI et/ou les Inspecteurs du Trésor pour chiffrer les préjudices moraux et financiers imputables aux mandats de Mamalépot, et surtout à celui débutant du Secrétaire Général.

Ce n'est pas l'insaection interne, au service du Secrétaire Général, qui en est l'intérimaire

7

depuis bientôt deux ans, qui pourrait s'en prendre à lui.
Puisque en sa qualité de plus gros gestionnaire de crédits, il est de fait juge et partie.

Vive la coopération sous-régionale !

Collectif des Cadres de la BEAC

---

Do You Yahoo!?
Get your free @yahoo.co.uk address at
or your free @yahoo.ie address at

8

TOTAL PAGE(S) 08

Yaoundé le 31 mai 2000.

Monsieur le Ministre des Finances,
Ndjamena, République du Tchad

Excellence, Monsieur le Ministre.

J'ai l'honneur et très respectueux devoir de porter à votre connaissance ma version des faits, sur un document anonyme mis en circulation à la Banque impliquant le Gouverneur et moi-même, au cas où copie de ce document vous serait parvenue.

Le but de ce document diffamatoire est de faire échec à la reconduction du mandat du Gouverneur qui vient à échéance le 31 juillet prochain. Il a été mis en circulation tant à l'intérieur qu'à l'extérieur de la Banque peu de temps avant les réunions du Conseil d'Administration et du Comité Ministériel des 28 et 29 avril dernier qui devaient statuer sur ce sujet. Diffusé principalement auprès des médias dans le but qu'ils en fassent écho, ils sont aussi adressés aux autorités des Etats membres dans le but manifeste de discréditer le Gouverneur et moi-même.

Point n'est besoin de revenir sur toutes les allégations contenues dans ce document. Haut et fort, je déclare ne pas me reconnaitre dans ce qui est décrit et dont le seul but est de jeter de l'opprobre sur moi en raison de la place que j'occupe, laquelle me rapproche tout naturellement du Gouverneur plus que tout autre agent. Simplement aussi, par ce que je dois gêner un certain nombre de personnes dont l'objet est justement de chercher à mettre la main sur les ressources de la Banquer en ma qualité de contrôleur de gestion.

Je ne réalise aucune affaire, n'étant même pas prédisposé à cela et je ne dispose pas des biens ci amplement décrits dans ce document. En 16 années de Banque, je suis assez sobre et lucide pour pouvoir épargner et réaliser quelques investissements. Même de simples agents de la Banque disposent plus que moi, de biens au soleil. Qu'il s'agisse d'ailleurs de construire une maison ou d'acquérir un véhicule, j'ai, généralement, eu recours à de crédits de la Banque Centrale ou de banques commerciales, de sorte que les preuves peuvent toujours être apportées, à tout moment.

La passation des marchés autant que la réalisation des travaux à la Banque obéissent à des règles précises qui ont toujours été respectées. Les documents existent et sont vérifiables dans les services concernés du Secrétariat Général.

Quant à ma prétendue incompétence, il paraît insolite qu'elle n'apparaisse que maintenant alors que j'ai jusque là, été unanimement apprécié. C'est du reste M. OYE MBA, ancien Gouverneur qui m'a recommandé à M. MAMALEPOT pour occuper le poste de Directeur de l'Administration Générale. Les réformes des années 90 se sont largement inspirées des travaux réalisés à mon initiative et sous ma conduite. Avant d'entrer à la BEAC j'ai fait mes preuves dans la Haute administration de mon pays, à différents postes.

Depuis que j'ai été nommé Secrétaire Général en 1998, poste désormais soumis à un mandat de 5 ans, je n'ai ménagé aucun effort pour réorganiser les services de la Banque. Un vaste programme de réforme concernant le statut du personnel est en chantier et devrait voir le jour d'ici peu. Je ne peux dans ces conditions être taxé d'immobilisme d'autant plus qu'il existe un Directeur des Ressources Humaines et que je n'ai qu'un rôle de supervision générale. Concernant la situation des agents tchadiens, je vous fais tenir par ailleurs, une fiche à ce sujet.

Le vrai problème réside dans le fait que l'actuel Vice Gouverneur est mal à l'étroit entre le Gouverneur et moi, parce qu'il n'aurait aucun pouvoir et que moi j'en détiendrais trop. Faire partir le Gouverneur par tous les moyens lui libérerait une plus grande marge de manœuvre pour asseoir son autorité et « annexer » le Secrétariat Général. Etant dépeint comme profondément attaché à M. MAMALEPOT je ne devrais pas, d'après lui, avoir les bonnes grâces d'un nouveau Gouverneur. Il en profiterait pour vider le Secrétariat Général que j'ai laborieusement mis sur pied, de son contenu. C'est également le Vice Gouverneur qui répand dans le milieu des Tchadiens de la Banque que c'est moi qui bloque le dossier de la COBAC en tentant de m'opposer à mon compatriote ADAM MADJI alors que ce dossier est traité entre le Gouverneur, le Secrétaire Général de la COBAC et lui-même.

Sur un autre plan, le Gouverneur vient de commettre une inspection pour vérifier un certain nombre de dépenses ordonnées pendant son absence, par le Vice Gouverneur en relation avec les services de l'Emission monétaire. La conclusion attendue de cette étude mettra mal à l'aise ce dernier, car le Gouverneur prend toujours ses responsabilités et sévira d'une manière ou d'une autre si des déviances sont constatées.

Le problème est essentiellement à ce niveau et il fallait passer à l'offensive et prendre « l'adversaire » de vitesse. C'est lui qui a inspiré le document anonyme, en rapport avec quelques agents à sa dévotion. En effet, la plupart des revendications formulées par le personnel au cours de l'exercice qui s'achève ont été toutes examinées et solutionnées. Quelques problèmes de fond qui ne pouvaient être traités sommairement, ont été soumis à l'étude et les Délégués du Personnel viennent de se démarquer publiquement de ce document anonyme.

Quoi qu'il en soit, au plan des principes, il me semble dangereux de faire foi à un document anonyme ou à des calomnies colportées. Cela constituerait un précédent grave pour la sérénité de la Maison et de ses dirigeants dont la vie tiendrait à l'action de quelques agitateurs. C'est l'attitude constante du Gouverneur.

Je me devais, Monsieur le Ministre, de porter humblement ces informations à votre haute attention en restant à votre disposition pour tout complément.

Je vous prie d'agréer, Monsieur le Ministre, l'expression de ma Haute et Respectueuse considération.

GATA NGOULOU

2

REPUBLIQUE DU CAMEROUN
Paix-Travail-Patrie
******
MINISTERE DU TRAVAIL ET DE
LA SECURITE SOCIALE
******
DELEGATION REGIONALE DU CENTRE
******

REPUBLIC OF CAMEROON
Peace-Work-Fatherland
******
MINISTRY OF LABOUR AND
SOCIAL SECURITY

N° 0 0 0 0 4 4/MINTSS/DRTSSC/BRITSSC/IT4

Yaoundé, le 11 JAN 2011

BORDEREAU RECAPITULATIF DES PIECES ADRESSEES

A

MONSIEUR LE MINISTRE DES RELATIONS EXTERIEURES

S/C

MONSIEUR LE MINISTRE DU TRAVAIL ET DE LA SECURITE SOCIALE

| N° | SOMMAIRE | NOMBRE DE PIECES | OBSERVATIONS |
|---|---|---|---|
| 1 | - Note Technique N° 00017/MINTSS/DRTSSC/BRITSSC/IT4 du 06 janvier 2011, relative au différend du travail opposant Monsieur Monsieur MAHAMAT MASSOUD à la Banque des Etats de l'Afrique Centrale. | 01 | Pour transmission au MINREX |

Reçu le : à

Yaoundé, le

*LE DELEGUE REGIONAL*

... Amhas
... du Travail et ...

REPUBLIQUE DU CAMEROUN
Paix-Travail-patrie
******
MINISTERE DU TRAVAIL ET
DE LA SECURITE
******
**Délégation Régionale du Travail et de la Sécurité Sociale**
******
BRIGADE REGIONALE D'INSPECTION DU TRAVAIL ET DE LA SECURITE SOCIALE DU CENTRE
Tel : 22.20.44.61

0 0 0 0 N°0 1 7 /MINTSS/DRTSSC/BRITSSC/IT4

REPUBLIC DU CAMEROON
Peace-Work-Fatherland
******
MINISTRY OF LABOUR AND
SOCIAL SECURITY
******
**Regional Delegation of Labour and Social Security**
******
Yaoundé, le 0 6 JAN 2011

**NOTE TECHNIQUE**

**A L'ATTENTION DE**

**MONSIEUR LE MINISTRE DES RELATIONS EXTERIEURES**

YAOUNDE

S/C

**MONSIEUR LE MINISTRE DU TRAVAIL ET DE LA SECURITE SOCIALE**

YAOUNDE

**OBJET** : **Différend du travail opposant Monsieur MAHAMAT MASSOUD à la Banque des Etats de l'Afrique Centrale.**

Monsieur MAHAMAT MASSOUD de nationalité Tchadienne, précédemment Fondé de Pouvoir Principal à la Banque des Etats de l'Afrique (Services Centraux), se plaint de son licenciement intervenu le 14 juin 2010 après 25 ans et 7 mois de service interrompu pour les motifs suivants :

- Surfacturations ;
- Report de crédits exceptionnels sur d'autres exercices malgré les prescriptions du Conseil d'Administration de la Banque ;
- Trafic d'influence, modification des crédits exceptionnels accordés à certains Centres ;
- Blocage inconsidéré des crédits exceptionnels ;
- Autorisation récurrente d'engagements des dépenses exceptionnelles non urgentes ;
- Divergence entre les chiffres validés par la Commission Budgétaire et les crédits accordés.

Pourtant, Monsieur MASSOUD s'estime non coupable et réclame les droits ci-dessous ;
- Les dommages-intérêts pour licenciement abusif ;
- Les dommages-intérêts pour autres préjudices.

Au regard du réquisitoire du demandeur et des pièces versées au dossier,

1

J'ai l'honneur de vous donner mon point de vue sur les griefs et les réclamations présentées.

## I – SUR LES GRIEFS

### A/ les faits

La Banque des Etats de l'Afrique Centrale estime que suite aux réponses écrites aux demandes d'explications et verbales devant le conseil de discipline, Monsieur MAHAMAT MASSOUD avait rejeté les accusations en matière de surfacturations, sous prétexte que le Département dont il avait la charge n'était pas initiateur des opérations incriminées et que pour les autres anomalies constatées aussi bien aux Services Centraux que dans les Centres, il ne pourrait en assurer la responsabilité.

Pourtant poursuit la BEAC, les différentes auditions ont révélé que le Département que Monsieur MAHAMAT MASSOUD dirigeait, était bien l'initiateur des opérations surfacturées et établissent dans sa gestion ne pouvaient se produire sans son implication directe. A défaut de celle-ci à ces malversations ou sa culpabilité il aurait fait preuve d'un laxisme exacerbé et intolérable puisqu'en tant que responsable du Département en cause, il aurait dû à tout le moins informer le Gouverneur de l'existence de ces pratiques : confère lettre PSC/311/YA du 16/06/2010 relative au licenciement de Monsieur MAHAMAT MASSOUD.

### B/ Analyse des griefs

1. <u>Les surfacturations</u>

   L'usage à la BEAC commande que les engagements sont effectués par les services gestionnaires suite à un appel d'offre ou un contrat de gré à gré. Or, Monsieur MAHAMAT MASSOUD ne gérant pas un service gestionnaire, l'on ne saurait lui imputer les surfacturations.

2. <u>Le report des crédits exceptionnels</u>

   Il était conforme aux procédures de gestion jusqu'à l'exercice clos du 31 décembre 2007. La décision du Conseil d'Administration de la BEAC prohibant le report a pris effet à compter du 01 janvier 2008. Depuis lors, Monsieur MASSOUD s'y est scrupuleusement conformé.

3. <u>La modification des crédits exceptionnels et trafic d'influence</u>

   En référence aux procédures de gestion des crédits budgétaires de la BEAC, Monsieur MASSOUD soumet des propositions de modification à la hiérarchie sur la base des demandes formulées par les Centres. Par conséquent, il revient exclusivement à sa hiérarchie de décider. Dès lors, aucun trafic d'influence ne peut être relevé.

4. <u>Le blocage inconsidéré des crédits exceptionnels</u>

   Le blocage inconsidéré des crédits exceptionnels n'est que la traduction d'économie budgétaire réalisée par le Département dont Monsieur MASSOUD avait la charge.

2

5. L'autorisation récurrente des engagements des dépenses exceptionnelles non urgentes

Les demandes de crédits sont formulées par les Centres qui sont seuls aptes à effectuer leurs engagements. Toutefois, en cas d'urgence et de non disponibilité de crédits, les Centres soumettent leurs requêtes urgentes et justifiées à l'appréciation du Département de la Prévision des moyens budgétaires et du contrôle de gestion.

6. Les divergences

Elles ne relèvent que de l'arbitrage et de la décision souveraine du Gouverneur.
Par ailleurs, Monsieur MAHAMAT MASSOUD exerçait sous l'autorité directe du Secrétaire Général. Cependant, lorsque certaines décisions se faisaient attendre, Monsieur MASSOUD en informait directement le Gouverneur.

En conséquence, il échet d'allouer à Monsieur MAHAMAT MASSOUD le versement de tous ses droits supra revendiqués.

II – SUR LES RECLAMATIONS

Elles concernent notamment :

- Les dommages-intérêts pour licenciement abusif ;
- Les dommages-intérêts pour autres préjudices.

*a) dommages-intérêts pour licenciement abusif*

Confère article 39 du code du travail
Salaire mensuel moyen brut = 4.484.334 F CFA.
- Pour les 25 années d'ancienneté

4.484.334 x 25 = 112.108.350 F CFA
- Pour les 7 mois au prorata

$\frac{4.484.334 \times 7}{12}$ = 2.615.861 F CFA

**S/TOTAL = 114.724.211 F CFA**

*b) dommages-intérêts pour autres préjudices*

A ce titre, le demandeur réclame **200.000.000 F**, conformément aux dispositions pertinentes de l'article 151-1 du Code du Travail et à la jurisprudence constante.

**RECAPITULATIF DES RECLAMATIONS**

- Dommages-intérêts pour licenciement abusif :....................114.724.211 F
- Dommages-intérêts pour autres préjudices :........................200.000.000 F

INSPECTEUR DU TRAVAIL

3

AMBASSA AYOMBA
Contrôleur Principal du Travail

| | |
|---|---|
| REPUBLIQUE DU CAMEROUN<br>Paix-Travail-Patrie<br>------<br>MINISTERE DU TRAVAIL ET DE LA SECURITE SOCIALE<br>------<br>SECRETARIAT GENERAL<br>------<br>DIRECTION DES RELATIONS PROFESSIONNELLES<br>------ | REPUBLIC OF CAMEROON<br>Peace-Work-Fatherland<br>------<br>MINISTRY OF LABOUR AND SOCIAL SECURITY<br>------<br>SECRETARIAT GENERAL<br>------<br>DEPARTEMENT OF INDUSTRIAL RELATIONS<br>------ |

*N° ____/MINTSS/SG/DRP/SDRT/SRCT*

*Yaoundé, le* 15 FEV 2011

## *NOTE A L'ATTENTION*

*DE MONSIEUR LE MINISTRE DU TRAVAIL ET DE LA SECURITE SOCIALE*

***Objet*** **:** Note technique n°00217/MINTSS/DRTSSC BRITSSC/IT4 du 06 janvier 2011, relative au différend du travail opposant Monsieur MAHAMAT MASSOUD à la BEAC.

Par correspondance en date du 11 janvier 2011, Madame le Délégué Régional du Travail et de la Sécurité Sociale du Centre vous a fait parvenir la note technique citée en objet pour transmission au Ministère des Relations Extérieures.

De l'exploitation du dossier, il ressort que les éléments d'appréciation de ladite note ne sont pas suffisamment clairs. Par exemple, le bulletin de paie du mis en cause ne nous a pas été transmis.

Aussi conviendrait-il sauf meilleur avis de votre part de demander à Madame le Délégué Régional du Travail et de la Sécurité Sociale du Centre de nous faire tenir toutes les pièces nécessaires du dossier en vue du réexamen et complément de ladite note.

*Le Chef de Service des Relations Collectives de Travail*

***NJILIÉ Francis Claude***
*Administrateur du Travail*

| | |
|---|---|
| REPUBLIQUE DU CAMEROUN<br>Paix-Travail-Patrie<br>------<br>MINISTERE DU TRAVAIL ET DE LA SECURITE SOCIALE<br>------<br>SECRETARIAT GENERAL<br>------<br>DIRECTION DES RELATIONS PROFESSIONNELLES<br>------ | REPUBLIC OF CAMEROON<br>Peace-Work-Fatherland<br>------<br>MINISTRY OF LABOUR AND SOCIAL SECURITY<br>------<br>SECRETARIAT GENERAL<br>------<br>DEPARTEMENT OF INDUSTRIAL RELATIONS<br>------ |

*N° ____ /MINTSS/SG/DRP/SDRT/SRCT*

*Yaoundé, le* 12 FEB 2011

## *LE MINISTRE*

*A Madame le Délégué Régional du Travail et de la Sécurité Sociale du Centre.*

***YAOUNDE***

***Réf*** : *n°0044/MINTSS/BRITSSC/IT4 du 11 janvier 2011*

***Objet*** : Note technique n°00217/MINTSS/DRTSSC BRITSSC/IT4 du 06 janvier 2011, relative au différend du travail opposant Monsieur MAHAMAT MASSOUD à la BEAC.

Faisant suite à votre correspondance de référence, relative à l'objet repris en marge,

J'ai l'honneur de vous demander de bien vouloir me faire parvenir toutes les pièces nécessaires du dossier en vue du réexamen de la note technique de [illegible].

Pour le Ministre du Travail et de la Sécurité Sociale et par Délégation
le Directeur des Relations Professionnelles

Raymond Bapele
Administrateur Principal du Travail

BANQUE DES ETATS
DE L'AFRIQUE CENTRALE

SERVICES CENTRAUX

Boite Postale 1917 – Yaoundé
*République du Cameroun*
TELEX-BANETAC 8343 KN
Tél. 223 40 30 – 223 40 60
Fax 223 33 29
E-mail : beac@beac.int

DIRECTION GENERALE
DE L'EXPLOITATION

Direction des Ressources
Humaines

Yaoundé, le 16 JUIN 2010

**Monsieur MAHAMAT MASSOUD**

PSC / 311 / YA

**Objet** : Licenciement

Les travaux de vérification effectués par une Mission du Contrôle Général du 11 mai au 19 juin 2009 au Département de la Planification des Moyens Budgétaires et du Contrôle de Gestion (DPMBCG), dont vous aviez la responsabilité, ont mis au grand jour l'existence de malversations, de collusion avec certains prestataires de service, ainsi que des autorisations de paiement des factures relatives à la fourniture de biens et services surfacturés. Il a également été relevé dans votre gestion, les anomalies ci-après :

- Report de crédits exceptionnels sur d'autres exercices, malgré les prescriptions du Conseil d'Administration de la Banque ;
- Trafic d'influence, modification des crédits exceptionnels accordés à certains Centres ;
- Blocage inconsidéré des crédits exceptionnels ;
- Autorisation récurrente d'engagements des dépenses exceptionnelles non urgentes ;
- Divergences entre les chiffres validés par la Commission Budgétaire et les crédits accordés ;

Dans vos réponses écrites à la demande d'explications et verbales devant le Conseil de Discipline, vous avez rejeté les accusations en matière de surfacturations, sous prétexte que le Département dont vous aviez la charge n'était pas initiateur des opérations incriminées et que, pour les autres anomalies constatées aussi bien aux Services Centraux que dans les Centres, vous ne pouviez en assumer l'entière responsabilité.

Contrairement à ces allégations, je vous informe que les différentes auditions ont révélé que le Département que vous dirigiez était bien l'initiateur des opérations surfacturées et établissent votre culpabilité quant aux autres Chefs d'accusation. En effet, les surfacturations grossières relevées dans votre gestion ne pouvaient se produire sans votre implication directe. A défaut de votre implication à ces intolérable. En tant que Responsable du Département en cause, vous auriez dû à tout le moins informer le Gouverneur de l'existence de ces pratiques.

Par ailleurs, vous ne semblez pas avoir tiré toutes les leçons de votre passage devant le Conseil de Discipline en 2006, qui avait conduit à votre rétrogradation de six (6) échelons. Contre toute attente, vous avez plutôt récidivé en commettant de 2007 à 2009, des fautes professionnelles altérant l'image de la Banque tout en lui causant un grave préjudice financier.

Pour ces manquements d'une extrême gravité et après avoir pris l'avis du Conseil de Discipline devant lequel vous avez comparu, je vous informe que j'ai décidé de mettre fin à nos relations de travail. Vous ne faites plus partie de l'effectif du personnel de la Banque à compter du 14 juin 2010.

Votre solde de tout compte et votre certificat de travail vous seront transmis ultérieurement./.

Le Gouverneur,

LE GOUVERNEUR

Lucas ABAGA NCHAMA

## *Documents*

# *Sommaire*

**L'HARMATTAN ITALIA**
Via Degli Artisti 15; 10124 Torino

**L'HARMATTAN HONGRIE**
Könyvesbolt ; Kossuth L. u. 14-16
1053 Budapest

**L'HARMATTAN KINSHASA**
185, avenue Nyangwe
Commune de Lingwala
Kinshasa, R.D. Congo
(00243) 998697603 ou (00243) 999229662

**L'HARMATTAN CONGO**
67, av. E. P. Lumumba
Bât. – Congo Pharmacie (Bib. Nat.)
BP2874 Brazzaville
harmattan.congo@yahoo.fr

**L'HARMATTAN GUINÉE**
Almamya Rue KA 028, en face
du restaurant Le Cèdre
OKB agency BP 3470 Conakry
(00224) 657 20 85 08 / 664 28 91 96
harmattanguinee@yahoo.fr

**L'HARMATTAN MALI**
Rue 73, Porte 536, Niamakoro,
Cité Unicef, Bamako
Tél. 00 (223) 20205724 / +(223) 76378082
poudiougopaul@yahoo.fr
pp.harmattan@gmail.com

**L'HARMATTAN CAMEROUN**
BP 11486
Face à la SNI, immeuble Don Bosco
Yaoundé
(00237) 99 76 61 66
harmattancam@yahoo.fr

**L'HARMATTAN CÔTE D'IVOIRE**
Résidence Karl / cité des arts
Abidjan-Cocody 03 BP 1588 Abidjan 03
(00225) 05 77 87 31
etien_nda@yahoo.fr

**L'HARMATTAN BURKINA**
Penou Achille Some
Ouagadougou
(+226) 70 26 88 27

**L'HARMATTAN SÉNÉGAL**
10 VDN en face Mermoz, après le pont de Fann
BP 45034 Dakar Fann
33 825 98 58 / 33 860 9858
senharmattan@gmail.com / senlibraire@gmail.com
www.harmattansenegal.com

**L'HARMATTAN BÉNIN**
ISOR-BENIN
01 BP 359 COTONOU-RP
Quartier Gbèdjromèdé,
Rue Agbélenco, Lot 1247 I
Tél : 00 229 21 32 53 79
christian_dablaka123@yahoo.fr

650230 - Avril 2016
Achevé d'imprimer par

1livre.com
du rêve à la réalité !

www.ingramcontent.com/pod-product-compliance
Lightning Source LLC
LaVergne TN
LVHW050806061126
851857LV00012B/695

* 9 7 8 2 3 4 3 0 6 3 0 3 4 *